国家社科基金
GUOJIA SHEKE JIJIN HOUQI ZIZHU XIANGMU
后期资助项目

产业集聚与集聚经济圈的演进

Industry Agglomeration and the Evolution of Agglomeration Economic Circle

胡晨光 著

中国人民大学出版社
·北京·

国家社科基金后期资助项目
出版说明

后期资助项目是国家社科基金项目主要类别之一，旨在鼓励广大人文社会科学工作者潜心治学，扎实研究，多出优秀成果，进一步发挥国家社科基金在繁荣发展哲学社会科学中的示范引导作用。后期资助项目主要资助已基本完成且尚未出版的人文社会科学基础研究的优秀学术成果，以资助学术专著为主，也资助少量学术价值较高的资料汇编和学术含量较高的工具书。为扩大后期资助项目的学术影响，促进成果转化，全国哲学社会科学规划办公室按照“统一设计、统一标识、统一版式、形成系列”的总体要求，组织出版国家社科基金后期资助项目成果。

全国哲学社会科学规划办公室

2014 年 7 月

摘　要

集聚经济圈是国家参与国际竞争的重要空间载体。发展集聚经济圈，促进产业集聚是国家提升国际竞争力的有效手段。现有有关产业集聚的文献对集聚经济圈演进过程中产业集聚的动力、效应与演化等规律的研究还存在一些空白和局限，因此，从理论与实证层面研究这些文献，对区域经济学理论发展和集聚经济圈的建设而言，具有重要理论价值和现实意义。

改革开放以来，中国长江三角洲集聚经济圈近30年经济的高速增长和产业集聚，为研究集聚经济圈的发展、形成与演变等规律，提供了实证样本和发展典范。本研究立足于集聚经济圈的产业集聚，着眼区域、产业与产业集聚三者相互关系，按照区域要素优势—政府推动—内生集聚—集聚效应—动态演化这样的研究逻辑，研究集聚经济圈发展、形成与演变过程中产业集聚的集聚动力、效应与演化等内在规律，构建反映集聚经济圈产业集聚、演进规律的相关理论体系。

本研究分五个部分，共八章。

第一部分为导论。理论界有关产业集聚的研究，虽然取得了丰硕成果，但仍然存在进一步研究的必要。研究集聚经济圈产业集聚动力、效应与演化规律，须在对现有各种产业集聚理论进行比较的基础上，发现不足，明确进一步研究的方向，这构成项目研究的第一部分，即第1章。具体内容包括三方面：一是阐述选题背景和意义，对现有有关产业集聚原因、机制、效应与演化等文献进行综述，明确现有研究的局限；二是对后续研究中使用的集聚经济圈、产业集聚与区域要素优势的范畴进行界定；三是阐述研究目标、研究内容、研究方法和研究创新。

第二部分对集聚经济圈产业集聚动力进行研究，包括第2章和第3章，分别通过区域要素优势的分析框架和系统的分析方法研究集聚经济圈产业集聚的源动力与外部动力。

第三部分研究集聚经济圈产业集聚的集聚效应，包括第4章、第5章，通过理论和实证分析研究集聚经济圈产业集聚的地区经济发展效应、技术进步效应、索洛剩余递增与规模报酬递减效应，以及集聚经济圈点轴增长、分权竞争等因素给集聚经济圈内部带来的非均衡发展效应和产业同构效应。

第四部分从集聚经济圈整体的视角研究经济圈产业集聚演化过程中集群产业的扩散转型，产业在集聚经济圈内部集聚竞争与转移，以及集聚经济圈竞争力的提升等问题，包括第 6 章与第 7 章。

第五部分总结前文各章的研究，深化研究的论题，突出研究的理论价值及现实意义，特别是对于中国当前正在实施的中部崛起与西部开发发展战略的理论借鉴与实践参考意义，构成研究第 8 章。

各章在内容上相对独立，但又具有紧密联系，构成集聚经济圈产业集聚、演进的理论体系。集聚动力、集聚效应、集聚演化构成集聚经济圈产业集聚的主要内容，三者相互联系，相互区别：集聚经济圈的产业集聚建立在集聚动力的基础上，产业一旦集聚就将影响集聚经济圈区域经济的发展环境，促进区域技术进步，改变区域经济增长的空间结构与产业绩效，促成区域产业的产业演化与空间演化。某种程度上，产业集聚的产业演化与空间演化构成集聚经济圈产业集聚效应的一部分。

与国内外现有研究相比，本研究的主要创新有：

1. 研究视角的创新

现有文献没有从集聚经济圈整体及其要素优势的视角去考察集聚经济圈中心—外围式产业集聚的集聚动力、效应与演进特征，本研究从集聚经济圈整体及其要素优势的视角去研究产业集聚的集聚动力、效应与演进特征问题，更能全面地把握集聚经济圈产业集聚的规律性。

2. 研究内容的创新

（1）提出了社会关系的“逆嵌入性”范畴，基于这一范畴，论述了集聚经济圈产业集聚的源动力以集聚经济圈基于社会关系“嵌入性”的人力资本、技术资本以及实物资本等要素禀赋的“异质性”双重分工优势为内容。这不同于现有通过偶然性扰动、外部性或者区域创新条件等阐述集聚经济圈产业集聚源动力的论述。

（2）为分析集聚经济圈产业集聚外部动力问题，提供了一个“有为政府”的分析框架，认为政府通过政策手段改变了集聚经济圈产业外在的发展环境，从而改变了其要素禀赋的使用与发展方向，发挥了其要素禀赋在国际分工中的比较优势，促成了集聚经济圈的产业集聚，成为集聚经济圈产业集聚的外部动力。这不同于现有文献对政府在促进产业集聚作用方面比较片面的研究，这些文献认为政府对产业集聚的促进作用不明确，或者有严格的约束条件。

(3) 在借鉴新古典增长分析框架基础上提出了垄断竞争增长的分析框架，根据时间序列数据从宏观增长的视角研究了集聚经济圈产业集聚的地区发展效应，认为集聚带来经济发展、技术进步和市场竞争三类集聚效应。与新经济地理学有关产业集聚效率源于规模报酬递增观点不同，研究提出和论证了产业集聚地区索洛剩余是市场竞争程度函数的假说，认为产业集聚过程未必存在规模报酬递增。

(4) 基于次区域城市"异质性"比较优势，通过基尼指数、泰勒指数的分析，结合增长收敛解构了集聚经济圈内部次区域产业集聚点轴增长的空间黑箱；同时基于工业化进程的差异，研究了次区域产业同构的机理。研究认为，集聚经济圈内部的产业集聚是一种非均衡增长；城市之间收入差距的存在具有合理性，它反映其内部城市的点轴增长特征，不存在绝对收敛与条件收敛。

(5) 与现有文献强调单一集群产业竞争引起资源稀缺或者制度锁定、路径依赖等因素导致集群产业衰退理论不同，研究认为全球化背景下集聚经济圈多元化集群产业的发展存在由协调发展到竞争排斥的趋势，其工业化进程、产业结构演化和多元化集群产业的集聚竞争是促进集聚经济圈低层次集群产业价值链低端环节向外扩散与集群产业结构转型的主要原因，经济圈集群产业的发展要顺应这一趋势。

(6) 修正区位商统计方法，提出了"区位商—产业部门增长率"主导产业的判断法，基于此提出和论证了集聚经济圈次区域主导产业倒U形演进假说，提炼出集聚经济圈次区域主导产业集聚论。研究认为：高速增长的集聚经济圈竞争力提升关键在于按次区域主导产业倒U形演进规律和次区域之间工业化进程的差异，实现主导产业在次区域之间按"雁行状态"的转移。

3. 研究方法的创新

(1) 基于集聚经济圈要素禀赋在世界经济格局中双重分工优势的分析框架和系统的分析方法等，分析了集聚经济圈产业集聚的集聚动力、效应与演进特征。

(2) 通过成本—收益的分析框架，引入种群竞争模型，揭示了集聚经济圈多种群集群产业由协调发展到扩散转型的内在驱动机制和转型路径、转型条件。

Abstract

Agglomeration Economic Circle is an important carrier for a nation to participate in international economic competition. To develop Agglomeration Economic Circle can helpto promote industry agglomeration and strengthen national competitiveness. However, based on literatures about industry agglomeration, like the literatures about the laws of power, effects and evolution of industry agglomeration, the author discovered that the above topics can be extendedly studied. As a matter of fact, these extended researches can contribute to, theoretically and empirically, the development of Regional Economics theory as well as the practice of Agglomeration Economic Circle.

Since China's reform and opening-up, the fast economic growth and industry agglomeration for almost 30 years in the Yangtze River delta have offered an empirical sample and a model of development for studying the laws of formation, development and evolution of Agglomeration Economic Circle.

Based on the industry agglomeration of Agglomeration Economic Circle and the correlation among the region, industry and industry agglomeration, this book mainly studies the inherent laws of industry agglomeration during the process of its formation, development and evolution, such as its power, effects and evolution. And at the same time this book elaborates the relevant theoretical system concerning industry agglomeration of Agglomeration Economic Circle and the law of evolution. The research logic route of this book is that factor endowments comparative advantage of territory comes first, followed by the government's push, endogenous industry agglomeration, agglomeration effect and dynamic evolution.

This book is divided into five parts, including eight chapters.

Part 1 is the introduction part. Though there are many theoretical researches about industry agglomeration, it is necessary to research further the industry agglomeration. To study the laws of power, effects and evolution of Agglomeration Economic Circle, the authorneeds to compare various theories, find out the current limitations and pinpoint the direction of future researches, which constitute the first part of this book, Chapter 1. Chapter 1 first elaborates the background information and meaning of this study and summarizes related literatures about the power, mechanism, effects, measurement and evolution of industry agglomeration so as to know the limitations clearly. Secondly, it also defines the concepts of Agglomeration Economic Circle, industry agglomeration and factor endowments advantage of territory. Thirdly, it elaborates the research objectives, research contents, research methods and research framework.

The second part of this book studies the power of industry agglomeration of Agglomeration Economic Circle, including chapter 2 and chapter 3. The two chapters study the source power and external power of industry agglomeration respectively in the analysis framework of factor endowments advantage of territory as well as systemic analytical methods

The third part including chapter 4 and chapter 5, analyzes the agglomeration effect of industrial agglomeration of Agglomeration Economic Circle. Through theoretical and empirical study, it analyses six types of industry agglomeration effects, including the effect of territory economic development and technical progress, the effect of Solow Residual Increasing and Scale-Return Decreasing of Agglomeration Economic Circle, and the effect of unbalanced development and the effect of the industrial isomorphism in Agglomeration Economic Circle which were caused by some factors such as point-axis economy growth and fiscal decentralization.

Based on the perspective of the Agglomeration Economic Circle, Part four, which consists of chapter 6 and chapter 7, analyzes some problems, such as the industry cluster transformation and diffusion, industry agglomeration competition and transfer in sub-region of Agglomeration Economic Circle, and promotion of the competitive ability of Agglomeration Economic Circle.

The fifth part summarizes the related conclusions of previous chapters, deepens this research topic, emphasizes the theory significance of this research, and practice significance on the economic development of countries in the world, especially on the implementation of China's current economic development of the central and the western region. This is in Chapter 8.

The contents of each chapter of this book are relatively independent, but also closely connected, constituting the theory system of agglomeration and evolution of economic circle. The industry agglomeration research content of Agglomeration Economic Circle includes the three aspects: agglomeration power, agglomeration effect and agglomeration evolution, which differ from each other and are often intertwined. The industry agglomeration depends on the agglomeration power. Once the industry agglomeration is launched by the agglomeration power, it will change the development environment of territory economy, facilitating the territory technical progress, improving the industry space structure and performance of agglomeration, and resulting in the industry and space evolution of agglomeration, which makes up part content of agglomeration effect of Agglomeration Economic Circle in some sense.

Compared with literatures, this book may contribute to innovations in following aspects:

(1) Innovation of research perspective

Literatures don't examine the agglomeration force, effect, and evolution characteristics of Agglomeration Economic Circle, which play a core in core-periphery system, from the perspective of the Agglomeration Economic Circle and its factor endowments advantage. This book studies agglomeration power、effects and evolution characteristics from the perspective of the Agglomeration Economic Circle and its factor endowments advantage, so it grasps the industry agglomeration laws of Agglomeration Economic Circle better. The conclusion is different from those literatures interpreting it by the contingency disturbance, externality or regional innovation.

(2) Innovation of research contents

① This book proposes the inverse embedded concept. On the basis of this concept, this book discusses the driving force of industry agglomeration, which believes the source power of industry agglomeration comes from the territory factor endowments comparative advantage. The advantage of division of production roots in the territory heterogeneity comparative advantage of factor endowments in the double open world market and the dual international division of production, such as human capital, technical capital and physical capital.

② It provides an analysis structure of a capable government to analyze the external power of industry agglomeration of Agglomeration Economic Circle. It believes that through policies the government changes the external environment of Agglomeration Economic Circle industry, thus changing the use and development direction of its factor endowments, exploiting comparative advantages of territory factor endowments in international division of production, and enhancing the agglomeration of Agglomeration Economic Circle. A conclusion can be drawn that government acts as an external power for the agglomeration of Agglomeration Economic Circle. This is different from the partial analysis of literatures on the role played by government in promoting agglomeration, which consider that the government's impact on agglomeration is uncertain or with strict constraints.

③ Based on the neoclassical analysis framework about economic growth, this book puts forward a monopolistic competition growth framework, which, according to time data and from a macro growth perspective, analyzes the territory development effect of industry agglomeration in Agglomeration Economic Circle. It believes that the industry Agglomeration can bring three effects, including economic development, technical progress, and market competition. Unlike some conclusion on agglomeration efficiency related to new economic geography, this book proposes and demonstrates increasing Solow Residual of agglomeration region is the function of market competition degree, and there is not necessarily increase in scale returns in the course of industry agglomeration.

④ Based on the sub-urban heterogeneity factor endowments comparative advantage and combining analyzing tool of convergence, Gini index and Taylor index, this book interprets sub-regional space black box of of point-axis growth characteristics of industry agglomeration in the Agglomeration Economic Circle. Meanwhile, based on the discrepancy of industrialization process, it studies mechanism of industrial isomorphism in the Agglomeration Economic Circle. According to the author, the industry agglomeration process of agglomeration economic circle is non-balanced growth process and the existence of urban income gap is reasonable, which reflects point-axis characteristics of economic growth, there are no 'absolute' absolute convergence and conditional convergence.

⑤ Unlike those literatures emphasizing that unilateral industrial cluster competition causes resource shortage, or factors as institution locking and route dependence give rise to decline of cluster industry, the book proposes, against the world Globalization, there is relationship of changing from coordination to excluding each other in development of plural cluster industry of Agglomeration Economic Circle. Agglomeration competition of industrialization process, industrial structure evolution, and plural cluster industry in Agglomeration Economic Circle is the main reason for promoting value chain of low-end section of low-level cluster industry of Agglomeration Economic Circle to spreading outside and its structural transformation. And the development of cluster industry needs to comply with this trend.

⑥ improving location quotient statistical method, this book proposes the judgment method of "location quotient- industry department increase rate "dominating industry. Based on that, this book put forwards and demonstrates reverse-U the evolution hypothesis and proposes the agglomeration theory of sub-region dominating industry in Agglomeration Economic Circle. According to the author, the key about competitive promotion of Agglomeration Economic Circle of high-speed growth mainly lies in complying with the reverse-U evolution principle of the sub-region dominating industry and the discrepancy in industrialization process in sub-region, transferring dominating industry in sub-region in accordance with Flying Geese Model.

(3) Innovation of research methods

① Based on the analysis framework of the comparative advantage of factor endowments in dual international division of production system and systematical analysis methods, this book analyzes agglomeration power, effects and evolution characteristics of Agglomeration Economic Circle.

② Through cost-return analysis framework and introducing population competition model, this book reveals the internal driving mechanism, transformation route and transformation conditions of cluster industry from coordination development to spreading transformation in Agglomeration Economic Circle.

Keywords: Industry agglomeration; Agglomeration Economic Circle; Agglomeration law; Agglomeration effect; Agglomeration evolution

目　录

第1章　导论

1.1　选题背景

1.1.1　全球化中的产业集聚

随着现代交通通讯技术的发展，全球化浪潮已深刻地影响了全球的生产、分配、交换和要素流动。在全球化的浪潮中，世界 GDP 日益集中在少数发达国家。根据《国际统计年鉴》发布的世界各国 GDP 数据，2009 年在世界上 200 多个国家和地区中，处于发达资本主义国家行列的西方七国集团 GDP 以购买力平价计算占全球 GDP 的 40%，以美元计价的 GDP 则占到全球 GDP 的 52.78%；如果从经合组织成员国 21 个国家和地区考察，按购买力平价计算，其成员国 2009 年 GDP 占全球的 52.32%，以美元计价 GDP 占全球 GDP 的 67.87%。发达的西方七国，GDP 又向经济富有活力的经济圈集中。根据美国经济分析局数据，2009 年美国 GDP 排名前 11 的州以占美国 22.76% 的国土面积生产了美国 GDP 总量的 58.16%。① 根据《日本统计年鉴》数据，2008 年日本大东京区、阪神区、名古屋区三大城市群以占 33.16%的日本国土面积生产了日本 GDP 总量的 72.65%②。作为亚太经合组织成员国与世界最大发展中国家的中国，在经济高速增长与发展过程中，也呈现了显著的产业集聚特征。改革开放近 30 年来，中国经济增长的核心主要是沿海发达地区三大产业集聚经济圈，包括长三角经济圈（上海、江苏、浙江）、华南经济圈（广东、福建），环渤海经济圈（京津冀、辽宁、山东）。根据中国和地方省市相关年份的统计数据，2008 年中国三大集聚经济圈用不到中国 11%的土地生

---

① 美国 GDP 排名前 11 的州包括加利福尼亚州、得克萨斯州、纽约州、佛罗里达州、伊利诺伊州、宾夕法尼亚州、新泽西州、俄亥俄州、弗吉尼亚州、北卡罗来纳州、佐治亚州，这些州大部分位于美国东部。

② 日本的统计数据来自《日本统计年鉴 2012》，三大城市群涵盖了统计表从茨城到和歌山县按序排列的 23 个地区。

产了中国 GDP 总量的 61.34%；其中长三角两省一市产业集聚程度最高，以约占中国 2.2%的国土面积，生产了中国 GDP 总量的近 21.18%。

当前世界生产一方面呈现了产业、产出和产能在发达国家和新兴工业国家集聚的特征，另一方又表现为产业、产出和产能在发达城市群和发达经济圈集聚的特征。除了前面所提到美国和日本著名城市群之外，在欧洲西北部城市群还存在大巴黎地区城市群、莱茵一鲁尔城市群、荷兰一比利时城市群，在英国存在以伦敦为核心，以伦敦一利物浦为轴线的城市群，等等。这些发达城市群依附的产业集聚经济圈通过产业和要素集聚的方式集聚了大量劳动人口，与世界周边地区形成"中心—外围"经济结构。

1.1.2 集聚经济圈产业集聚的特征与地位

世界产业集聚的另一重要特征是产业发展的集群化，即越来越多的产业在地理上出现集中特征。回顾有关产业集群的研究文献，可以发现文献中涉及产业集群的地方众多。世界比较著名的产业集群有意大利萨梭罗镇的瓷砖业（萨斯索罗瓷砖产业集群），米兰的时装产业集群，马尔凯的鞋类生产集群，都灵的自动化产业集群；美国的皮德蒙特地毯行业，硅谷高新技术产业群，芝加哥期货贸易中心；中国国内比较著名的产业集群有绍兴的中国轻纺产业集群，义乌的小五金产业集群，嵊洲的领带产业集群，佛山的建筑陶瓷产业集群，顺德的家电产业集群，北京中关村的 IT 产业集群等。由于观察问题的视角不同，新产业区理论强调产业集群的地方特征，所以新产业区文献将集群产业地方化的地区称之为产业区。然而，两者都强调产业集聚，不过考察的维度一是着眼产业，另一是着眼地方；两者实质都是产业地方化集聚。因此，具有集群产业的地区常常被称之为产业区。

集聚经济圈的产业集聚与产业区、产业集群的产业集聚，这些产业集聚现象是否毫无关联呢？从现实来看，无法把这三种产业集聚现象完全区分。波特（Porter，1990，1998a）强调对外导向的产业集群是引导该地区长期经济成长与繁荣的源泉，是国家竞争力的重要源泉。如果没有发达的产业集群作为经济圈的发展支撑，就不可能有集聚经济圈与周边地区的中心—外围结构。表 1—1 报告了世界著名五大经济圈中的纽约经济圈和北美五大湖经济圈内部多个发达的产业集群。表 1—1 表明集聚经济圈内部特定区域的各产业集群和产业区的产业相互竞争、互为补充，成为集聚经济圈产业集聚的构成内容和产业竞争力来源，而集聚经济圈的产业集聚则成为其内部产业集群发展的具体表现形式。

表1—1　美国著名经济圈的产业集群

美国经济圈	纽约经济圈	北美五大湖经济圈
产业集群类型	金融服务业（纽约），影像设备（罗彻斯特），广告业（纽约），多媒体产业（纽约），保险业（哈特福德），珠宝业、航海设备（普罗维登斯），制药业（宾夕法尼亚州、新泽西州），共同基金，生物科技，软件与网络，创投业、聚合物（波士顿）	办公家具（密歇根州西部），汽车设备与零件（底特律），整形外科（沃索），钟表（密歇根州），油漆与涂料（克里夫兰，路易斯维尔），尖端材料、能源（匹兹堡）

说明：表中()中的文字表示从地方的维度考察，波特所谓产业集群可以被称之为以当地行政区域命名的产业区。

资料来源：根据波特（1998a）《论竞争》一书第7章产业集群与竞争所提供的资料整理。

作为国家中心—外围结构“中心”的集聚经济圈集中了国家的大部分生产能力，具有产出、产能高度集中，或者产品对外高度输出的特征，是国家先进生产能力的代表。集聚经济圈构成国家参与国际竞争的重要空间载体，与非产业集聚区域相比，其具有更高的劳动生产率。除去地方特殊资源构成的产业集群，比如中国景德镇由于地方高岭土和特殊工艺人群形成的产业集群，世界上多数由制造业构成的产业集群都集中在发达或高速增长的集聚经济圈，这些区域由于产出、产能的高度集中以及产品对外的高度输出性，与其他区域形成中心—外围经济结构，例如日本的太平洋沿岸都市圈，中国的长三角集聚经济圈。

1.2　研究意义

本研究聚焦研究集聚经济圈产业集聚演进过程中的动力、效应、演化等若干集聚规律。现有文献对集聚经济圈产业集聚动力、效应与演化的研究，还存在一些空白和局限，研究这些对于区域经济学理论的发展具有开拓性价值。不仅如此，而且由于集聚经济圈由区域内部发达城市群、产业区与集群产业构成，因而研究集聚经济圈产业集聚的规律对于认识城市、产业区以及集群产业等其他类型产业集聚的规律也有裨益。

在现实中，需要追问的是：发达国家或地区就永远发达，发展中国家或发展中地区就不存在通过发展集聚经济圈进行赶超的可能吗？战后亚洲新兴经济体（NIEs）的高速增长对此就做了否定回答。集聚经济圈通过产业集聚，构成中心—外围经济结构的中心。研究集聚经济圈产业集聚的动力、效应与演化规律对于国家的经济发展、人民生活水平的提高和综合国力的增强具有深远的现实意义，具体表现在以下两方面。

1. 可以提升国家的综合国力和产业的国际竞争力

现有理论难以提供一个真正有利于集聚经济圈形成的合理解释。研究集聚经济圈的产业集聚规律，在此基础上，推动国家集聚经济圈集群产业与产业集聚的形成，有助于提升国家综合国力和产业国际竞争力。

2. 为集聚经济圈的发展、建设实践提供决策依据

政府干预经济对于发展中国家的发展而言尤为重要，新兴经济体经济的发展离不开政府的经济干预。美国作为英国殖民地在 1775—1783 年的独立战争之后，能够在 19 世纪末和 20 世纪初赶超英国，要归功于美国政府干预经济的合理政策。科学地分析集聚经济圈发展过程中产业集聚的动力机制、集聚效应、集聚演化规律，探讨政府干预的合理手段，可以为政府决策提供决策依据和科学干预维度，为集聚经济圈的建设实践，提供理论框架和参照体系。

1.3 文献综述

1.3.1 产业集聚的源动力

现有文献并未明确区分产业集聚的动力体系，本研究认为集聚经济圈产业集聚的动力包括源动力、集聚机制、外部动力。源动力是产业集聚的根本动力；政府是产业集聚的外部动力；集聚机制是产业集聚的自驱动过程。马歇尔（Marshall，1890）用产业地方化的概念来描述产业集聚，认为产业集聚的原因在于自然禀赋，或者宫廷的奖掖，其自然禀赋和宫廷的奖掖引起产业地方化观点后面隐藏的逻辑是影响供给的因素和对特定产业的需求引起了产业的地方化。

韦伯（Weber，1909）主要从工业企业的区位布局来考察产业地方化现象，似乎是首次明确提出产业集聚概念的学者，他认为集聚是一种“优势”，或是生产的廉价，或是生产被引诱到某一地点的市场化；他把引起集聚的因素分为两类，一是由于企业规模经济引起的工业集中，另一是因为企业间协作、分工和基础设施的共同利用引起不同企业在既定空间集中。

马歇尔产业区在福特制大批量生产方式浪潮中逐渐萎缩，产业区能够得到研究者再次关注，在于 20 世纪 70 年代末 80 年代初具有马歇尔产业区经济特征的美国硅谷、德国巴登—符腾堡、意大利的中北部区域出现了以中小企业集中为内容的“新产业区”的普遍繁荣。新产业区理论在解释产业区形成时，没有形成一致的观点。皮奥里和塞布尔（Piore & Sable，1984）认为，产业区被三种相互依赖的特征限定，它们分别是产业区与市

场的关系，生产的弹性、平衡竞争与合作制度的建立；产业区与市场的关系强调产业区产品能够开拓海内外产品市场，符合市场要求，而生产弹性、平衡竞争与合作制度的建立则构成前一因素的决定性因素。斯多波和沃克（Storper & Walker，1989）认为，产业区是工业化的产物，并不是工业区位理论强调的原材料和消费地等因素的产物；他们还提出了区域规格与区域能力的概念来研究产业区的形成。贝卡蒂尼（Becattini，2002）认为，新产业区的形成在于区域存在着产业区形成的由价值观念、知识、行为、制度等构成的多元文化系统和向中小企业提供融资的信用体系代表的供给条件和大量中产阶层出现产生的需求条件。中国学者王缉慈（2001）对新产业区理论作了大量的文献梳理工作，认为新产业区是基于一定的地方劳动力市场，由社会分工紧密联系在一起的企业所组成的本地地方化网络，其外部规模经济和范围经济的实现，取决于新产业区内企业网络和劳动力市场网络的具体性质，以及这些为学习和创新而组织的网络形式，弹性专精、创新环境与创新网络是产业区形成发展的机制。

波特（1990）从国家竞争力的角度研究产业的地方化现象，认为构成产业集群形成主要原因的钻石体系，可能源于构成钻石体系要素的部分关键要素所触发，如生产成本、相关产业、需求条件等。然而，庞德尔和圣约翰（Pounder & St. John，1996）认为，区位要素资源对于产业集群的形成没有决定性作用；继而他们强调，产业集群在哪个区域生成具有偶然性：产业集群的生成也需要一些能够对集群形成起触发作用的企业。

雅各布斯（Jacobs，1969）主要从城市增长的角度研究产业集聚过程。在解释城市的增长时，其强调城市的发展依托于产生出口的城市多样化过程，多样化产生技术产业间外溢的外部性，而技术外部性孕育和催生城市新一轮的增长；在这一过程，新的工作增加到旧有的工作中，从而使劳动分工更加多样化。

胡佛（Hoover，1975）认为，产业集聚有单一产业集聚与城市化集聚两种方式，技术进步、劳动力和企业家才能的流动性增强使得地区专业化日见稀少；而城市化集聚则强调城市的规模和多样性是引起集聚的重要因素，反映单一产业集中程度的外部经济与反映城市规模的外部经济（城市化经济）之间，有着某种连续的，由小而大的层次关系，城市化经济是城市形成、功能和结构问题的基础。

普雷维什（Prebisch，1950，1959）提出了发达资本主义国家与世界其他国家构成中心—外围结构的理论，他强调：中心和外围在经济结构上存在差异性和不平等性，技术进步首先发生在最后成为中心的国家，然后通过中心和外围地区生产和贸易不平等性使中心和外围之间的不平等日益加深，形成典型中心—外围结构。弗里德曼（Friedmann，1966，1972）从大城市系统拥有较好的创新条件去解释中心—外围结构的形成，认为大城市高度拥挤、快速增长的人口和文化的异质性等因素是有利于区域创新的条件，出现创新的大城市地区能够凭借供给系统与市场系统的支配地位而逐渐强化自身的支配地位，从而形成与周边地区的中心与外围结构。增长极理论（Myrdal，1957；Hirschman，A.，1958）则强调极化区域偶然性因素引起的推动性工业出现是中心—外围结构出现的原因。

新经济地理学研究产业集聚的模型有三类，即中心—外围，区域城市体系，国家贸易模型（Fujita & Mori，2005）。中心—外围模型研究中心—外围结构如何形成，区域城市体系模型研究单中心经济体，多中心城市体系或者城市层级规模体系如何形成，国际贸易模型则主要研究产业如何因为前后向关联形成专业化分工或者集聚（Krugman，1991a，1991b；Fujita & Krugman，1995；Fujita & Mori，1997；Mori，1997；Fujita，Krugman & Venables，1999；Baldwin，1999；Ottaviano，2001；Baldwin，Martin & Ottaviano，2001；Fujita & Thisse，2002；Baldwin，& Okubo，2006；Okubo，Picard & Thisse，2010）。三类模型均强调在运输成本、张伯伦传统意义上的垄断竞争和规模报酬递增前提下历史偶然的因素或者外部性是产业集聚的重要原因。

一些实证研究认为传统比较优势理论仍是解释产业集聚现象的一个重要因素，比如自然资源、要素禀赋、技术差异等，但这一观点也存在争议。金（Kim，1995）根据美国的数据研究发现用原材料成本表示的比较优势与用平均工厂规模表示的规模经济与胡佛系数（Hoover，1936）存在显著正相关关系。金（Kim，1999）研究发现，美国州在 1880 至 1987 年间二位数产业的地理分布大部分可以由劳动、资本等要素禀赋解释。埃利森和格莱泽（Ellison & Glaeser，1999）根据 1987 年美国州的数据研究了电、天然气、煤炭等自然优势对产业集聚的影响，发现大概有 20%的产业的集中可以被自然优势解释。格莱泽和科尔哈塞（Glaeser & Kohlhase，2004）研究认为在运输成本大幅下降情况下，自然资源对产业集聚的影响已日益微弱。在中国国内，黄玖立和李坤望（2006）以中国省份产业数据占全国的相对份额测度产业集聚，研究发现地区传统比较优势农业资源与人力资源因素对产业地理集聚的解释比较显著，新经济地理的市场规模因素只得到部分支持。路江涌和陶志刚（2007）根据 E-G 指数研究了制造业在中国的集聚因素，发现地方保护主义在很大程度上限制了中国的产业集聚，而溢出效应、运输成本、自然禀赋是影响制造业集聚的重要因素。

1.3.2　产业集聚的外部动力

新产业区理论看到了政府在产业区形成中的作用，皮奥里和塞布尔（1984）强调政府在平衡竞争与合作制度建立方面的作用；但是阿敏和思里夫特（Amin & Thrift，1992）强调，产业区的形成有许多严格的约束，这些约束包括关键多数的专业技术、技能、快速变化和增长市场的融资、商业文化传统以及制度基础，还有企业家通过劳动分工促进增长的传统，缺乏这些条件，鼓励马歇尔式增长的努力可能失败。

波特（1990）从产业集群的角度对政府在产业集聚过程中的作用结合钻石理论做了粗略的阐述，认为政府与其他关键要素的关系既非正面也非负面，主要影响如下：(1) 政府的补贴、教育和资金市场等政策会影响钻石体系的生产要素，对国内市场需求也有影响，政府对产品规格标准的制定和政府的需求，可能使得政府既是产业发展的助力，又是产业发展的阻力；(2) 政府影响相关产业的发展环境，从而影响企业的结构战略和竞争者的形态；(3) 相关与支持性产业、需求条件、生产要素的基本情况反过来也影响政府的政策。波特从国家竞争优势视角，从产业集群的角度来研究政府政策对产业发展的影响；其理论对于产业集群位于国家何处，产业集聚在何地，并不关心。某种意义上，波特对政府在产业集群形成中所起作用的研究类似于政府政策对国家产业或者经济发展作用的研究。

对于城市化多样化的产业集聚，雅各布斯（1961，1969）认为，政府主要在分配资本与城市规划方面起作用：分配资本帮助城市新企业的产生，促成城市的多样化；城市规划帮助城市产生导致城市多样化的条件。奥沙利文（O'Sullivan，2000）认为，政府可以在地方公共服务基础设施与工业基础设施的供给方面发挥作用，从而吸引劳动力和厂商的流入，促进城市经济的增长。

新经济地理学（Baldwin & Venables，1995；Puga & Venables.，1997，1999；Forslid & Wooton，2003；Baldwin，Forslid & Martin etal，2003；Forslid，Haaland & Knarvik，2002）对政府在产业集聚过程中所发挥作用的关注，主要集中在政府政策的影响方面，认为政府政策通过价格指数影响产业集聚，因而政府在产业集聚中所起的作用，可能促进集聚也可能阻止集聚，但是集聚并不完全取决于价格指数从而取决于政府政策，产业集聚的决定因素还有消费者对于工业产品的支出份额，产品之间的替代弹性等。

1.3.3 产业集聚的集聚机制

现有研究表明产业集聚的机制在于产业集聚的外部性，而外部性又是产业集聚的结果，逻辑上这是一种循环论证。外部性被分为技术外部性与金钱外部性（Scitovsky，1954），技术外部性指企业的产出依赖于集聚企业之间其他企业的要素投入与产出，金钱外部性指企业之间利润依赖于集聚企业之间由于产业前后向关联而产生的成本上的节约。外部性除了本身源自产业集聚的集聚效应，还通过给区域带来技术进步和成本节约促使区域产生强烈的竞争力，构成产业集聚的效应，产生新的外部性；因而作为产业集聚机制的外部性与作为产业集聚效应的外部性就互为因果关系。

马歇尔（1890）最早对外部性进行了论述，他把引起生产规模扩大的原因分为两类，一类是内部经济，另一类是外部经济。新产业区区别于传统产业区理论的特性是在重视外部性对产业集聚的影响时强调了弹性的生产方式，在新产业区形成机制的研究方面，除了强调外部性以及强调作为外部性产生与表现机制的网络性、嵌入性、创新性（Scott，1993；Pyke & Sengenberger，1992；Harrison，1992；Remigio，Alberto & Richard，1997）之外，特别强调生产的“弹性专精”特性。与新产业区基本范畴的认识存在差异一样，研究者对于新产业区形成机制的认知也存在一定差异（Piore & Sabel，1984；Remigio，Alberto & Richard，1997；Storper，1997；Bramanti & Maggioni，1997；Capello，1999），但一般可以认为：新产业区是适应多样化的需求而形成，产业在地理上集中的动力是企业为了利用范围经济和创新环境，专业化分工，节省交易成本，应对外在环境的不确定性和增强自身创新能力自驱动的结果，而产业区的形成反过来又促成了区域范围经济和创新环境、专业化分工与创新能力。然而帕克和马库森（Park & Markusen，1995）强调，新产业区的形成可能完全是政府和跨国公司外生性行为的产物。

波特（1990）认为，当集群内企业的数目达到关键多数时，会出现自我强化的过程。波特在这里强调了金钱外部性，其还关注规模经济和技术外部性对产业集群的作用，认为大型的国内市场有利于企业大量投资、提高技术、发展生产率，而产业集群激烈的竞争则有助于形成有利于企业创新和发展的外部经济。

雅各布斯（1961）认为，城市是经济多样性的发动机与新企业的天然孵化器，城市商业的多样性无论从经济上还是从社会角度对城市都有极其重要的影响；城市多样化有效地集中了经济资源，而城市的多样化集聚又必然进一步促进城市的多样化。奥沙利文（2000）认为农业生产率的提高是生产交换的前提，城市之所以存在是因为人不能自给自足，而地区的比较优势、生产上的内部规模经济与生产、市场销售方面的集聚经济则促进了城市的形成与发展。

新经济地理学一致将产业集聚机制归之于集聚区域市场扩大效应与价格指数效应产生的以产业间或产业内前后向联系为基本内容的金钱外部性（Krugman，1991a，1991b；Fujita，Krugman & Venables，1999），或者技术外部性（Martin & Ottaviano，1999；Baldwin，Martin，& Ottaviano，2001）。新经济地理理论（Krugman，1993；Fujita & Mori，1996；Fujita & Mori，2005）也承认第一自然在产业集聚中的作用，但认为地理因素可能只起催化作用，一旦区域的集聚经济形成，最初的区位相对集聚经济产生的循环累积因果效应而言就不重要了。藤田昌久和莫里（Fujita & Mori，2005）将新经济地理学中心—外围模型分为两代模型分析框架，认为第一代模型过于依赖特定的效用模型和生产函数、运输技术等假定，所以不少研究对其进行了拓展。拓展表现在修改D-S模型垄断竞争效用函数为准线性效用函数（Ottaviano，Tabuchi & Thisse，2002；Behrens，2004），放弃区域同质性和工人同质性的假定（Matsuyama & Takahashi，1998；Mori & Turrini，2005；Amiti & Pissarides，2005；Zeng，2008），将集聚与增长联系起来（Baldwin，Martin & Ottaviano，2001；Baldwin，Forslid & Ottaviano et al，2003；Yamamoto，2003），引入企业异质性（Baldwin，& Okubo，2006；Okubo，Picard & Thisse，2010）等，但是这些技术变化并没有突破克鲁格曼（Krugman）等人在建立空间模型中沿用的垄断竞争的张伯伦传统和规模报酬递增的先验假定，因而这些研究不可能突破原有产业集聚机制取决于偶然扰动引起的外部性或者外部性的观点。①

现有对于产业集聚机制的理论研究主要集中在产业关联、外部性、交易成本等因素上。② 实证层面，研究者根据各自研究目的对影响不同区域产业集聚的因素进行了考察。埃米蒂（Amiti，1997）研究了传统贸易因素、新贸易因素、经济地理因素对产业地方化的影响，发现新贸易理论的

① 藤田昌久和莫里（2005）及藤田昌久（2007）认为，在产业集聚的研究中，源于知识外部性的集聚力分析较少。其实，金钱外部性和知识外部性往往相互联系，合而为一。产业集聚分析的重点不在于分析金钱外部性和知识外部性，而在于分析是什么原因使产业集聚在一起，产生金钱外部性和知识外部性。

② 产业关联、节省交易成本、运输成本，实质上属于金钱外部性的范畴。

市场规模效应与新经济地理的市场关联能够促进产业地理集中。哈兰、金德和科纳维克等（Haaland, Kind & Knarvik et al，1999）研究了欧洲产业集聚的决定因素，比较传统贸易理论、新贸易理论与新经济地理理论，认为对经济地理最重要的决定因素是代表市场规模效应的产业需求地方化。罗森塔尔和斯特兰奇（Rosenthal & Strange，2001）基于美国的数据在州、县与邮递区号（Zip code）层面研究了劳动力共享、技术外溢、自然资源与运输成本等产业集聚的微观基础，研究发现劳动力共享在各个层面对产业集聚的正面影响十分稳健，技术外溢仅在邮递区号（Zip code）对产业集聚产生显著积极影响；而自然资源仅在州的水平具有积极影响，在更低层面几乎没有影响。新经济地理学语境中，贸易政策是影响广义运输成本的因素。在贸易政策与运输成本研究方面，汉森（Hanson，1998）研究表明对外开放对于区域的产业集聚具有重要作用；罗森塔尔和斯特兰奇（2001）研究发现在美国州的层面，运输成本对于产业集聚具有显著影响。

在中国国内，文玫（2004）通过实证发现新经济地理的市场规模、运输成本等因素对工业集聚作用明显；金煜、陈钊和陆铭（2006）认为文玫（2004）没有考虑工业集聚中的政府作用，在引入政策因素的基础上他们研究发现对外开放的经济政策与新经济地理因素外部性、市场规模、交易成本的降低有利于产业集聚。

1.3.4　产业集聚的效应

产业地方化导致的有利于地方经济增长的外部性被称之为MAR外部性，而源于城市经济的多样化对区域经济增长产生的外部性被称为Jacobs外部性。作为集聚机制的金钱外部性与技术外部性既是产业集聚演化的结果，又构成产业集聚的动力和效应。

在产业集聚效应的实证层面，一般认为产业集聚对集聚区域劳动生产率、增长、创新和产业集聚绩效等方面会产生影响。

然而，是产业地方化还是多样化有利于区域经济增长，实证研究没有一致的结论。中村（Nakamura，1985）根据日本二位数制造业数据运用专业化和地方化集聚经济指数研究专业化与地方化对劳均产出的影响，研究发现在日本不同的产业有不同的集聚效应，一般而言城市化经济对轻工业效率提高有更多影响，而地方化经济对重工业效率提高有更多影响。亨德森（Henderson，1986）根据巴西和美国的数据研究发现，多数情况下产业地方化较城市化经济对产业生产率的促进作用更为明显，一般而言外部规模经济是地方化而非城市化。格莱泽、考拉尔和斯格因克曼等

(Glaeser，Kallal & Scheinkman et al，1992) 根据美国城市的数据研究发现，多样化经济有利于产业增长，而地方化则对产业增长起相反作用。

对于产业集聚对创新的影响，费尔德曼和奥德斯 (Feldman & Audretsch，1999) 根据美国城市产业的数据研究了城市多样化与专业化对创新的影响，他们直接采用新产品而非间接用专利来测度创新，用类似地区产业就业区位商的指标测度产业专业化，用类似区域产业集群就业区位商的指标来测度地区多样化，研究结论支持多样化而非专业化对创新有显著影响。沃斯培根和肖恩马克斯 (Verspagen & Schoenmakers，2000) 根据跨国公司的数据，将专利引用测度技术外溢，用地理距离、技术距离、专利应用数日等变量研究了产业集聚的技术外溢现象，研究表明地理距离与技术距离对产业的技术外溢影响显著。

对于产业集聚对产业绩效的影响，也存在不同例证，史塔伯 (Staber，1997a) 根据德国巴登—符腾堡州洛特林根产业区 (Reutlingen textile district) 纺织产业集群的数据运用 logistic 回归检验了弹性专精的企业与水平或垂直一体化企业的生存优势，研究发现与一般理论预测相反，水平或垂直一体化企业比弹性生产企业有着更为强烈的生存能力。范和斯科特 (Fan & Scott，2003) 通过赫芬达尔指数以中国为例研究了产业集聚与经济发展绩效的关系，认为产业集聚与经济发展绩效存在显著的正相关关系。研究者还试图通过借鉴新经济地理学先验的规模报酬递增、贸易成本等假设来研究这些地区生产率的差异 (Ciccone & Hall，1996；Hu，2002；Bosker & Garretsen，2010；范剑勇，2006)，认为集聚地区与非集聚或者集聚程度相对较低的地区劳动生产率差异的原因在于集聚地区存在一种先验的规模报酬递增，或者更低的贸易成本。

1.3.5 产业集聚的演化

研究文献常用产业集中度、区域基尼系数、行业分工指数等统计指标来研究产业在空间的集聚和变迁 (Krugman，1991b；Fan & Scott，2003；梁琦，2003；范剑勇，2004；黄玖立，李坤望，2006；冼国明，文东伟，2006)。在产业集聚的最终演化方向与驱动机制方面，研究主要集中在全球化变化与产业集群的生命活力方面。阿敏和思里夫特 (1992) 认为新产业区可能演变成全球网络中的具有中心支配能力的马歇尔节点，但即使是马歇尔节点也面临全球化竞争的挑战。哈里森 (Harrison，1994a，1994b) 认为在全球资本主义的逻辑下，产业区的社会嵌入性的生产实践只能在一段时间内有效，在长期将由于跨国公司接管成功中小企业，或者最具活力的中小企业主导区域企业等级，或者由于以往成功的因素而陷入衰退，使得产业区发生不同以往的变化。史塔伯（1997b，1998）从生态学的角度认为新企业的创办向产业区引入了新的组织形式，这种新的组织形式将淘汰旧的、过时的企业，构成区域内企业新旧交替的新陈代谢过程；强调产业区研究要关注产业区的动态变化，德国巴登—符腾堡州洛特林根纺织产业区（Reutlingen textile district）由于很少有新成立的企业引入新的适应市场环境的能力，因而产业区出现衰退。

沃斯兰德（Westlund，2003）研究了社会资本对商业的作用，认为曾经主导瑞典钢铁产业区经济成功的社会资本构成了产业区经济发展的障碍，区域社会资本必须适应经济发展的外在环境发展变化对其提出的转型要求而进行调整变化。

由于产业集群演化过程中出现衰退的边界难以确定，其演化的实证一般都以案例研究为主。格罗伯（Grabher，1993）从社会学网络和路径依赖的视角对德国鲁尔（Ruhr）钢铁产业区进行了研究，研究发现：鲁尔区钢铁产业集群曾经有过繁荣的过去，区域内集聚企业分工合作，结成网络，相互信任，信息共享；但正是区域内部企业之间的这种嵌入性的强联系使区域出现功能性、认知性与政治性锁定从而导致区域集群产业的衰退。

波特（1998b）研究了集群的诞生、演进和衰退三个发展阶段，认为多数产业集群能够保持数十年的繁荣，但是也可能由于体制和机制的僵化、外部需求的变化造成产业集群朝着衰退的方向演化。斯旺、普雷韦泽和斯托特（Swann，Prevezer & Stout，1998）从供给和需求的角度，认为产业集群供给与需求方面存在接近消费者、降低搜寻成本、信息外部性、知识外溢等正的集聚外部性和投入产出的市场竞争和拥挤导致的负的外部性，这种集聚作用机制将产业集群的生命周期分为产生（Rise）、成熟（Maturity）、衰退（Decline）三个阶段。安德森、汉森和西格等（Andersson，Hanson & Seger et al，2004）则认为产业集群的生命周期一般要经历集聚、集群形成、集群发展、集群成熟与集群转型五个阶段。

庞德尔和圣约翰（1996）基于资源理论、制度理论与认知理论等维度就产业集群的发源、趋同与重新调整的三个阶段进行了研究，认为产业集群由于偶然性形成，进而由于制度和认知的因素强化了集群区域的高速增长和集聚经济，集群的进一步发展必然由于以往的成功因素而经由趋同阶段进入调整阶段；尽管在调整阶段，集群地区集群的某些企业可能获得成功，但集群地区更大可能不再成为集群产业快速增长的地区。朱科拉（Zucchella，2006）基于嵌入性理论从全球化与区域领导企业的视角构建了概念模型，认为产业集群内部的过度嵌入性与全球化的外部威胁构成集群衰退的原因，集群成熟后演化有弃嵌入性、重新嵌入、多重嵌入三种结果，代表在其他区域建立相关集群或者与现存集群建立联系的多重嵌入性构成模型新基础，有利于区域创新，区域结构与企业文化更新，避免同化和锁定风险。

中国国内陈涌军等（2003）根据资源的稀缺性，从互补型和共生型产业的视角认为产业集聚只是一种暂时的均衡，终将由于本地企业之间对稀缺资源的竞争导致产业集聚的瓦解。隋广军和孙明浩（2004）认为资源的稀缺性对产业集群的发展会造成拥挤效应，而技术进步、制度创新和政府的帮助可能帮助区域产业集群更新。王珺（2004）从社会资本水平与产业生产方式两个维度阐述和考察了产业集群由社会资本水平有限与柔性生产方式基本逻辑起点向社会资本水平较高柔性生产、社会资本较低标准化生产、社会资本较高柔性生产等三种方式演变的逻辑，认为在集群区域未来的发展中，大企业组织与行业协会组织等的成长与发育，将对专业镇组织网络的分化与稳定、强化与衰落等发展前景产生重要影响。

新经济地理理论研究产业集聚演化的思路按照中心—外围、区域城市体系、国际贸易三类模型展开：在中心—外围产业集聚研究范式方面，认为产业在外部偶然冲击或者外部性作用下触发的产业集聚循环累积因果机制，将使得集聚区域的产业不断集聚下去，从而与非集聚地区形成中心与外围的经济结构；在区域城市体系模型的理论探索方面，借助市场潜力函数来解释城市与城市群的形成，认为城市与城市群的形成是外生劳动力人数与内生劳动工资的产物；国际贸易模型在强调贸易成本、张伯伦传统意义上的垄断竞争的前提下，认为金钱外部性决定的产业关联是制造业集聚和产业集群的主要原因，而地区工资差异和贸易成本（运输成本）的变化则是产业和产业集群在空间扩散的重要影响因素。

1.3.6　现有研究的简要评述

全球化背景下，产业集聚当前又有了新的内容，工业革命带来新的交通技术、信息技术对世界生产和运输方式产生的影响已经深刻地影响到了生产的空间分布，自然资源对于工业生产区位分布的影响已经日渐式微；国家产业竞争的重点日益以发达的集聚经济圈或城市群为空间单位，而产业集群或产业区则构成发达集聚经济圈或城市群参与国际竞争的支撑实体。现有有关产业集聚动力、效应与演化的研究，从产业地方化、城市、中心—外围三方面，以各自的视角做了富有理论价值的探索，在有关产业集聚的机制方面，得出了金钱外部性和技术外部性是促进产业集聚的重要机制的结论。但毋庸讳言，现有研究还存在明显局限。

首先是研究视角的局限。城市、集群产业和产业区构成集聚经济圈的重要组成部分，促成集聚经济圈产业集聚的动力也是促成其组成部分——城市多样化、产业区、集群产业集聚的动力。产业地方化理论、产业集群理论、城市多样化产业集聚理论与中心—外围理论各自研究了产业集聚的动力；然而，现有研究没有坚持集聚经济圈整体的研究视角，因而其对集聚经济圈组成部分产业地方化、产业区与城市多样化产业集聚动力特殊性的研究，并不能替代对集聚经济圈产业集聚规律一般性的研究。

其次是源动力研究的局限。现有研究割裂了产业集聚与集聚经济圈要素优势的联系。新经济地理学沿用了张伯伦垄断竞争的传统和规模报酬递增的先验假定，认为长期看来，行业间的竞争不存在超额利润，企业因为存在规模报酬递增所以不会选择范围经济；在此基础上强调偶然的扰动或者外部性引起循环累积因果效应和集聚经济圈的产业集聚。而现实经济生活之中，张伯伦传统意义上的垄断竞争基本上不存在，产业是否会出现规模报酬递增完全取决于产业竞争力。新经济地理学使用的垄断竞争、先验的规模报酬递增以及企业就是行业等严格假定，使其理论在解释现实时缺乏信度，其理论基础与偶然的增长会引起新的增长的增长极理论具有逻辑上的一致性，都夸大了偶然增长或者外部性的作用。普雷维什（1950，1959）和弗里德曼（1966，1972）主要从集聚中心与周边地区贸易和生产的不平等性来解释中心—外围结构的形成；但从世界经济发展的近代史考察，不是所有的集聚经济圈都出现在发达国家的发达区域，发展中国家一样可以发展出富有产业竞争力的集聚经济圈。美国一度落后于英国，但当今世界六大城市群中美国占有两个。弗里德曼（1966，1972）将产业集聚的原因归之为历史上迅速发展的大城市系统存在有利于创新的条件，然而区域创新条件如何产生，他没有对此作出回答。为什么有的经济圈能够发生集聚，而其他区域不能够发生，产业集聚的源动力显然与集聚经济圈促成产业集聚的因素有关；促使经济圈产业集聚的源动力是什么，需要进一步研究。

再次是集聚经济圈产业集聚外部动力研究的局限。在促进经济圈产业集聚的外部动力——政府作用方面，现有研究没有形成共识，主要有三种观点：一是政府对于产业集聚的作用既非正面也非负面；二是政府对于产业集聚有作用，主要在制度层面；三是认为政府作用不是万能的。总的看来，现有研究认为，政府对于产业集聚有作用，但是对于政府在经济圈的产业集聚方面什么层面起作用，缺乏系统深入的研究。

第四是集聚经济圈产业集聚效应研究方面的局限。现有实证研究，主要集中运用城市或区域产业截面数据考察专业化与多样化对集聚绩效的影响；还没有从集聚经济圈整体的视角去考察产业集聚对于集聚经济圈与国家其他区域劳动生产率的一般性影响，以及对于集聚经济圈产业集聚空间特征或者集聚绩效的一般性影响。而决策部门在关注集聚经济圈的产业集聚与区域发展时，恰恰应该关注集聚经济圈产业集聚引起的上述一般性影响。这种一般性有三方面内容，一是集聚经济圈产业集聚对经济圈自身与国家其他区域产生的影响，表现为集聚经济圈在与其他地区相比时，其生产效率的根源以及地区收入差距的变化；二是集聚经济圈内部由于产业集聚点轴增长的非匀质性，其对经济圈内部城市收入差距的影响；最后是产业集聚对于集聚经济圈次区域产业集聚的空间特征及集聚绩效的影响。

第五是集聚经济圈产业集聚的产业演化和空间演化方面的研究局限。对于产业区或集群产业的诞生、增长与演化已经有了很多理论研究，但是对于产业区或者产业集群的衰退、危机或者更新的研究就比较少（Zucchella，2006），可以发现的研究主要集中在以下三方面：第一，从集聚区域资源稀缺性的角度强调，由于单一产业集群增长对于区域稀缺资源争夺产生的集聚不经济，集聚区域的产业集群最后必然出现衰退（Swann，Prevezer & Stout，1998；陈甬军，徐强，2003；隋广军，申明浩，2004）；第二，由于区域集群产业的制度锁定和路径依赖对集群产生负面影响，使得区域集群产业在面对全球化竞争时不能适应变化的环境而陷入衰退（Grabher，1993；Pounder & St. John，1996；Westlund，2003）；第三，全球化竞争和国际分工条件下，区域集群产业可能成为全球网络中的马歇尔节点，或者由于区域自身的弃嵌入性、重新嵌入和多重嵌入重现区域的繁荣（Amin & Thrift，1992；Zucchella，2006）。

藤田昌久、克鲁格曼和维纳布斯（Fujita，Krugman & Venables，1999）通过外生的增长引起的工资差异研究了两个产业或者多个产业由一个地区扩散至另一个地区的过程，给产业集群的扩散提供一个有益的视角。然而，现有文献没有深入考察产业集聚内生机制对集聚经济圈产业演化和空间演化的影响：既没有考察集聚经济圈内部集群产业间的竞争和产业结构变化反映的工业化进程对产业集群的影响，也没有考察集聚经济圈内部次区域之间产业竞争引起的产业集聚扩散对产业空间布局变化的影响。如何基于集聚经济圈整体产业集聚发展与演化的视角，从产业集聚外部动力与内生机制入手去研究集群产业的扩散转型和集聚产业演化的空间特征，依然值得研究并给予继续关注。

1.4 研究主要概念界定、研究目标与研究内容

1.4.1 主要概念的界定

1. 集聚经济圈

"中心—外围"的"中心"，涉及全球层面、洲的层面、国家层面，甚至到城市层面（Friedmann，1966，1972），有的地区是全球的中心，有的地区是洲的中心，有的地区是国家的中心，有的地区仅是城市的中心。本书主要研究集聚经济圈，这一作为国家参与国际竞争重要空间载体的"中心—外围"的"中心"。产业地方化、区域城市体系、集聚经济圈的产业集聚三者紧密联系：区域城市体系以产业的地方集聚为基本内容，集聚经济圈的产业集聚以区域内城市群、产业集群与产业区的产业为支撑，各产业区相近的要素禀赋和相邻的地理空间通过地方化产业的产业关联推动要素在区域集聚，形成"中心—外围"结构的"中心"。这一中心由于其内部要素的高度集中或经济的高速增长，从经济圈视角来看，构成国家参与国际竞争的集聚经济圈。

集聚经济圈从集聚区域产业、产出和产能特征来看，既可以是结果，又可以是过程：说它是结果，从发达经济圈来看，相对其他欠发达区域而言，它表现为集聚区域相对其他区域要素、产业、产出和产能在空间的高度集中和产品的高度输出特征；说它是过程，是因为对高速增长经济圈而言，它表现为产能在空间的高速增长以及伴随的产品高度输出特征。集聚经济圈与一般经济圈的区别在于它的中心—外围含义，从增长过程来看，与外围地区的区别在于它是增长中心；从生产能力来看，与外围地区的区别在于它是产品的主要输出中心。因而，在集聚经济圈内部要么必然存在产业高度集聚的发达城市群，要么必然存在高速增长的城市群，集聚经济圈以区域内部发达或者高速增长的城市群产业的集聚为核心。

区域边界的划分，根据不同的研究或经济实践需要，常常会有不同的标准和结论（Friedmann，1966；陈秀山，张可云，2005）。因而，集聚经济圈地理边界的划分，具有相对性，会因研究或者国家经济实践的要求不同而异。比如日本，既可以根据研究或经济发展实践的需要，将其国内三大城市群划分为各自相对独立的三大集聚经济圈，也可以将三大城市群看成一个集聚经济圈，戈特曼（Gottmann，1976）就将日本三大城市群

发展过程看成日本大都市带的形成过程。① 因而，本研究对集聚经济圈的地理边界不做特别的界定，但集聚经济圈是国家参与国际竞争的重要载体，其具体经济实践和理论研究，应反映它的这一“竞争中心”特征。例如，中国可以划分为长三角（上海，江苏、浙江）、华南（广东、福建）、环渤海（京津冀、辽宁、山东）三大集聚经济圈。

2. 产业集聚

集聚经济圈的产业集聚涵盖产业地方化（产业集群或产业区）、城市化的产业集聚，引起产业地方化、城市化产业集聚的因素，也是引起集聚经济圈产业集聚的因素，因而，引起其产业集聚的因素并非唯一。集聚经济圈的产业集聚，不仅指经济圈内部，由于分工、协作、共用基础设施、外部性等外部经济、范围经济和规模经济因素引起的产业集聚现象，而且还指由于市场扩大效应、价格指数效应和产业关联、竞争优势等因素引起的产业集聚现象。集聚经济圈的产业集聚以区域内部高度发达的产业集群、城市群或者区域 GDP 的高速增长、生产要素的集中和聚集、三次产业协调发展为内容。

对于发达国家的集聚经济圈而言，在缺乏产业创新和技术进步引起区域经济高速增长的情况下，它一般表现为区域 GDP 在国家 GDP 总量中占有很大比重或者资本等生产要素在区域的高度集中，区域内部多集群产业或者发达城市群的产能输出特征。对于发展中国家的集聚经济圈而言，或者表现为区域 GDP 总量的高速增长、区域资本等生产要素快速的增加，多集群产业和发达城市群的形成过程；或者在集聚经济圈已然形成的情况下表现为区域内多集群产业和区域内部发达城市群产能的外向输出特征。

测度集聚经济圈的产业集聚可以从要素、产业、空间与时间四个维度来测度。从要素角度，主要考察要素的存量规模和流量的变化。产业维度主要考虑集聚经济圈不同产业的地方化是否已经形成，还是正处于高速增长的形成过程之中。从空间维度衡量，主要考虑集聚经济圈整体或者次区域 GDP 总量、产业产值在国家这个用来度量产业集聚的参照系中所占份额大小。

---

① 日本国土面积大约 37.8 万平方公里，其中平原面积约占 29%，主要分布在日本的太平洋沿岸，其三大城市群就集中在这地理空间相邻的太平洋沿岸的平原地区。国内有关日本三大城市群介绍比较详细的参考资料可以参见王廉等（2008）。集聚经济圈由各国国内经济发展相对发达或高速增长的区域城市体系构成，区域城市体系包含城市的数量，各国既可根据实践需要，参照日本三大城市群划分标准确定，亦可参照中国长三角（上海，江苏、浙江）、华南（广东、福建）、环渤海（京津冀、辽宁、山东）三大集聚经济圈划分标准确定。对于世界上国土面积非常小的发达经济体，比如卢森堡、新加坡等城市国家，本研究不予考虑；因为，它们内部缺乏相应发达的城市体系。事实上，上述城市国家，可以被纳入到周边国家，作为跨国集聚经济圈的一部分研究，但本研究不分析这种跨国集聚经济圈的产业集聚。

时间维度不同于空间维度，其主要考虑集聚经济圈整体或者次区域 GDP 总量、产业产值总量的变化速度，看区域产业是否处于继续集聚过程之中。

3. 区域要素优势

促使集聚经济圈产业集聚的力量，表象上体现为集聚经济圈产业的竞争力。产业具有竞争力，才有产业基于金钱外部性与技术外部性的集聚。但实质上，集聚经济圈产业的竞争优势，以区域要素禀赋在世界分工格局中的双重分工优势为内容。① 集聚经济圈的双重分工优势有两方面内容：一是其作为国家参与国际竞争的载体，在国际分工体系中的分工优势，二是其在国家内部的分工优势，这种分工优势以集聚经济圈所拥有的要素禀赋为支撑。在所有要素禀赋中，自然资源对于经济发展的约束已经日益相对不重要，而人力资本、技术资本以及实物资本对于经济发展的重要性日益增加。不同区域的同一产业在其他条件相同的情况下，拥有更好人力资本的区域，其产业会具有更多的竞争力，因而会促进区域产业基于金钱外部性与技术外部性的集聚和经济的增长，同时引起集聚区域技术资本与实物资本的改善，在此基础上形成相对于其他区域的技术资本、物质资本等要素禀赋的比较优势。因此，集聚经济圈促使产业集聚的区域要素优势实质上是区域在双重分工世界经济格局中以区域人力资本等要素禀赋为核心的分工优势，其表现为产业的竞争优势。

传统的比较优势理论，研究国家或区域的分工时，强调要素的同质性，即国家和区域之间劳动力和资本要素是同质的，国家或区域之间生产分工的原因在于各自要素禀赋数量的差异，比如资本要素丰裕的国家主要生产资本密集型的产品，劳动要素丰裕的国家主要生产劳动密集型的产品。与传统比较优势同质的劳动力、资本范畴相比，本书强调：国家或区域的人力资本、技术资本与实物资本等要素禀赋具有“异质性”，表现为不同国家或区域之间在人力资本、技术资本或者实物资本等要素禀赋之间的单一差异，或者双重差异，又或多重差异。国家或区域之间的要素禀赋的“异质性”，决定了国家或区域产业的“异质性”。这种“异质性”对双重分工世界经济格局中的区域产业而言，有两方面含义：一是以产业间分工为内容的异质性，二是以产业内竞争为内容的异质性。要素禀赋产业间分工的异质性决定了国家或区域之间劳动密集型产业、资本密集型产业、技术密集型产业之间的分工。要素禀赋产业内竞争的异质性决定了在同一

① 当今世界各国一般都已经纳入全球化的浪潮之中，打开了国门，因而本书仅讨论相对开放国家；对于一个完全封闭的国家，其集聚经济圈产业集聚的优势可能仅仅基于区域在国内的单一分工优势。

产业的竞争过程中，不同国家或区域这一产业在世界市场份额的大小，也决定了国家或区域这一产业增长和集聚的程度。

1.4.2　研究目标

本研究构建反映集聚经济圈产业集聚、演进等若干集聚规律的理论体系。研究认为，产业集聚的源动力在于集聚经济圈相对于其他区域的要素优势，产业一旦开始在集聚经济圈集聚，就会伴随着集聚经济圈工业化进程的加深和区域要素禀赋优势的动态变化，而对集聚经济圈的产业和经济的发展产生深远影响。科学认识集聚经济圈产业集聚的规律，须将产业集聚与集聚经济圈区域要素禀赋的优势联系起来，在此基础上，从区域、产业与产业集聚三者的相互关系，去考察集聚经济圈产业集聚的动力、效应与演化。

本书着眼于全球化背景下区域、产业与产业集聚三者的相互关系，主要以长三角集聚经济圈的高速增长和产业集聚为例，通过集聚经济圈产业集聚的产业、产出、要素、时间和空间等测度，结合产业分工理论、政府干预理论、产业集聚理论、国家竞争优势理论与产业结构演化理论等，研究其产业集聚演进过程中的集聚动力、集聚效应与集聚演化等若干内在规律，为相关集聚经济圈的发展提供理论借鉴和实践参考。

1.4.3　研究内容

研究按照区域要素优势—政府推动—内生集聚—集聚演化这样的逻辑，对集聚经济圈产业集聚的源动力、外部动力、集聚效应、集聚演化等问题进行研究。

首先是产业集聚源动力的研究。集聚经济圈的产业集聚既包括区域内企业家资源生成和区域外企业向区域内集中的工业区位问题，又包括区域在世界和国内分工格局中生产什么的问题，但首先是生产什么的问题，只有解决了这个问题才能解决区域内企业为什么能快速成长和企业为什么向区域内集中这样的问题。因此集聚经济圈产业集聚归根到底要解决两个问题：第一，产业集聚地区应该生产什么；第二，企业在向全球市场布局时的区位选择问题，企业（产业）为什么选择这个地区而不选择其他地区。

从静态角度看，集聚经济圈内部企业与产业面对的是开放的世界市场，进行的生产分工是按照国内外双重比较优势的分工。开放的市场不仅对本国企业开放，也对外国企业开放。集聚经济圈参与的国际分工是基于国家比较优势的分工：国家比较优势决定参与国际分工国家主要产品的出口，而集聚经济圈在国内按比较优势分工则决定参与国际分工国家出口产品的生产主要由集聚经济圈承担。集聚经济圈生产什么须结合其在国际分工格局中要素禀赋的双重分工优势来考虑。如此，基于国际分工格局中双重分工的比较优势，集聚经济圈应该生产什么，什么样的企业（产业）在区域集聚不言而喻。如果说要素优势是集聚经济圈产业集聚的源动力，那么，其与以往学者不自觉列举的促成产业区、集群产业和城市化产业集聚的动力因素存在什么样的决定与被决定关系，需要后续研究进一步关注。

其次是国家按比较优势进行分工时，政府对于集聚经济圈的形成应该发挥什么影响的研究。世界各国按照比较优势赶超的历史表明，没有一个成功实现赶超的国家没有进行政策干预。这些成功的政策干预包括发展战略，对外贸易政策与产业政策、经济体制的选择等。只有政府实行正确的政策干预，集聚经济圈才能发挥出区域对于产业和要素的集聚优势。

再次是在正确的政府干预和区域要素优势的内生机制下，集聚经济圈的产业开始了集聚和高速增长，那么这种集聚将对区域产生什么影响？

集聚经济圈与其他区域收入差异的根源是否是规模报酬递增，在国家发展集聚经济圈时是否意味着其他区域发展条件的恶化。新经济地理学在研究产业集聚问题时提出规模报酬递增是产业集聚的原因和前提，这在西科尼和霍尔（Ciccone & Hall，1996）和范剑勇（2006）控制截面数据地区差异的实证中得到了呼应，认为集聚引起规模报酬递增是地区收入差异的原因。然而，新古典规模报酬递增的经济学含义是指同一经济单位要素投入与产出变化的关系。以截面数据作为产业集聚规模报酬递增研究对象的研究，严格说来只能算是集聚经济而非规模经济的研究。

此外，在集聚经济圈的形成与发展过程中，其内部产业的集聚是一个点轴增长过程，其点轴增长的内在机理与收敛特征，及其高速增长对于集聚经济圈内部城市的收入差距具有什么影响，是研究产业集聚效应需要注意的问题。集聚经济圈在产业地方化的过程中，次区域之间发展产业集聚容易出现“产业同构”或者“产业趋同”，这一现象出现的内在机理是什么，趋同产业的发展绩效如何，无疑也是引人入胜的问题。研究这一点对于集聚经济圈的区域规划工作具有积极意义：在中国，错位发展对于集聚经济圈次区域而言一度意味着专业化，而趋同发展似乎存在“恶性竞争”嫌疑。

最后是随着区域产业集聚的进一步发展，当集聚经济圈产业集聚对区域经济产生的影响作用逐渐累积到一定程度时，要促进区域经济合理发展，从动态来看，区域又应该生产什么。回答这个问题，要从两个方面进行考虑。首先，必须认真考虑随着集聚经济圈工业化进程与产业集聚的发展，区域的要素禀赋与以前相比已经发生了深刻的变化，区域经济存在产业结构变化和升级的内生力量。其次，国家和集聚经济圈次区域政府为了增强自身的产业竞争力，存在推动集聚经济圈产业结构优化与升级的驱动。集聚经济圈区域要素优势的变化必然再次影响产业集聚过程中企业对区位的选择，其产业集聚的产业演化与空间演化的内在逻辑和合理路径是什么，值得研究进一步关注。

1.5 研究方法与逻辑路线

本研究主要以中国改革开放以来长三角高速增长的区域为例，对集聚经济圈产业集聚的动力、效应与演化规律进行研究。长三角区域经济高速增长的历史，为研究发展中国家如何通过产业集聚推动集聚经济圈的发展与国家竞争力的提升提供了研究范本。以长三角为例研究集聚经济圈产业集聚的规律，不仅对于发展中国家集聚经济圈的发展而言具有理论的一般性，对于一些典型的小国也具有借鉴作用，小国可以与周边国家的部分地区一起通过作为集聚经济圈的组成部分来发展集聚经济圈。

布劳格（Blaug，1980）认为经济学研究的方法论作用在于，它为我们是接受还是拒绝一个研究纲领提供了标准，也帮助我们在区分精华与糟粕时有章可循。在以长三角集聚经济圈为例进行具体分析时，研究主要采用规范分析与实证分析相结合，静态分析与动态分析、定性分析与定量分析相结合的分析方法。在实际研究方法的应用中，离不开科学的逻辑思维方法，科学思维方法是科学研究中不可缺少的理论思维手段；研究采用了抽象与具体、分析和综合、归纳和演绎、历史和逻辑等逻辑思维方法。长三角改革开放以来近30年经济高速增长的历史提供了足够长时间维度的研究资料，为研究历史与逻辑的统一提供了可能。

研究在文献综述的基础上，从集聚经济圈要素禀赋与政府合理干预的视角，结合相应经济学和管理学等多学科理论，从理论和实证层面探讨集聚经济圈产业集聚的动力、效应及若干集聚演化规律。具体方法有：(1) 通过借鉴前人理论成果、理论抽象，构建概念模型，提出有关集聚经济圈产业集聚源动力的理论分析框架，并进行实证分析。(2) 通过理论提炼构建概念模型，结合数据和案例分析，研究政府在集聚经济圈产业集聚过程中的外部动力地位。(3) 通过理论抽象构建数理模型，并通过数据分析和实证对集聚经济圈产业集聚的地区发展效应进行分析。(4) 通过理论分析，构建分析集聚经济圈产业集聚点轴增长与产业同构现象的有关要素—分工—政府的多维分析框架，并搜集数据，实证研究集聚经济圈产业集聚点轴增长的空间特征和集聚规律。(5) 通过理论、数理模型的分析，结合案例分析，分析集聚经济圈集群产业扩散与转型的动力机制、转型路径与转型条件。(6) 通过修正区位商的统计方法和理论抽象，提出“区位商—

工业部门增长率”主导产业判断法和主导产业集聚论，在此基础上研究集聚经济圈次区域空间主导产业倒U形演进特征与产业转移的“雁行状态”。

综合前文论述，本研究逻辑路线安排如图1—1所示。

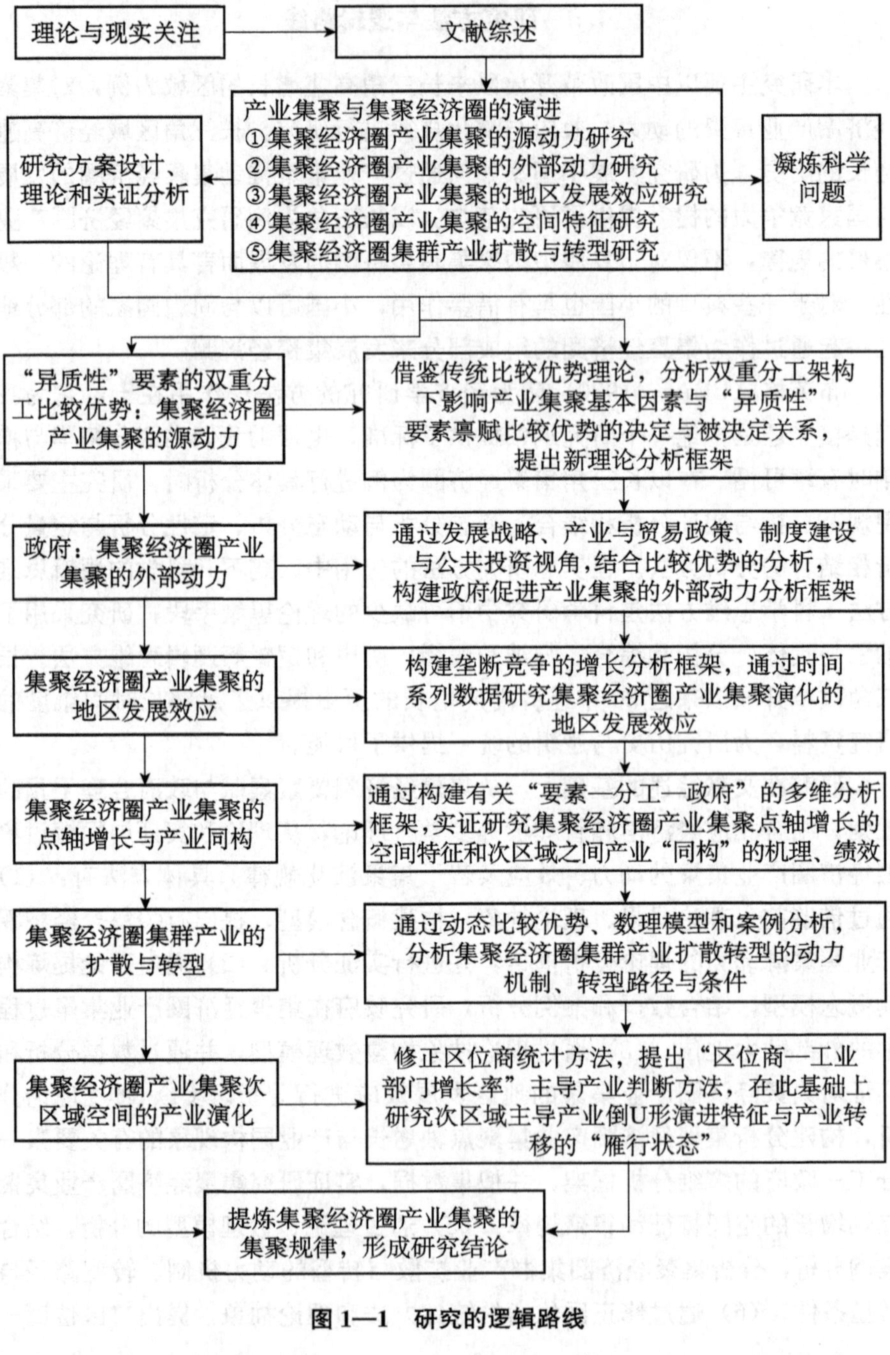

图1—1　研究的逻辑路线

1.6 研究的创新与展望

1.6.1 研究的创新

与国内外研究相比，本研究的主要创新有：

1. 研究视角的创新

现有研究最大不足是没有从集聚经济圈整体及其要素优势的视角去考察集聚经济圈中心—外围式产业集聚的集聚动力、效应与演进特征。本研究从集聚经济圈整体及其要素优势的视角去研究产业集聚的集聚动力、效应与演进特征问题，更能全面地把握集聚经济圈产业集聚的规律性。

2. 研究内容的创新

(1) 提出了社会关系的“逆嵌入性”范畴，基于这一范畴，论述了集聚经济圈产业集聚的源动力以经济圈基于社会关系“嵌入性”的人力资本、技术资本以及实物资本等要素禀赋的“异质性”双重分工优势为内容。这不同于现有通过偶然性扰动、外部性或者区域创新条件等阐述集聚经济圈产业集聚源动力的论述。

(2) 为分析集聚经济圈产业集聚外部动力问题，提供了一个“有为政府”的分析框架。研究认为政府通过政策手段改变了集聚经济圈产业外在的发展环境，从而改变了其要素禀赋的使用与发展方向，发挥了集聚经济圈要素禀赋在国际分工中的比较优势，促成了集聚经济圈的产业集聚，成为集聚经济圈产业集聚的外部动力。这不同于现有文献对政府在促进产业集聚作用方面比较片面的研究，这些文献认为政府对产业集聚的促进作用不明确，或者有严格的约束条件。

(3) 在借鉴新古典增长分析框架基础上提出了垄断竞争增长的分析框架，根据时间序列数据从宏观增长的视角研究了集聚经济圈产业集聚的地区发展效应，认为集聚带来经济发展、技术进步和市场竞争三类集聚效应。与新经济地理学有关产业集聚的效率源于规模报酬递增观点不同，研究提出和论证了产业集聚地区索洛剩余是市场竞争程度函数的假说，认为产业集聚过程未必存在规模报酬递增。

(4) 基于次区域城市“异质性”比较优势，通过基尼指数、泰勒指数的分析，结合增长收敛解构了集聚经济圈内部次区域产业集聚点轴增长的空间黑箱；同时基于工业化进程的差异，研究了其次区域产业同构的机理。研究认为，集聚经济圈内部的产业集聚是一种非均衡增长；城市之间收入差距的存在具有合理性，它反映经济圈内部城市的点轴增长特征，不存在绝对的绝对收敛与条件收敛。

(5) 与现有文献强调单一集群产业竞争引起资源稀缺或者制度锁定、路径依赖等因素，导致集群产业衰退理论不同，研究认为全球化背景下集聚经济圈多元化集群产业的发展存在由协调发展到竞争排斥的趋势，其工业化进程、产业结构演化和多元化集群产业的集聚竞争是促进集聚经济圈低层次集群产业价值链低端环节向外扩散与集群产业结构转型的主要原因，经济圈集群产业的发展要顺应这一趋势。

(6) 修正区位商统计方法，提出了“区位商—产业部门增长率”主导产业的判断方法，基于此提出和论证了集聚经济圈次区域主导产业倒 U 形演进假说，提炼出集聚经济圈次区域主导产业集聚论。研究认为：高速增长的集聚经济圈竞争力提升关键在于按次区域主导产业倒 U 形演进规律和次区域之间工业化进程的差异，实现主导产业在次区域之间按“雁行状态”的转移。

3. 研究方法的创新

(1) 基于集聚经济圈要素禀赋在世界经济格局中双重分工优势的分析框架和系统的分析方法等，分析了集聚经济圈产业集聚的集聚动力、效应与演进特征。

(2) 通过成本—收益的分析框架，引入种群竞争模型，揭示了集聚经济圈多种群集群产业由协调发展到扩散转型的内在驱动机制和转型路径、转型条件。

1.6.2 研究展望

研究主要以发展中国家中国长三角集聚经济圈的高速增长与产业集聚为例，对集聚经济圈产业集聚过程中产业集聚的集聚动力、集聚效应、集聚演化的规律进行了一般性分析。长三角作为中国高速增长集聚经济圈，其集聚经济圈发展、形成与演变规律，可以为发展中国家发展集聚经济圈，推动经济高速增长，提供理论借鉴。而且，由于长三角集聚经济圈产业集聚发展过程中产业集聚的动力、效应与演化等产业集聚的部分特征具有集聚经济发展的一般特征，因而这些研究对于发达国家集聚经济圈的建设也具有理论借鉴的一般性。

理论的一般性与实践的特殊性相结合是认识事物发展内在规律的有效方式。本研究虽然以长三角集聚经济圈的高速增长和产业集聚为例，研究了集聚经济圈发展、形成与演化过程中产业集聚的源动力、外部动力、集聚效应与演化规律的一般性，但这些研究并不能完全代替对集聚经济圈视角下城市、集群产业与产业区产业集聚，以及其他集聚经济圈产业集聚规律特殊性的研究。对集聚经济圈这些特殊性继续进行研究，对于地方经济发展而言也具有重要意义。

长三角集聚经济圈的产业集聚是一个发展中国家的发展中地区的高速增长过程，也是一个区域经济工业化进程不断深化和发展的过程。当前，长三角集聚经济圈整体第三产业占GDP之比小于第二产业，发达国家集聚经济圈与之相比，第三产业占GDP之比大于第二产业，具有与长三角不一样的工业化进程和产业结构。这些发达国家的集聚经济圈，正通过其强大的现代服务业和先进制造业对世界经济发挥重要影响，其产业集聚的后续发展特征，可能会不同于发展中国家集聚经济圈发展、形成与演化过程中所体现的一些特征，部分发达国家集聚经济圈产业集聚的发展，可能由于缺乏新的产业创新和技术进步，正处于停滞状态。因而，发达国家的集聚经济圈如何进一步发展，值得未来研究关注。

此外，发展中国家的集聚经济圈如何通过二、三产业的转型升级和产业结构的空间调整，通过新型工业化、信息化、城镇化等发展道路，促进产业继续集聚，以实现对发达国家集聚经济圈的赶超，也值得未来研究关注。

第2章　区域要素优势与产业集聚

2.1　引言

发达国家的集聚经济圈或发展中国家高速增长的集聚经济圈日益成为发挥国家竞争优势的载体，其竞争力的源泉又来自区域内部发达的城市群体系和富有活力的多元化产业集群。那么，为什么在此区域而不是彼区域会形成发达或者高速增长的集聚经济圈？

本章认为集聚经济圈的区域要素优势是产业集聚的源动力，任何国家要通过发展集聚经济圈的产业集聚来增强国家的竞争力，须结合国内集聚经济圈的区域要素优势进行决策，任何脱离集聚经济圈区域要素优势发展经济的决策都将不可避免地导致失败。

本章框架安排如下，第2节提出区域要素优势构成集聚经济圈产业集聚源动力的双重分析框架，认为集聚经济圈产业集聚的源动力在于经济圈在国内外双重开放与双重分工中的区域要素优势；第3节对集聚经济圈要素优势与影响产业集聚基本因素之间的决定与被决定关系进行分析，论述区域要素优势在集聚经济圈产业集聚过程中的源动力地位；第4节以长三角为例对集聚经济圈区域要素优势在产业集聚过程中源动力地位进行实证研究；最后是本章的总结性评论。

2.2　要素优势与集聚经济圈产业集聚的关系

城市、集群产业、产业区构成集聚经济圈的重要组成部分，促成集聚经济圈产业集聚的源动力，也是促成集聚经济圈城市、集群产业、产业区产业集聚的源动力。什么是促成集聚经济圈产业集聚的源动力，现有研究缺乏深入认识。要解释促成集聚经济圈产业集聚的源动力，须在借鉴传统国际分工理论的基础上提出新的分析框架。

波特（1990）认为能通过要素导向进入到竞争优势第二阶段的国家并不多，其实质按照外部性的思路对产业中的企业为什么会在产业集群区域地理集中进行了阐述，认为传统比较优势理论不再起作用，而在既存或者发展的集群中布局，企业常常能够降低总成本或者获取更多的价值（Porter，1990，2000）。对波特将产业集群优势与比较优势对立起来的观点，林毅夫和李永军（2003）进行了批评，强调比较优势是竞争优势的基础，并结合波特钻石理论的四大要素进行了分析。

林毅夫和李永军（2003）回答了比较优势是竞争优势的基础，但他们的分析同波特一样只是着眼国家竞争优势的视角，因而在研究中就没有涉及国家内部集聚经济圈产业集聚的源动力问题。正因为波特、林毅夫和李永军他们只从国家的视角去考察产业的竞争优势，所以他们不关心集群产业在国家内部何处集聚的问题，他们的理论就没有涉及集聚经济圈要素禀赋“异质性”和要素禀赋在区域双重分工中“嵌入性”的分析视角。

本研究认为，在世界开放经济格局中，集聚经济圈产业集聚的源动力从表象上看是集聚经济圈产业相对于其他区域的竞争优势，但归根到底它以集聚经济圈基于社会关系“嵌入性”的人力资本、技术资本以及实物资本等要素禀赋的“异质性”双重分工优势为内容。全球化背景下，集聚经济圈的企业或产业，面对的市场是双重开放的世界市场，其既向国内企业或产业开放，又向国外企业或产业开放；经济圈内部企业或产业既面临基于国际比较优势的生产分工，又面临基于国内区域之间比较优势的生产分工。只有从集聚经济圈国际分工格局中的双重分工优势去考察集聚经济圈的产业集聚，才能合理解释集聚经济圈产业集聚和持续发展的源动力问题。集聚经济圈的产业集聚，对于发达国家而言是发达国家参与国际分工的高端或新兴产业的生产区位位于国内何处的问题，对于发展中国家而言则是其参与国际分工的相对低端或者传统产业的生产区位位于国内何处的问题。

国家之间的产业分工首先取决于各国比较优势。发达国家之间或者发展中国家之间由于要素禀赋与比较优势相近，两者内部各自以产业内分工为主；而发达国家与发展中国家之间由于要素禀赋与比较优势存在较大差异则以产业间分工为主。发达国家与发展中国家之间最大的要素禀赋差异在于劳动力和资本水平，发达国家拥有的劳动力素质较高、资本充足，能够生产对劳动力素质与资本进入壁垒要求较高的相对资金密集、技术密集型产品；而发展中国家劳动力要素禀赋和资本水平较低，其主要集中力量生产一些收益水平与进入壁垒较低的相对劳动密集型的产品。在国家之内的产业分工是区域分工问题，也取决于区域要素禀赋和比较优势的差异，发达国家或者发展中国家相对发达区域具有更高的劳动力要素禀赋与资本水平，因此各国参与国际分工的优势产业主要在该区域集中。

进一步分析，集聚经济圈在世界经济格局中的双重“分工优势”，主要来源于集聚经济圈发展与形成过程中其要素禀赋相对于其他区域的“异质性”优势。与传统强调要素禀赋“同质性”，且基于“同质性”要素禀赋数量差异的分工理论不同，本研究强调世界各国或者区域在发展经济、参与国际分工时要素禀赋的“异质性”。国家或区际经济的技术差异内生于区域的劳动力与物化资本之中，以国家或区际之间的劳动力和物化资本之间的差异为载体，表现为国家或区域之间的人力资本、技术资本、实物资本等要素禀赋的“异质性”差异。在一些发展阶段和收入水平相近的国家或地区之间，可能由于发展阶段和发展水平的相近性，其经济发展的要素禀赋具有一定程度上的“同质性”；但是在发展阶段和发展水平相差较大的国家或区域，其要素禀赋就具有明显的“异质性”。异质性表现为国家或者地区之间在人力资本、技术资本或者实物资本水平之间的单一差异，或者双重差异，又或多重差异，表现为国家或者区域之间要素禀赋整体的生产力水平差异。国家或者区域要素禀赋的“异质性”差异决定了世界各国或者区域的分工差异：要素禀赋相近程度越大，其分工水平越近；要素禀赋相近程度越小，其分工差异越大。

集聚经济圈的分工优势，首先是所在国家在世界分工格局中的分工优势，所在国家的生产力水平、要素禀赋的性质和特征决定了其在世界经济格局中的分工地位。发展中国家与发达国家在生产力水平和产业结构上存在差异，发展中国家的要素禀赋以生产劳动密集型产品的人力资本、技术资本以及实物资本等要素禀赋为主；而发达国家的要素禀赋以生产资本密集、技术密集型产品的人力资本、技术资本以及实物资本等要素禀赋为主。① 其次是国家内部的分工优势，集聚经济圈在国内分工格局中生产力水平、要素禀赋的性质与特征，决定了其在国内经济格局中的分工地位。这表现为集聚经济圈要素禀赋与国内相对欠发达区域相比，在生产力水平与产业结构上具有明显优势：集聚经济圈主要生产相对资本密集、技术密集的产品；相对欠发达区域主要生产相对更加劳动密集型的产品②。

---

① 赫克歇尔—俄林理论假定分工国家技术水平相同，分工国家之间“同质”要素禀赋的丰裕度差异是国际分工的原因。这里劳动密集、资本密集、技术密集显然不是劳动资本比这一要素禀赋“同质性”意义上的概念，而是技术差异基础上要素禀赋“异质性”的概念，技术差异内生于人力资本、技术资本、物化资本之中。

② 以中国“中心”区域的长三角集聚经济圈、华南集聚经济圈的产业集聚为例，两大经济圈历史上虽然存在纺织、服装、皮革等劳动密集型制造业的生产、高速增长与集聚，但在中国的“外围”省份，却以生产劳动密集程度更高的农产品或其他产品为主。

集聚经济圈在双重分工中的比较优势是一种基于机会成本的比较优势，也许发展中国家的集聚经济圈与发达国家相比，其在所有的产品生产方面都不存在优势，但是生产效率更高的发达国家与其竞争生产相对劳动密集型的产品时面临更高的机会成本，因而发展中国家的集聚经济圈具备了生产相对劳动密集型产品的要素禀赋异质性优势。

对于生产同一产业产品的世界各国的集聚经济圈而言，其产业产品集聚程度的竞争完全取决于各自区域要素禀赋“异质性”比较优势的强弱，这一产业内要素禀赋的异质性，决定了各国或各区域这一产业增长或集聚的程度。

其他条件相同的情况下，决定区域经济发展前景的是区域具有特殊技能的人力资源要素禀赋或者是具有比较竞争优势产业的技术水平层次。对于一个具有产业竞争力的区域，由于区域具有掌握该产业核心技术和特殊技能的人力资本，因而在此基础上产生的技术资本等要素禀赋的改善，使得该区域产业相对其他区域而言更具竞争力。

格兰维特（Granovetter，1985）提出了人的经济行为嵌入于社会关系结构的观点，认为人的经济行为普遍受社会关系影响，强调具体的、持续运转的社会关系体系及其结构对人的经济行为的影响。本研究认为，社会生活中不仅存在“嵌入性”，还存在“逆嵌入性”或“弃嵌入性”，即社会关系一定程度嵌入在经济关系之中，受经济关系的影响。

有关经济行为嵌入社会关系的观点，其嵌入性的决定性因素非常复杂。格兰维特（1985）并没有清晰阐述“社会关系嵌入性”影响经济行为的内在机制。本文认为社会关系对经济行为嵌入性起作用机制，可以通过行为人的“动机—行为—反馈”这一模式进行分析。人作为个体，存在于一定的、具体的、持续的社会关系网络之中，其经济行为、社会生活等各层面受其身处社会关系网络及其结构的影响：这可能从根上决定人的行为动机，最后影响行为，并通过行为绩效的反馈进一步强化或改变个体行为。

作为个体的人具有主观能动性，其与一定范围内的、具体的、持续的社会关系网络进行互动过程中，行为动机可能受经济利益、自身价值取向、外在生存压力等各种因素交互影响而发生阶段性变化。这可能导致个体放弃嵌入原有局部的具体关系网络，寻找并重构新的、局部的、具体社会关系网络。这时，就产生了个体对原有局部、具体、持续的社会关系网络背离的“逆嵌入性”。如果新的社会关系网络能够长期提供符合个体期待的经济、社会关系等方面的利益，离开原有社会关系网络的个体，将在与新的社会关系网络的互动中形成“稳定嵌入”；否则，个体将寻求新的嵌入。

影响个体人社会关系网络“逆嵌入性”的因素有很多，本书仅强调经济关系对其社会关系网络“嵌入性”的影响，具体到劳动力要素的区域流动而言：“逆嵌入性”主要体现为劳动者选择就业区位时为了经济上的利益对自身原有社会关系网络的背离。

劳动者长时间背井离乡流动或者迁离原籍，意味着对原来社会关系网络在一定程度上的“逆嵌入性”或者背离。流动或者迁离给他们带来种种不便，比如远离原来的朋友、家庭和社区，忍受异地文化、制度带给自己的各种不适。既然迁离原来社会关系网络或者社区可能给自己带来消极影响，劳动者为什么还要向外流动？因为劳动者原居住区域人力资本与技术资本水平层次普遍较低，经济发展水平不高，留在当地社区给其带来的经济利益可能远不及流动到人力资本与技术资本水平较高，经济发展水平与技术相对先进的其他地区所能获取的经济利益。这时，劳动者就可能为了经济利益背离原来的社会关系网络去寻求新的社会关系网络，从而表现为社会关系嵌入在经济关系之中的“逆嵌入性”。

其他要素禀赋水平大致相同，地区之间生产技术和经济发展水平的差异，由当地掌握核心技术、具有特殊技能的人力资本水平，以及在此基础上产生的技术资本、实物资本水平的改善决定。这意味着一个地区人力资本从而技术资本、实物资本水平越高，其人力资源向外流动的可能性越小。人的经济行为的嵌入性与“逆嵌入性”，与其所属区域在既定产业的人力资本、技术资本与实物资本水平的高低有关。如果其所属区域人力资本从而技术资本、实物资本水平相对其他区域而言较高，产业具有竞争力，其社会关系网络对人力资源的嵌入性约束就大。而如果其所属区域人力资本从而技术资本、实物资本水平与产业竞争力相对落后，其社会关系网络对人力资源的约束性就相对较弱，劳动者和其他资源必然向人力资源和经济水平相对较高的地方流动，从而产生“逆嵌入性”现象。“逆嵌入性”现象是国家内部区域之间基于各自的要素禀赋“异质性”比较优势进行分工，要素自由流动的结果。区域人力资本的“嵌入性”导致了区域技术资本从而实物资本的“嵌入性”；而区域之间要素禀赋生产能力的非对等性和“异质性”，导致了要素与当地社会关系网络嵌入力度的非对等性。要素禀赋生产能力强和具有产业比较优势的地区，要素与当地社会关系网络的嵌入性关系相对较强；而要素禀赋能力和产业比较优势相对较弱的地区，要素与当地社会关系网络的嵌入性关系相对较弱，要素外流。

集聚经济圈的双重分工优势可通过构建图 2—1 所示两国家、三产品简单分工模型，运用国际贸易机会成本理论和“逆嵌入性”范畴进行解释。[①] 可以进行以下基本假定：（1）世界由发达和发展中国家两国构成，生产资本密集、劳动密集非农产品以及农产品；（2）发达国家独占生产资本密集产品的人力资本、技术资本、物质资本等生产要素，发达国家和发展中国家共享生产劳动密集产品的人力资本、技术资本与物质资本，发达国家生产劳动密型产品的人力资本在生产效率上优于发展中国家；（3）发达国家农业劳动力或者生产劳动密集型产品的人力资本经过培训和实践可以转化为生产资本密集型产品的人力资本，发达国家和发展中国家的农业劳动力经过培训和实践也可以转化为生产劳动密集型产品的人力资本[②]；（4）劳动力在国内可以自由流动，在国家之间禁止流动；（5）农产品生产技术在两国之间无差异，先进技术在国家间扩散存在壁垒。

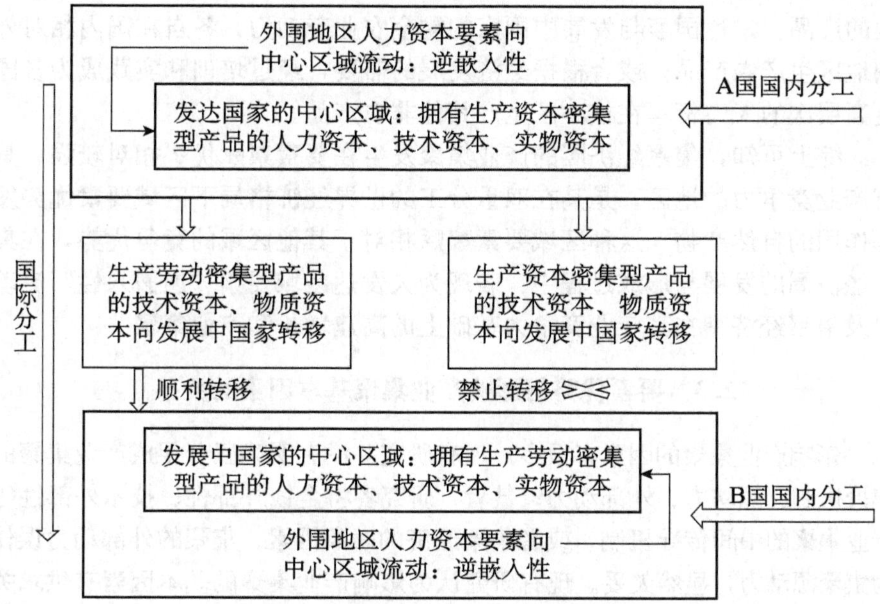

图 2—1　集聚经济圈形成的双重分工

图 2—1 模型具体含义如下：

---

① 这里不讨论发展中国家集聚经济圈动态比较优势变化引起的对发达国家集聚经济圈产业结构和竞争力的赶超过程。此外，不讨论发达国家与发展中国家的农产品贸易，主要原因有：（1）农业是国民经济的基础，各国出于经济战略安全考虑，会限制与国外的农产品贸易；（2）出于国内特定利益集团和增加就业的要求，各国也有限制农产品贸易的内在驱动；（3）农产品贸易与制造业的贸易相比，其贸易价值总量相对较小；（4）各国农产品贸易基本是满足差异化需求，调节余缺的需要，因此农产品国际贸易对各国农产品价格影响甚小。

② 这里隐含的逻辑是发达国家的农业劳动力经过培训和实践，可以转化为生产资本密集型产品的人力资本。

要素禀赋异质性优势在发达国家和发展中国家内部的非均衡分布，决定了各国内部区域之间的不平衡发展，发达国家和发展中国家的集聚经济圈构成了各国相对发达的中心区域。尽管发达国家生产劳动密集型产品的人力资本生产效率要优于发展中国家，但其在要素市场面临高机会成本；而“逆嵌入性”地迁移到资本密集型产品生产分布的集聚区域，接受技术培训转变为生产资本密集型产品的人力资本后能够获取更多的收益，这促成了资本密集型产品生产集中在发达国家的发达区域，形成集聚经济圈。发达国家生产劳动密集型产品的实物资本、技术资本由于与之匹配人力资本的转移而出现闲置，必然通过市场机制向发展中国家出让。类似地，国内“异质性”要素分布的差异，决定了发展中国家的集聚经济圈在资本密集型产品的生产技术不能在国际之间扩散的情况下，只能生产相对劳动密集的产品。发达国家与发展中国家的剩余农业劳动力，各自在国内相对外围地区生产农产品；或者根据经济发展的需要，经过培训和实践成为各国更高层次的人力资本在核心区生产其他非农产品。

综上可知，集聚经济圈的产业集聚发生在要素禀赋优势相对较强、具有产业竞争力的地区，是其在双重分工的世界经济格局下区域要素优势发挥作用的自然产物。这种区域要素禀赋相对于其他区域的竞争优势，在集聚经济圈的发展与形成过程中，表现为欠发达区域要素“逆嵌入性”流动以及集聚经济圈在其产业竞争力基础上的高速增长和产业集聚。

2.3 要素优势与影响产业集聚基本因素的关系

影响产业集聚的因素有很多。现有研究并没有明确区分促成产业集聚的集聚机制、源动力、外部动力；甚者，研究者将金钱外部性、技术外部性等产业集聚的中间传导机制，或者集聚经济的表象因素、集聚的外部动力误作为集聚源动力，显然欠妥。现有研究认为影响产业集聚的基本因素有供求关系、运输成本、劳动力成本、规模报酬递增、外部性、创新、弹性专精、政府政策等。已有实证研究，并没有很好地支持理论研究的结论。

集聚经济圈发展、形成与演化过程中产业集聚的实质，是其产业基于要素禀赋“异质性”优势，通过规模经济、范围经济、分工协作、产业关联等因素引起的产业、产出和产能在区域的高速增长或集中过程。可以将传统影响集聚经济圈产业集聚的基本因素与“异质性”要素优势在集聚经济圈产业集聚中各自所处地位分析如下：

1. 区域要素优势与供求因素

全球化背景下，除去一些涉及自然资源的采矿产业和特色产业，马歇尔（1890）所谓引起产业集聚的自然资源因素对于加工制造业而言，已被认为越来越不重要；其所谓宫廷的奖掖隐含的结论是波特（1990）和贝卡蒂尼（2002）强调的需求因素。一个地方对产业个性化与差异化的需求有很多，为什么有的产业能出现地方化，有的产业不能？

贝卡蒂尼强调产业区的多元文化系统、信用体系等供给因素能满足产业区形成的个性化和差异化的需求。但对于开放经济，当地个性化和差异化的需求完全可以通过外地输入的方式来解决，不是有地方化需求就一定有地方化供给；也不是地方有了相关产业的供给，就一定能产生波特所谓的产业竞争力。集聚经济圈只有具备了要素禀赋的优势，才有供给的资格，才能取代世界市场其他区域产品，产生引起产业地方化和产业集聚的供给和需求因素。因此，集聚经济圈供求因素并不能影响任何产业集聚，区域要素优势才是促成产业集聚的决定性力量。

2. 区域要素优势与运输成本

韦伯（1909）从运输成本、劳动力成本影响产品的生产成本从而影响产品竞争力的视角考察了企业的区位选择。然而，集聚经济圈产品竞争能力不仅取决于生产成本，而且还取决于产品的差异化程度，差异化程度决定产品的要价能力和收益。产品的差异化程度高低在其他情况相同条件下，受生产该产品企业的人力资本与技术水平高低影响。具有产业竞争力的区域，其产业优势的源泉主要在于该区域具有人力资本与技术资本、实物资本等要素禀赋的“异质性”优势。运输成本可能会影响集聚经济圈的生产和销售成本，但只要要素禀赋优势决定的产品差异、定价能力和收益能确保产品在承担一定范围运输成本带来的成本上升之外，还能获得超出产品在其他区域生产的产业利润，就会促使产业在经济圈集聚。这一优势决定了该区域和其他不具备要素优势区域产品的差异化程度。

运输成本在某种程度上影响集聚经济圈集聚产业发挥竞争力优势的市场半径，而交通运输技术工业革命对运输成本降低的影响，使得运输成本对于工业企业区位布局的影响越来越小。

3. 区域要素优势与劳动力成本

从各国产业集聚的具体区域来看，没有一个区域在相对意义上属于低劳动力成本区域。由于集聚经济圈发展与形成过程中产业集聚引起的对稀缺生产要素的争夺，发达与发展中国家集聚经济圈产业集聚区域的劳动力等要素成本普遍高于非集聚区域。即使是那些产业集聚刚刚开始起步的区域，其劳动力要素成本也不会比那些非集聚区域低。这些区域相对其他非集聚区域而言存在着人力资本与技术资本等要素禀赋方面的优势，这种经济发展技能和发展水平上的不对等性足以保证集聚起步地区工资的相对水平不会低于非集聚区域。因此，劳动力成本不是企业区位选择的决定因素。如果产业在集聚经济圈布局具有全球市场竞争优势，就会引起该产业在区域集中，基于要素优势在集聚经济圈布局获取更高收益的企业愿意为雇佣劳动力支付相对高工资。

4. 区域要素优势与规模报酬递增、外部性

规模报酬递增包括内部规模报酬递增与外部规模报酬递增。韦伯的产业集聚范畴包括产出和产能的集中，所以由企业内部规模报酬递增引起的产出和产能集中是产业集聚的题中之意。外部规模报酬递增又可称之为金钱外部性，强调企业在一起集中可以共用基础设施、劳动力市场等市场关联和产业关联所带来的益处。然而，如果企业布局区域缺乏要素禀赋给企业提供的竞争优势，从而缺乏有竞争力企业提供的企业布局的市场关联和产业关联，企业就不可能实现规模报酬递增。企业的规模报酬递增，只有在具有人力资本与技术资本等要素禀赋相对比较优势的区域才能实现；促成集聚经济圈产业集聚的要素优势是区域企业实现规模报酬递增的基础。

除去金钱外部性，外部性还包括技术外部性，技术外部性强调产业地方化和多样化的集中有利于技术扩散与创新，从而促使产业集中。然而，技术外部性的源泉何在？企业集中某一区域的条件首先是该区域具有要素优势，如果没有区域相对于其他区域的人力资本、技术资本、实物资本等要素禀赋的一重或多重的比较优势，就没有产业在该区域的集中。基于集聚经济圈要素禀赋竞争优势的产业集中是外部性发挥作用的首要条件，只有首先发生产业基于要素禀赋竞争优势的集中，之后才能发挥产业基于金钱外部性与技术外部性的集中。所以集聚经济圈的要素优势是产业集聚规模报酬递增与外部性的决定因素，而规模报酬递增、金钱外部性、技术外部性仅仅是产业集聚的表现形式与传导机制。

5. 区域要素优势与创新

弗里德曼（1966，1972）有关创新条件促进集聚经济圈产业集聚的理论没有解释创新条件的来源，但它强调集聚经济圈的集聚区域从供给方面存在引致创新的技术外部性、金钱外部性，以及存在诱致创新产生的需求条件。集聚经济圈促成产业集聚的金钱外部性、技术外部性建立在经济圈要素禀赋在国内外双重分工中的比较优势的基础上，这一点在上面已有论述。弗里德曼在创新中所强调的需求条件也是集聚经济圈要素优势作用的产物，集聚经济圈的产业在发挥区域要素禀赋双重分工比较优势基础上的高速增长以及产业集聚带来的竞争的压力是迫使区域创新不断出现的内在动力。对于产业区理论强调的创新环境对产业集聚的作用，在中国国内王辑慈等（2001）指出，创新环境理论实际上重申了马歇尔产业区学派产业区形成的“产业氛围”主题，王辑慈实质上明确无误地表明，所谓的创新

环境就是一种技术外部性。

6. 区域要素优势与区位优势

邓宁（Dunning，1980，1981，1988）的跨国投资理论将区位特定优势分为要素成本、市场因素、贸易壁垒、政府政策、投资环境。邓宁的区位特定优势有关要素成本的阐述，实质是在强调跨国公司要根据国家比较优势进行分工，其并未考虑投资对象国的国内分工。事实上，对于投资对象国，跨国公司在东道国的投资多数位于构成东道国集聚经济圈的相对发达区域，因为这些区域具有相对较高水平的人力资本、技术资本，从而具有较好的投资市场因素与投资环境。东道国国内具有要素优势的集聚经济圈提供的要素优势，是跨国公司跨国投资保持产业竞争力和取得成功的重要条件。

7. 区域要素优势与弹性专精

新产业区理论强调弹性专精的生产方式能够发挥范围经济和规模经济，是集聚企业之间进行分工合作，以及产业集聚的重要原因。不少研究将弹性专精理解为中小企业的集聚，而皮奥里和塞布尔（1984）提出的弹性专精至少还包括企业联盟集团、太阳系企业体系与车间工厂，帕克和马库森（1995）更是将新产业区定义为贸易专业化导向的新生产区域。显然弹性专精只是产业集聚区域的生产形式，企业规模大小取决于集聚区域在国际国内双重分工中比较优势。如果区域在生产高端产品，比如汽车、飞机之类产品的生产方面，具有人力资本、技术资本等要素禀赋方面的优势，自然以大企业为主；如果区域在生产低端产品，比如皮鞋，玩具的生产方面，具有人力资本与技术资本等要素禀赋方面的优势，自然企业规模相对较小。所以，集聚经济圈的要素优势构成其产业集聚的根本原因，弹性专精只是具有要素优势区域生产方式的一种表现形式。

8. 区域要素优势与政府政策

一个国家选择的发展战略，决定其产业发展政策。合适的发展战略，是发挥区域比较优势，促成集聚经济圈产业集聚的前提。但是最终对产业集聚与集聚经济圈形成发挥作用的，还在于集聚经济圈的要素优势，其决定其经济的高速增长，产出、产能与企业的集中。赫希曼（Hirschman，1958）、科迪和休斯（Cody & Hughes，1980）等研究认为，发展中国家要实现赶超战略，就要遵循自身的比较优势，适时实施适当的进口替代工业发展战略，最终实现本国的工业化。

分析表明，集聚经济圈“异质性”要素优势处于关键、核心的地位，构成其产业集聚的源动力；没有集聚经济圈的要素优势，就没有经济圈产业集聚的可能。现有集群产业、产业地方化、城市多样化产业集聚理论普遍将产业集聚的动力归之为引起产业集聚的外部性因素，或者供求因素；

新产业区理论强调弹性专精的生产方式以及建立在外部性基础上的创新性，新经济地理理论强调偶然性扰动、外部性引起的循环累积因果效应等。这些研究都割裂了集聚经济圈产业集聚与区域要素优势的联系，没有看到集聚经济圈要素优势是发挥集聚经济圈城市、集群产业、产业区产业外部性，促进创新、引起供求等促进集聚的决定因素，从而在产业集聚源动力研究方面显得欠缺。

2.4 双重分工框架下长三角的产业集聚

下面以长三角的产业集聚为例对前文提出的理论进行检验。

长三角集聚经济圈历史上是中国农业、传统手工业、轻纺工业高度发达的区域。鸦片战争爆发后，上海作为西方列强通商口岸地位的确立，使其很快崛起为中国最大的工商城市，成为中国日用品与轻纺工业的中心。建国后，上海服从国家重工业优先发展战略，在作为轻纺工业中心为国家发展重工业提供积累基金的同时，又直接成为了国家重工业发展的重要基地，为国家重工业的发展提供建设力量（杨建文，1999）。长三角作为历史上中国传统轻纺工业和日用品消费品工业的中心，在改革开放之初传承了大量掌握这些优势产业核心技术的劳动力要素；同时，由于上海作为中国重工业基地地位的确立使得长三角也具有了以上海为基地的在化学原料及化学制品制造业，通用设备制造业，通信设备、计算机及其他电子设备制造业等行业的要素禀赋优势。这些要素由于社会关系的嵌入性因而在当地具有一定的根植性。

改革开放之前，长三角轻纺工业和日用消费品工业的优势在中国重工业优先发展战略的背景下一直受到抑制。此外，如同长三角的轻纺产业在世界的分工优势一样，长三角的重工业与世界发达国家或者发达地区相比，可以归纳为劳动密集型产业之列。因而，改革开放以来，在国际分工格局中，长三角的竞争优势和高速增长，主要是基于其劳动密集型产业要素禀赋的“异质性”分工优势。

基于发挥比较优势的不平衡发展战略，改革开放以来，中国和长三角释放了其在世界的要素优势。随着中国国家重工业优先发展战略向轻工业、日用消费品优先发展和以满足人民群众生活需要，实现生产按比例协调发展为目的的转型，长三角被压制较久得以释放的以“异质性”要素禀赋优势为核心内容的劳动密集型产业的双重分工优势，构成其产业集聚的源动力。长三角集聚经济圈要素优势引起的产业集聚，表现为其 GDP 的高速增长及其在中国经济中心地位的强化。

根据世界银行提供的《世界发展指数》数据分析，1978 年到 2010 年 30

余年世界经济年均增长 2.85%，其中美国年均增长 2.67%，中国年均增长 9.93%。中国的经济总量按购买力平价由 1980 年占美国的 10.02%上升到 2010 年的 69.72%。根据 2013 年《国际统计年鉴》数据，2010 年，中国在全球 GDP（美元）的总量排名已经由 1978 年的全球第 10 上升到全球第 2。显然，中国基于国家比较优势的不平衡发展战略，促进了产业和产能向中国集中。另一方面，其国内发挥地区比较优势，实施"因地制宜，合理分工"的不平衡发展战略，又促使国内的产能在向长三角、华南、环渤海三大集聚经济圈集中。1978～2010 年间，长三角（江浙沪）、华南（广东、福建）、环渤海（京津冀、辽宁、山东）三大集聚经济圈维持了经济的高成长①，年均增长率分别为 11.89%、13.35%、10.98%。图 2—2 表明，1978 年中国沿海发达地区的三大集聚经济圈以不到中国 11%的国土面积生产了占中国 47.4%的 GDP，2010 年则生产了占中国 61.9%的 GDP。长三角国土面积约为全国的 2.2%，2010 年 GDP 总量在三大集聚经济圈中占 1/3 强，其产业集聚和经济发展程度在三大集聚经济圈中最高。

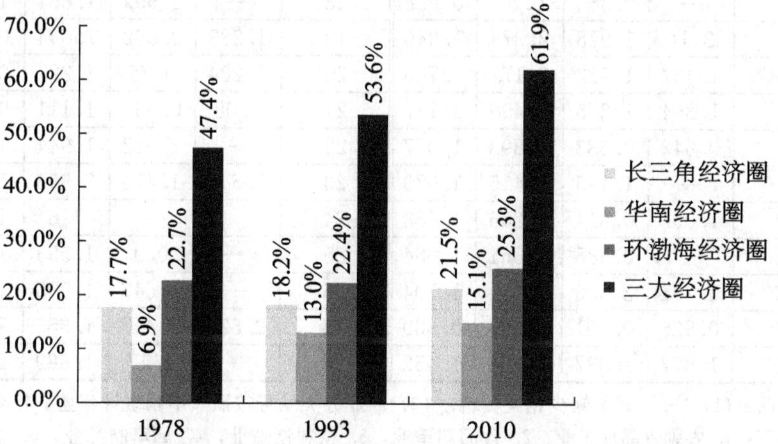

图 2—2　长三角等三大集聚经济圈在中国的分工优势

资料来源：《江苏统计年鉴 2011》，《浙江统计年鉴 2011》，《上海统计年鉴 2011》，《中国统计年鉴 2011》。

为分析长三角在中国的制造业优势，表 2—1 和表 2—2 按产业分类编号报告了其改革开放以来 1982、1988、1998、2010 四个时间节点 28 个加工制造业的区位商和产业产值在中国占比。区位商大于 1 表明长三角该产

① 三大经济圈存在个别省（直辖市）经济增长速度低于全国增长速度的个别年份，但是总体看来，改革开放以来的三大集聚经济圈的江浙沪、广东、福建、京津冀、辽宁、山东经济每年都保持了高速的增长。

业在全国具有产业优势，为制造品输出产业。区位商的计算，采用第 6 章构建的修正区位商指数。表 2—1 和表 2—2 表明长三角在改革开放之初绝大多数产业具有产业优势，轻纺工业和重工业在全国优势十分明显。① 随着中国对外开放和工业化进程的纵深展开，这些产业的优势或者进一步深化，或者正让位于更高层次产业的产业优势。长三角经济的高速成长和产业集聚得益于其在世界双重分工格局下要素禀赋“异质性”比较优势的发挥，原有的比较优势促使了长三角经济的高速成长，也为长三角新的比较优势的创造和发挥积累了经济剩余，促成长三角新的比较优势产生。

表 2—1　　长三角制造业区位商的变化

产业分类	1982	1988	1998	2010	产业分类	1982	1988	1998	2010
1	—	—	0.875	0.438	15	—	1.218	1.324	1.029
2	0.956	0.805	1.119	0.511	16	2.385	3.12	2.696	3.361
3	—	0.737	1.038	0.613	17	—	1.339	1.51	1.136
4	—	0.386	0.57	0.928	18	—	1.599	1.861	1.368
5	2.14	1.978	2.374	1.949	19	1.383	0.962	1.044	0.665
6	1.427	1.722	2.177	1.786	20	1.204	0.75	1.227	0.964
7	1.354	1.275	1.498	1.117	21	1.08	0.857	1.111	0.857
8	0.642	0.683	1.893	1.027	22	—	1.542	1.944	1.482
9	—	1.145	1.415	1.070	23	1.546	1.478	2.393	1.635
10	1.097	0.814	1.206	1.083	24	—	—	1.6	1.235
11	—	0.988	1.361	1.084	25	—	0.9	1.593	1.219
12	1.791	2.305	2.151	1.704	26	—	1.647	1.935	1.653
13	0.526	0.701	0.88	0.669	27	2.529	2.443	1.355	1.769
14	1.577	1.037	1.636	1.452	28	—	2.17	1.689	2.041

说明：(1)“—”表示缺少相关资料；(2) 产业分类编号按照《中国统计年鉴》排名顺序，编号如下：1. 农副食品加工业，2. 食品制造业，3. 饮料制造业，4. 烟草制品业，5. 纺织业，6. 纺织服装、鞋、帽制造业，7. 皮革、毛皮、羽毛（绒）及其制品业，8. 木材加工及木、竹、藤、棕、草制品业，9. 家具制造业，10. 造纸及纸制品业，11. 印刷业和记录媒介的复制，12. 文教体育用品制造业，13. 石油加工、炼焦及核燃料加工业，14. 化学原料及化学制品制造业，15. 医药制造业，16. 化学纤维制造业，17. 橡胶制品业，18. 塑料制品业，19. 非金属矿物制品业，20. 黑色金属冶炼及压延加工业，21. 有色金属冶炼及压延加工业，22. 金属制品业，23. 通用设备制造业，24. 专用设备制造业，25. 交通运输设备制造业，26. 电气机械及器材制造业，27. 通信设备、计算机及其他电子设备制造业，28. 仪器仪表及文化、办公用机械制造业。

资料来源：相关年份《上海统计年鉴》、《江苏统计年鉴》、《浙江统计年鉴》、《中国统计年鉴》。

① 根据长三角常住人口和户籍人口占中国总人口比例，长三角各制造业占中国该制造业总产值 15%以上，可以看成具有分工优势的产业。

长三角集聚经济圈产业集聚的源动力毫无疑问来自其在双重开放与双重分工的世界市场，以人力资本等要素禀赋“异质性”优势为内容的区域要素优势，以及由此带来的技术、资本等要素禀赋的改善。长三角集聚经济圈改革开放初期的区域要素优势不会凭空产生，有它的历史传承，其来源有区位优势、工业基础、基础设施、人力资源、文化习俗。此外，中国相对海外发达国家的劳动力成本分工优势，也构成长三角产业集聚区域要素优势的来源。

（1）地理位置的区位优势。长三角的区位优势可以追溯至乾隆期间，在1757年乾隆实施闭关锁国政策之前，江浙两地一直有港口通商的历史，在中国统共四个海关中占据两席。在前近代时期，“苏杭宁”是长江三角洲的中心城市，资本主义的殖民扩张，使上海凭借其天然的地理位置迅速成为中国最大的工商城市，并刺激了当时江浙民族工商资本的发展，在长三角积累了领先全国的工业基础，长三角独特的地理优势，使得其在承接世界产业转移和发展对外贸易方面形成了比较优势。

表2—2　长三角制造业产值在中国产业总量中的占比

产业分类	1982 (%)	1988 (%)	1998 (%)	2010 (%)	产业分类	1982 (%)	1988 (%)	1998 (%)	2010 (%)
1	—	—	16.6	9.4	15	—	22.8	25.1	22.1
2	16.6	19.9	21.2	11.0	16	41.5	51.3	51.1	72.3
3	—	19.3	19.7	13.2	17	—	24.9	28.6	24.4
4	—	10.2	10.8	20.0	18	—	35.5	35.3	29.4
5	37.2	40.4	45.0	41.9	19	24	24.4	19.8	14.3
6	24.8	30.9	41.2	38.4	20	20.9	21.2	23.3	20.7
7	23.5	28.4	28.4	24.0	21	18.8	22.3	21.1	18.4
8	11.2	17.8	35.9	22.1	22	—	30.8	36.8	31.9
9	—	21.6	26.8	23.0	23	26.9	29.6	45.3	35.2
10	19.1	19.6	22.8	23.3	24	—	—	30.3	26.6
11	—	20.7	25.8	23.3	25	—	18.3	30.2	26.2
12	31.1	44.3	40.7	36.7	26	—	32.6	36.7	35.6
13	9.1	16.7	16.7	14.4	27	44	37.4	25.7	38.1
14	27.4	25.0	31	31.2	28	—	38.4	32	43.9

说明：（1）“—”表示缺少相关资料；（2）制造产业分类排名如表2—1；（3）产业产值占中国比：%。

资料来源：相关年份《上海统计年鉴》、《江苏统计年鉴》、《浙江统计年鉴》、《中国统计年鉴》。

（2）工业基础。新中国成立后，由于国家重工业优先发展的战略和依托上海良好工业基础将该地区建成我国重工业基地的发展战略意图，国家对上海的投资进一步增强，上海作为中国工业基地的优势得以强化，使长三角地区形成了上海和江苏、浙江之间的垂直分工关系；1978 年上海的第二产业占全国 GDP 的 12.1%，江浙分别占 7.5%、3.1%。上海国内工业基地优势地位的形成，为改革开放后技术向江浙地区外溢提供了可能。

（3）基础设施与人力资源。长三角在全国的经济发展优势除了改革开放前国家出于发展上海地区经济而在长三角地区进行的公路、交通等基础设施投资之外，长三角地区在全国人力资源的相对优势也是其经济发展优势的来源之一：长三角地区高校、科研院所云集，能够提供许多经济发展需要的人才。良好的基础设施和相对丰裕的人力资源，为长三角承接区域外的产业转移和发展经济提供了有利的基础条件。

（4）文化习俗。江浙在历史上历来是富裕之地，还是中国近代工业的发祥地之一，地处沿海，民间保有崇尚工商致富的传统。江浙地区富余的劳动力和崇尚工商致富的传统相结合，造就了江浙地区丰裕的企业家资源，促进了长三角地区产业的发展和集中。

长三角产业集聚的源动力源于区域要素禀赋在海内外制造业中所体现出来的比较优势，这促成了海内外巨大市场的形成。产业在长三角的集中，引起人口的集聚和产业竞争的加剧，从而引起产业为了增强竞争优势的前后向关联集聚，引起市场规模的扩大和价格指数的下降①，也引起产业的再次集中，而且通过产业集聚的前后向关联关系，放大产业集聚的循环累积效应。这样，产业集聚既体现为产业内前后向关联的集聚，也体现为产业间产业协调发展的集聚。

2.5 总结性评论

集聚经济圈作为国家参与国际竞争载体，发展集聚经济圈对于世界各国参与国际经济竞争都具重要战略意义。什么是促成集聚经济圈产业集聚的源动力？本章提出了集聚经济圈产业集聚的源动力在于其在双重开放与双重分工的世界市场，其要素禀赋“异质性”比较优势的理论。

研究认为，在双重开放与双重分工的背景下，国家集聚经济圈在世界市场强烈的产业竞争力来源于区域要素禀赋的强烈竞争力，区域内以人力资本为核心，基于一定社会关系网络“嵌入性”的要素禀赋是使得集聚经济圈集聚区域与其他非集聚区域相比具有产业竞争优势的重要条件。集聚

① 这里价格指数的下降不仅指生产在本地集中节省运输成本引起的产品价格下降，而且指产业在地区集中由于同类产品的竞争引起的价格下降。

经济圈产业集聚过程中集聚区域要素禀赋的分工优势所产生的产业竞争力带来的高速增长为区域吸引其他区域的要素提供了经济基础和社会条件。在那些经济发展停滞或者相对缓慢地区的相对富余劳动人员，只要经济高速增长的集聚经济圈能够为他们提供更高的劳动收入或者经济剩余，补偿他们背离原有社会关系网络迁徙到集聚经济圈而产生的经济和社会损失，就会引起这些区域劳动力等生产要素背离原有的社会关系网络，迁离原居住地，从而表现为要素流动的“逆嵌入性”或者“弃嵌入性”。

以长三角为例的实证分析支持本研究有关区域要素优势构成产业集聚源动力的观点。改革开放以来，长三角产业集聚经济圈的形成和发展，正是在双重分工背景下，发挥轻纺工业、日用消费品等劳动密集型产业的要素禀赋优势并及时进行产业升级的结果。国家发展集聚经济圈须遵循地区要素禀赋的比较优势，这一结论对于中国当前推行的中部崛起和西部开发战略显然具有积极理论借鉴意义。只有遵循中西部地区的要素比较优势，才能推动中西部经济的发展。

第 3 章　政府与产业集聚

3.1　引言

集聚经济圈的产业集聚，产业维度离不开经济圈发展起来的众多集群产业的支撑；空间维度离不开经济圈内部以城市为基本单位产业区的产业支撑。集聚经济圈集群产业、产业区或者城市多样化产业集聚的发展与集聚经济圈的发展事实上互为表里，合而为一。众多产业基于产业关联和产业竞争力集聚在一起构成集聚经济圈的产业集聚，从单独的产业维度或城市维度考察，又构成集群产业、产业区和城市。

无论集聚经济圈内部产业集群、产业区、城市多样化产业集聚的地理边界，与集聚经济圈产业集聚的地理边界有多么不同，但产业集聚的动力与集聚机制都应一致。集聚经济圈集群产业、产业区与城市多样化产业集聚的动力与机制与经济圈产业集聚的动力与形成机制紧密联系在一起，促成经济圈产业集聚的动力与机制就是促成集群产业、产业区与城市多样化产业集聚的动力与机制。①

因此，政府对集聚经济圈产业集聚所起的作用与对其内部集群产业、产业区与城市多样化产业集聚所起的作用存在一致性。政府对集群产业、产业区与城市多样化产业集聚所起作用的研究，这里主要以政府对集聚经济圈产业集聚所起作用为例，进行分析。

本章框架安排如下：第 2 节提出政府构成集聚经济圈产业集聚外部动力的一般分析框架；第 3 节以中国政府为例，分析其在长三角集聚经济圈产业集聚过程中所发挥的外部动力作用；第 4 节以长三角集聚经济圈的基础设施投资为例对基础设施投资与 FDI 流入（产业集聚）的关系进行实

---

① 集聚经济圈城市多样化的产业集聚过程，实质上是集聚经济圈的城市产业不断根据外界发展环境和区域要素优势的变化，产业结构不断更新的过程，它内生于集聚经济圈的集群产业和产业区的发展和更新之中，由促成集聚经济圈产业集聚的要素禀赋优势决定。

证；最后是本章的总结性评论。

3.2　政府与集聚经济圈产业集聚的关系

历史上，经济学家由于所代表国家利益的不同，对于政府在经济发展中应该发挥何种作用有过不同的看法。在当代，经济学家一般都赞同政府应该在促进就业、提高效率和促进经济增长方面发挥职能。不过由于不同国家所处发展阶段不同，各国政府为了实现其职能，在经济发展过程中所运用的政策手段存在差异。总结政府发展经济运用的政策手段，主要有：（1）发展战略；（2）贸易政策；（3）制度建设；（4）财政政策与货币政策；（5）产业政策；（6）收入政策；（7）公共投资。

收入政策主要用来保持劳动者收入的稳定，避免通货膨胀对劳动者收入的影响。财政政策和货币政策作为影响国家经济发展目标的重要手段，既可以影响总量，又可以影响结构，但财政政策和货币政策的很多内容都体现在产业政策与公共投资之中。因此在分析政府对产业空间集聚的影响力时就不讨论收入政策、财政政策与货币政策。此处主要从发展战略、产业与贸易政策、市场制度建设与公共投资四个方面研究"有为政府"在促成集聚经济圈产业集聚方面所发挥的外部动力作用。

首先是基于国际分工格局中双重分工比较优势的发展战略选择，这包括两部分：第一是基于世界市场各国产业分工格局的不平衡发展战略，第二是基于国内地区比较优势分工的不平衡发展战略。前一发展战略主要是指世界各国参与国际分工的产业不平衡发展战略，由于国家参与国际竞争的优势产业及其优势要素禀赋在国家内部非均衡分布，因而前一发展战略以后一发展战略为支撑；而后一发展战略是指由于国家用于发展经济的稀缺资源有限而选择的地区不平衡发展战略，地区的不平衡发展战略由国家优势产业及其优势要素空间分布的非均衡性所决定，因而地区的不平衡发展战略内涵着世界各国参与国际分工的产业不平衡发展战略。

任何市场经济国家产业的发展战略都是一个非平衡发展过程，这由世界各国在国际分工中的比较优势和工业化进程决定。各国要实现自身经济的高速增长，必须尊重经济发展的客观规律，选择适合自己比较优势的发展战略。林毅夫和李永军（2003）指出，比较优势是产业集群形成的基础与必要条件，并围绕比较优势与竞争优势这一主题从钻石体系的生产要素、同业竞争、需求条件、相关与支持性产业 4 方面论述了比较优势与产业集群形成的关系。集群产业构成集聚经济圈的产业内容，基于比较优势发展战略的选择构成产业集聚的前提，国家要形成产业集聚经济圈，必须在尊重国家比较优势基础上选择产业非平衡发展战略。

林毅夫和李永军（2003）是从国家竞争优势的抽象意义上，去研究比较优势与产业集群的形成关系。然而，产业集群在什么地方形成是进一步研究产业集聚需要关注的内容。在国家内部，一些区域由于历史上传承的要素优势，使得其同一产业在资本、技术以及人力资本等要素禀赋方面和其他区域相比，具有“异质性”优势。这些异质性要素由于其自身的区域“嵌入性”，使得国内那些具有国际比较优势产业的区域，在经济发展方面相对其他区域而言，具有更多的产业竞争力；区域基于产业竞争优势基础上的高速增长引起要素和产能集中，最后形成产业集群，并促成集聚经济圈的产业集聚。因而，各国地区之间的增长必然是不平衡的增长，这是世界各国内部区域基于各自比较优势分工的产物。

缪尔达尔（Myrdal，1957）不平衡发展理论强调区域偶然增长产生循环累积效应，引起产业集聚以及中心—外围经济结构的形成。不平衡增长理论偶然的增长引起产业集聚的观点受到了学者的批评，王辑慈（2001）认为，当一个新工业在一个地区配置时，如果区位条件很差，它本身发展遇到很多困难，其对周围的影响也非常有限。

因而，发展产业集聚并不需要什么新产业，只要区域产业具有竞争优势就可以由于产业的前后向关联、旁侧关联和市场关联而导致产业集聚。政府违背区域的比较优势，而企图通过在区域强制性地嵌入一些所谓推动性工业而带动经济增长，必然不会具备成功的可能性。集聚经济圈在世界各国内部形成，以及其产业集聚的过程，实质是其在世界分工格局中要素优势发挥的过程。集聚经济圈在世界市场相对国内外其他区域的企业或产业的分工优势越明显，竞争优势越大，产业或产能的集聚优势就越高。

其次，要实施比较优势发展战略，必须配套相应的产业政策和贸易政策，这既是世界各国出于就业和经济增长的压力在不同程度上实施贸易保护政策的结果，又是国家按照比较优势参与国际竞争的需要。产业政策包括产业结构政策、产业组织政策、产业技术政策与产业布局政策。林毅夫和孙希芳（2003）强调，随着经济发展、资本积累速度和要素禀赋结构带来的产业和技术结构的变化，经济快速发展对金融、信用、产权等制度安排的需求也会变化很快，政府必须在信息、协调和促进制度演化等可能出现市场失败的方面发挥比“守夜人”更为积极的角色，特别是在产业政策的制定方面发挥积极作用。

要促进国家在国际分工中具有比较优势产业的集聚，发挥产业在国内外的竞争力，形成集聚经济圈，除了要明确基于比较优势的发展战略，通过产业与贸易政策形成有利于“具有比较优势产业”发展的政策环境外，国家内部还必须营造那些有利于发挥具有国际竞争比较优势地区产业竞争优势和促成集聚经济圈产业集聚的其他发展环境，这包括市场制度建设与公共投资两个方面。如此，这些区域才可能在竞争中赢得高速的经济增长。

其一，政府要加强市场制度的立法和执法建设，推进国内经济的一体化，建立国内统一、开放、竞争、有序的市场体系。政府要维护市场的竞争性与规则性，比如：建立市场规则和实施反垄断法，这是保证市场机制有效运作的关键（林毅夫和孙希芳，2003）。建立合理的市场规则、推进国内的市场一体化，才能发挥国内具有比较优势区域的产业竞争力，促进该地区的高速增长，从而通过市场关联和产业关联促使产业在该区域集中，形成集聚经济圈。因此，政府在市场制度方面的有效建设，构成集聚经济圈发挥比较优势，促进产业集聚的又一政策手段。

其二，政府要采取适当的方式，参与建设和投资能源、交通、污水处理等基础设施，投资教育等具有明显外部性的行业，进行公共投资。公共投资包括能源投资、道路以及高速公路投资、污水处理设施投资、公用事业投资、教育投资等。政府参与建设和投资能源行业，可以为国内产业发展提供能源动力；参与建设交通行业，既可以通过交通干线的建设将具有要素优势区域的内外高效、快速连接起来，降低区域间原料和产品的运输成本与交易成本；又可以通过对具有比较优势的区域或者集聚经济圈内部交通建设的投资，加快区域内部的经济一体化进程，促进要素流动和资源配置的优化，提升区域的产业竞争力，从而促使要素更快地在区域集聚。政府参与污水处理等公共环境的建设与投资有利于保护国内或者区域内部居民的健康，为长期的经济增长和人力资本的发展提供要素上可持续的发展环境。具有要素比较优势的集聚经济圈的良性发展，为企业和 FDI 提供了良好的市场环境，而公用事业等基础设施投资建设则为企业和 FDI 发展提供了良好的软硬件环境。这些因素，都有利于促进集聚经济圈的企业集中和产业集聚。政府参与建设和投资教育行业的意义在于可以根据集聚经济圈发展的工业化阶段、进程和产业结构转变进程，及时为这些区域培养、提供经济发展所需的各类人才，提供所需技术等生产要素，为这些区域的发展发挥优势、创造优势，促进集聚。

国家内部那些具有国际比较优势的产业在区域的高速增长给其他产业的发展提供了良好市场机遇和发展其他产业的要素禀赋，比如一个具有轻纺产业国际比较优势的区域，由于经济发展带来的剩余改变了区域经济发展的要素禀赋、人均生活水平和市场需求，完全可能发展出其他产业，比如电器、电子等集群产业，从而在该区域引起新的产业集聚，形成集聚经济圈，这是区域工业化进程和比较优势动态变化的结果。

政府作为产业集聚的外部动力，在促成集聚经济圈形成以及促进产业集聚方面所发挥的作用，可以用图 3—1 概念模型说明如下。

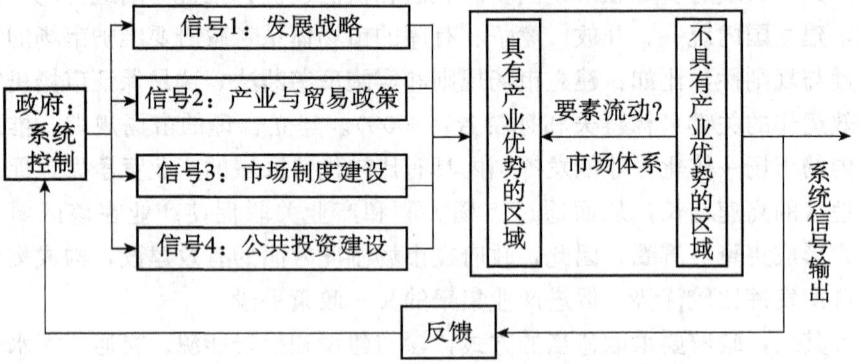

图 3—1　国家产业集聚系统中的政府作用

政府根据国家在世界分工体系中所处的地位和比较优势确定明确的产业不平衡发展战略，根据国内要素禀赋分布的空间非均衡性，确定地区不平衡发展战略，这是促成集聚经济圈产业集聚的战略前提条件。

政府在国家参与国际竞争的贸易分工体系中实施合理的产业与贸易政策，增强国内产业在国际分工体系中的产业竞争力，促进整个国家的经济增长，这是促成集聚经济圈产业集聚的国际分工条件。

产业不平衡发展战略决定了国家一定时期产业发展的重点，而地区发展战略则决定了国家区域发展规划和资源配置机制。国家按地区不平衡发展战略发展经济，必须尊重国内地区之间的比较优势，尊重市场机制，发挥市场对资源配置的基础性作用。因而，市场制度建设是促成集聚经济圈产业集聚的市场制度条件。提高国内市场经济的效率，需要政府强化市场制度建设，在国内清除各种市场壁垒，实施国内经济的一体化；这样，才能发挥具有比较优势区域产业的竞争力，促进产业集聚，最终形成集聚经济圈。

最后，政府公共投资建设一方面为具有比较优势的区域提供经济发展所需的生产要素，另一方面降低具有比较优势区域产品生产和销售，以及要素获取的空间运输成本和交易成本，为区域企业发展和产业集聚提供有利的软硬件环境，提升区域产业竞争力，创造集聚经济圈产业集聚的外在发展环境条件。

公共投资建设与发展战略、产业与贸易政策、市场制度建设一起构成政府干预经济、有效配置资源的重要手段。四大政策如果实施成功，具有比较优势的区域就能发挥其产业竞争力，吸引其他区域要素向该区域集中，形成集聚经济圈。如若政府干预不成功，通过市场体系输出信号的反馈机制，政府可以调整政策，进行再次干预，直到发挥具有比较优势区域产业的竞争力为止。

政府通过发展战略、产业与贸易政策、市场制度建设和公共投资 4 个维度干预经济，促成集聚经济圈产业集聚的重点，主要是根据国家经济发展工业化进程和集聚经济圈在国际分工中的比较优势，确定国家的不平衡发展战略，改变国家内部区域经济的发展环境，从而改变集聚经济圈要素禀赋的使用与发展方向。其中，国家不平衡发展战略、产业和贸易政策、市场制度建设主要由中央政府主导，公共投资建设——地方政府也可以发挥积极作用。政府的政策干预最终发挥国内集聚经济圈要素禀赋的比较优势，促成产业在集聚经济圈集聚，实现国家竞争力的提升。当然由于国家和国内区域经济发展的阶段、重点不同，政府对国内集聚经济圈产业和区域经济发展的干预，也会因地制宜，因时而异。

3.3　长三角产业集聚中的政府作用

在中国高速增长过程中，长三角两省一市无疑发挥了重要的作用。改革开放以来，长三角产业集聚在增加，长三角两省一市构成的集聚经济圈，成为世界知名的城市聚居地，与中国国内除华南经济圈（广东、福建）、环渤海经济圈（京津冀、辽宁、山东）外的其他区域构成了中心—外围的经济结构。长三角集聚经济圈的形成离不开中国政府在产业集聚过程中发挥的重要影响，本研究结合中国政府的发展战略转型、产业与贸易政策、市场制度建设、公共投资 4 个部分对长三角产业集聚过程中的政府作用论述如下。

首先是基于比较优势发展战略的转型，这包括产业发展战略与地区发展战略两方面。发展战略的转型为长三角发挥其在中国经济中的比较优势提供了前提条件。新中国成立以来，中国出于建立比较完整的国民经济工业体系、实现初级工业化的考虑，采取了重工业优先发展的战略，通过计划经济集中有限人力和物资，较快地实现了国家的初级工业化。但中国经济为此付出了经济结构扭曲、微观经济效率低下、人民生活水平提高缓慢等代价（林毅夫，孙希芳，2003）。为了改变国民经济发展效率低下的状况，中国产业发展战略自1978年中共发布第一个有关工业发展的重要文件——《中共中央关于加快工业发展若干问题的决定》后，开始了遵循国际分工比较优势向轻工业优先发展直至三次产业协调发展的转变。改革开放以来，在地区发展战略方面，中国政府基于对于经济平衡发展战略弊端的认识，开始了向基于地区比较优势的区域经济不平衡发展战略的转型，这在中国《国民经济和社会发展第六个五年计划》和《国民经济和社会发展第七个五年计划》中有充分体现，邓小平也多次强调了中国区域经济不平衡发展的重要性。中国基于比较优势发展战略的转型，改变了长三角集聚经济圈产业要素禀赋的使用环境和使用方向，使得长三角集聚经济圈历史上积累的轻纺织和日用消费品工业在中国比较优势的发挥，具备了现实可能。

其次是产业与贸易政策。中国的产业政策主要体现在国民经济和社会发展的"五年计划"和其他政策文件之中，产业政策的实施主要是通过税收、财政拨款、信贷、投资以及工商行政措施等，对不同产业进行优惠或者限制。由于国内产业政策的制定与国家基于比较优势的产业发展战略与地区发展战略的选择息息相关，它服务和服从于国家基于比较优势的产业与地区发展战略，故对于产业政策的国内部分研究不予关注，本研究主要关注国家对外贸易的产业政策。

贸易政策是指国家为保护本国产品和服务在本国市场上免受外国产品和服务的竞争，对本国出口的产品和服务给予优待与补贴的各种措施。国家对于贸易活动的干预主要有经济手段、行政与法律手段。经济手段包括关税和出口退税、汇率、出口信贷，行政与法律手段主要有许可证制度、配额、检验检疫等技术性壁垒。中国在1984年之前实施的是全面关税政策，在1985年之后随着改革开放的深入，关税保护由全面保护向有区别对待转变（黄晓玲，2003）。在1979年至1992年之间，关税保护的具体原则是国内建设和群众生活所需而国内不能生产的产品，实行免税或低税，原材料与半成品、成品相比实行低税，国内能够生产的非国计民生必需产品实施高税，国内能够生产需要保护的产品，实行更高的税率，鼓励出口，实施出口退税制度；1992年之后，中国实行了适度开放与适度保护的关税政策（徐复，刘文华，2002；黄晓玲，2003）。根据中国对外贸易政策的实践来看，中国在贸易政策方面为发挥本国要素禀赋的比较优势，采取了一系列有利于经济发展的政策措施，这些措施极为有力地发挥了长三角产业在中国的比较优势，促进了区域的产业集聚，限于研究篇幅，这里就不展开论述。

再次是市场制度建设。中国的计划经济体制一度给中国的初级工业化带来了积极促进作用，但随着初级工业化的实现，由于这一体制在信息机制、动力机制、决策机制方面天生的缺陷，其对于中国经济发展的制约作用非常明显。改革开放以后中国的经济体制，开始了向包括增量改革在内的、逐渐向市场体制的转型过程。1992年中共第十四次党代会确定了建立社会主义市场经济体制的目标。中国渐进型的市场化改革进程，发挥了长三角集聚经济圈的比较优势，促进了该地区经济的高速增长和产业集聚。陈建军（2005）研究了长三角区域经济一体化的三次浪潮，认为产业集聚、产业转移、产业分工等因素是影响要素流动的主要解释变量，而这些因素内生于经济发展和市场化进程。

最后是公共投资。张军，高远和傅勇等（2007）研究了改革开放以来中国在物质基础设施上所取得的成就，认为基础设施水平的差异反映了政府治理和政府作为的差异，一个国家基础设施的水平是它的政府治理水平、政治的管理模式以及地方分权竞争效率的体现。部分研究认为，基础设施资本对经济增长有正面影响（Aschauer，1989a，1989b；Démurger，2001；范九利，白暴力，2004）。在基础设施的地区分布方面，李泊溪和刘德顺（1995）的研究结论表明中国东部地区的优势明显，张军，高远和傅勇等（2007）的研究支持这一结论。根据《长江三角洲地区区域规划综合研究报告》的分析，长三角集聚经济圈在全国的基础设施建设水平处于全国前列，不仅通过规模扩张、地区结构调整和服务结构优化满足已经存在的社会经济需求，而且正处于引导社会经济活动的前瞻性发展阶段。范九利，白暴力（2004）提出了基础设施投资对经济增长的五大功能，在文中强调基础设施投资具有加速人流、物流、信息流，降低运输成本，提高贸易效率，扩大贸易规模的功能。长三角集聚经济圈领先于全国的基础设施投资对于发挥其在国内外的比较优势，实现率先发展，促进产业集聚方面具有重要作用，有利于维护其在中国华东连接全球的门户地位。

公用事业投资是广义基础设施投资的一部分。表3—1报告了2008年全国与长三角公用事业的部分指标，表3—1表明长三角的公用事业投资基本满足区域经济发展需要，在全国处于领先位置，为长三角企业发展和产业集聚提供了良好的发展环境。

在公共投资的教育部分，由于中国教育公共投资的数据在各地统计年鉴不易获得，这里用普通中高等学校教师人数的变化来代替中国和长三角公共投资中教育支出的变化，通过表3—2可以看出，在中国对于普通中高等学校的投资，改革开放以来，在日益增加。上海作为中国的经济、文

表 3—1 2008 年长三角与全国公用事业指标比较

区域	人均日生活用水量（单位：升）	公共交通车辆/万人（单位：标台）	运营线路网长度/亿人（单位：公里）	邮政营业点数/亿人（单位：处）	邮政信筒信箱数/亿人（单位：个）	生活垃圾无害化处理率（%）
全国	178.2	11.13	11 095.39	5 206.70	11 776.78	66.8
上海	202	12.51	37 113.35	25 820.97	19 735.17	74.4
江苏	205	12.41	19 120.75	4 637.23	12 094.57	90.8
浙江	194.2	13.24	17 474.61	5 259.77	24 154.30	89.6

说明：本表数据根据《中国统计年鉴 2009》数据整理，其中涉及的人均指标除公共交通车辆/万人由《中国统计年鉴》按城区人口和暂住人口之和计算之外，其余均按常住人口处理。

化中心在改革开放之前已经拥有国内非常发达的教育；所以虽然改革开放以来，上海对教育的投资绝对幅度在增加，但是增加的相对幅度不如全国大。而江苏、浙江两省对教育投资增加的相对幅度就大于全国。中国教育公共投资不仅注重投资数量的增加，而且注重投资的质量；这主要体现在 1983 年邓小平为景山学校的教育要“面向现代化、面向世界、面向未来”的题词上，特别强调教育要和经济建设、追赶世界先进技术和国家的长远发展结合起来。中国和长三角教育公共投资数量和质量的改善，从整体上改善了中国和长三角集聚经济圈经济发展的要素环境，而长三角区域历史上具有要素禀赋比较优势的产业通过自身竞争优势和在此基础上吸引的优质劳动力要素的流入，促进了长三角集聚经济圈比较优势的发挥和产业的集聚。

表 3—2 中国及长三角集聚经济圈改革开放以来普通中高等学校专职教师情况

时间	全国		上海		江苏		浙江	
	高等学校	中等学校	高等学校	中等学校	高等学校	中等学校	高等学校	中等学校
1978	20.600	328.100	1.631	5.965	1.338	6.080	0.539	10.180
1992	38.800	362.400	2.387	5.594	2.700	20.320	1.111	10.980
2004	85.839	543.839	2.874	6.106	5.904	30.195	3.577	18.900
R_1	1.883	1.105	1.463	0.938	2.018	1.264	2.061	1.079
R_2	4.167	1.658	1.762	1.024	4.413	1.878	6.637	1.857

说明：(1) 表格中时间对应为中国和长三角集聚经济圈两省一市在当年的中高等学校教师人数，单位：万人；(2) R_1 和 R_2 分别表示各单位 1992 年、2004 年与 1978 年人数之比。

资料来源：《新中国统计资料 55 年汇编》。

改革开放之前，轻纺工业是长三角在中国乃至世界的重要比较优势所在。中国中央和地方政府的政策干预——经济发展战略的转型、产业与贸易政策、市场制度建设、公共投资等政策手段有效发挥了中国和长三角产业的比较优势，促进了长三角地区的产业集聚。中国中央和地方政府政策干预的重点，在于改变了长三角要素禀赋的使用环境和发展方向，发挥了要素禀赋的比较优势，促进了长三角的产业集聚和集聚经济圈的形成。①

表 3—3 和图 3—2 以纺织、化学纤维等制造业为例，报告了改革开放 30 年来，中国和长三角集聚经济圈轻纺工业在世界市场竞争优势发挥的过程。表 3—3 表明，中国改革开放以来轻纺工业在世界市场的比较优势在不断加深，其纺织业、成衣和化学纤维在世界的产出比重日益加深。在中国发挥其在世界分工格局中要素禀赋比较优势的同时，通过图 3—2 可以看出，长三角发挥其在世界分工格局中的比较优势，其在中国经济格局中，轻纺工业占中国产值的比重，改革开放以来一直在逐步加深：长三角的纺织业，纺织服装、鞋、帽制造业及化学纤维制造业分别由 1978 年占中国的 37.2%、24.8%、41.5% 增长至 2003 年的 50%、52.5%、60.4%，明显构成长三角的优势产业或者集群产业。图 3—2 表明中国基于地区比较优势的发展战略、产业和贸易政策、市场化改革和公共投资等政策干预手段发挥了长三角在中国的比较优势，促进了长三角具有比较优势产业的发展和产业集聚。不过从 2008 年的数据来看，长三角传统产业在中国的比较优势正在发生动态变化，纺织业及纺织服装、鞋、帽制造业出现了比重明显下降的情况，分别由 2003 年占比 50%、52.5%下降为 44.9%、40.6%。因而，如果长三角经济后续要维持持续发展，需要当地政府顺应区域经济比较优势的变化，发展新的优势产业，这样才能维持和促进区域经济的健康发展。

表 3—3　　中国纺织、成衣出口与化学纤维产量占世界比重

时间	纺织品出口（%）	成衣出口（%）	化学纤维产量（%）
1980	4.6	4.2	3
1985	6.6	5	5.6
1990	6.9	8.9	8.1
1995	9.3	15.3	12.3
2000	10.2	18.1	20.3
2005	20.2	26.9	40.6

资料来源：根据《中国纺织工业发展报告，2001～2002》，《中国纺织工业发展报告 2006～2007》整理。

① 集聚经济圈形成的关键在于发挥要素禀赋的比较优势，从而通过市场关联、产业关联促进产业集聚和经济发展。通过政策干预，发挥经济圈要素禀赋比较优势，促进集聚经济圈形成与产业集聚的规律，对于其他任何集聚经济圈，包括华南集聚经济圈、环渤海集聚经济圈的形成过程也概莫能外。

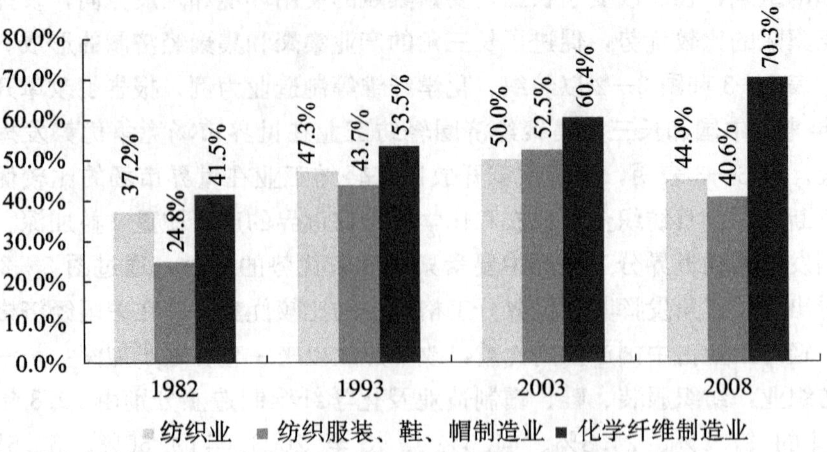

图 3—2　长三角轻纺工业产值在中国占比

资料来源：根据中国和上海、江苏、浙江相关年份统计年鉴数据整理。

长三角纺织业，纺织服装、鞋、帽制造业，化学纤维等具有比较优势的轻纺工业在发挥自身在中国及世界市场比较优势，实现自身高速增长的同时，也带来了长三角区域要素禀赋和市场需求的改变。优势产业提供的前后向关联、旁侧关联和市场关联，促进了长三角其他产业的发展。长三角 2008 年常住人口占全国比例约 11%，按照长三角产业产值占全国 25% 作为优势产业或者集群产业的衡量标准，表 3—4 表明 2008 年长三角全国优势产业，除上述 3 类产业外，其余 13 类产业也构成长三角的集群产业或者优势产业。① 表 3—4 报告的 1988、1998、2008 年的数据表明：改革开放以来长三角轻纺工业比较优势的发挥，提供了长三角其他产业发展所需的市场关联和产业关联，促进了其他产业的集聚和经济发展。

表 3—4　　长三角制造业占中国产业产值总量的比（%）

产业分类	1988	1998	2008
皮革、毛皮、羽毛（绒）及其制品业	28.4	28.4	28.0
家具制造业	21.6	26.8	25.5
造纸及纸制品业	19.6	22.8	25.0
文教体育用品制造业	44.3	40.7	36.8
化学原料及化学制品制造业	25.0	31.0	32.3

① 如果按照某制造业总产值占中国总产值 25% 的划分优势产业或者集群产业的标准，长三角 1998、2003、2007 年集群产业或者优势产业数目在 19 个以上，进入 2008 年变为 16 个，优势产业或者集群产业的数目明显减少，这表明长三角近年在中国的制造业优势正在减弱。

续前表

产业分类	1988	1998	2008
橡胶制品业	24.9	28.6	26.5
塑料制品业	35.5	35.3	31.8
金属制品业	30.8	36.8	35.4
通用设备制造业	29.6	45.3	37.8
交通运输设备制造业	18.3	30.2	25.7
电气机械及器材制造业	32.6	36.7	34.9
通信设备、计算机及其他电子设备制造业	37.4	25.7	37.9
仪器仪表及文化、办公用机械制造业	38.4	32.0	40.5

说明："—"表示缺少相关资料。

资料来源：相关年份《上海统计年鉴》、《江苏统计年鉴》、《浙江统计年鉴》、《中国统计年鉴》。

3.4 基础设施投资与FDI流入关系的实证研究

3.4.1 问题导入

FDI在集聚经济圈进行产业布局是产业集聚的内容。在政府有关产业集聚的作用中，政府在集聚经济圈吸引FDI过程中起什么作用是本章关注的重点之一。由于吸引FDI有利于增加地方就业、弥补自身资金不足、引进先进技术和促进经济增长，大多数世界发展中国家对吸引FDI具有非常的偏好。中国已成为世界上吸引FDI最多的国家之一，自1993年以来其吸引FDI一直位于发展中国家之首。

基础设施投资通过给区域提供有利于企业发展的能源供应、交通运输和邮政电讯服务等条件从而发挥区域有利企业投资的相对优势，吸引区域外围企业的进入，改善地区工业布局。基础设施对FDI流入的作用受到国际经济学界的重视，国内外不少文献综合研究了基础设施和其他因素在吸引FDI方面的作用，但是由于使用的方法和数据方面的原因，研究得出的结论迥异：一种观点认为基础设施好有利于FDI流入（Cheng & Kwan，2000；许罗丹，谭卫红，2003；张红伟，陈伟国，2007），一种观点是基础设施与FDI流入无关（朴商天，2004）。

国际经济学领域单独就基础设施投资对吸引FDI的作用进行的研究还不多见，有关单独就基础设施投资与FDI流入关系的实证研究，目前可以发现的有靳涛（2006）进行的研究。靳涛（2006）认为中国的FDI流入与基础设施投资存在正的协整关系，但从短期而言，基础设施投资不是FDI的原因；FDI是基础设施投资的原因。中国每年流入的FDI绝大多数集中在东部沿海发达的集聚经济圈区域，汪旭辉

(2006) 的研究表明 1991～2003 年间每年流入中国的 FDI，东部沿海地区至少占 86.5%以上。中国经济发展实施的是区域不平衡发展的战略，各地区经济发展的历史条件存在差异，而且为了鼓励沿海发达地区利用区位优势吸引 FDI 实现率先发展，中央在政策和基础设施建设的投资方面给予沿海发达集聚经济圈地区的支持力度和幅度，都要大于国内其他地区。即使其他地区后来有更为改善的基础设施投资，但由于东部沿海发达集聚经济圈地区存在经济发展的先发区位优势、良好地理位置、市场规模、集聚经济等，因此各地区基础设施投资对于外资的吸引程度是不一样的。靳涛研究的局限在于没有考虑到中国各地区工业经济布局、区域经济发展不平衡性以及由此产生的各地市场规模、集聚效应对 FDI 吸引程度的不平衡性。

国内外有关基础设施的范畴没有一个确切定义。根据世界银行的定义，基础设施包括电力、电信、自来水、卫生设施与排污，固体废气物的收集和处理及管道煤气、公路、灌溉排水工程以及其他交通部门。从企业选址实践来看，在其他条件相同的情况下，该区域有没有好的能源、交通运输、邮电服务是投资的重要考量因素，因此本研究这里将基础设施投资范畴设定为能源（电力、燃气及水的生产和供应）、交通运输、邮电通讯三个方面。

图 3—3 表明长三角集聚经济圈各地区上海、江苏、浙江每年基础设施投资与利用 FDI 的实际值都在增加，但是靳涛研究的结论是否能反映具体长三角集聚经济圈各省区基础设施投资与吸引 FDI 的关系，恐怕不能简单下结论。鉴于现有研究的局限，本节试图引入时间趋势，构建一个 VECM（向量误差修正模型）的分析框架，以长三角集聚经济圈为样本来研究沿海发达的集聚经济圈基础设施投资与 FDI 流入的关系，揭示不平衡区域经济发展战略下，政府宏观调控对地区 FDI 流入和地区产业集聚的外部动力作用。

3.4.2　模型设定、数据准备和协整检验

1. 模型设定和数据准备

VAR 模型常被用于时间系列变量系统进行模型预测或者研究随机扰动项对系统变量动态的影响。为了预测基础设施投资对长三角集聚经济圈 FDI 流入的影响，可以建立一个 VAR 模型。如前文所述，影响地区 FDI 流入的因素除了基础设施的改善外还有区位优势、市场规模、集聚效应、政策优惠等因素，所以为了在 VAR 模型中更好地反映基础设施投资对 FDI 的影响情况，这里引入时间趋势作为外生控制变量。区位因素和政策

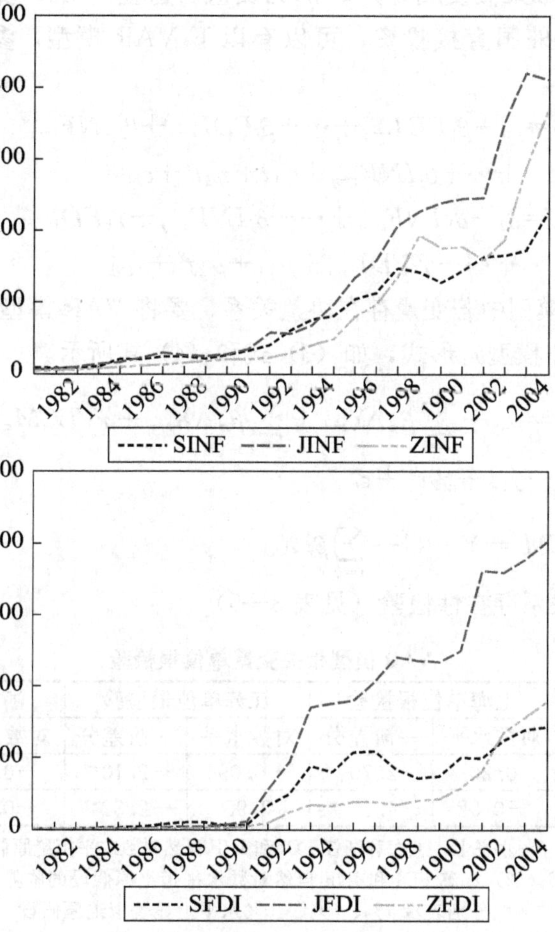

图 3—3　长三角每年基础设施投资与实际利用 FDI

说明：(1) SINF、JINF、ZINF 分别表示上海、江苏、浙江的基础设施投资，SFDI、JFDI、ZFDI 分别表示上海、江苏、浙江的 FDI；(2) FDI 和基础设施投资数据单位均为亿元；(3) 图示横坐标表示年份时间按，纵坐标分别表示基础设施投资与 FDI；(4) 数据处理方式参见本节第 2 部分。

优惠不随时间变化，因此在 VAR 模型的截距项已有反映，而市场规模和集聚效应随着经济的发展成长会伴随时间而变化，长三角集聚经济圈的高速成长表明该地区市场规模在不断增大，产业在不断集聚，这对该地区 FDI 的流入具有正向激励作用，在 VAR 模型中用一次时间趋势 t 表示市场规模，如果假设成立则 η_1 为正值；但是随着时间的变化和 FDI 接受地区产业集聚引起的商务成本上升和技术在当地的扩散，后期 FDI 进入该地区会受到一种排斥力的作用，在 VAR 模型中用二次时间趋势 t^2 表示集聚排斥效应，如果假设成立，则 η_2 为负值。这里用 INF 表示基础设施投资，FDI 表示外国直接投资，可以有以下 VAR 模型，参见（1）式和（2）式。

$$FDI_t = \beta_0 + \beta_1 FDI_{t-1} + \cdots + \beta_j FDI_{t-j} + \theta_1 INF_{t-1} + \cdots + \theta_j INF_{t-j} + \eta_1 t + \eta_2 t^2 + \varepsilon_{FDI} \quad (1)$$

$$INF_t = \delta_0 + \delta_1 INF_{t-1} + \cdots + \delta_j INF_{t-j} + \gamma_1 FDI_{t-1} + \cdots + \gamma_j FDI_{t-j} + \mu_1 t + \mu_2 t^2 + \varepsilon_{INF} \quad (2)$$

在 VAR 模型中若变量存在协整关系，要将 VAR 模型修正成 VECM（向量误差修正模型）形式，如（3）式和（4）式所示。

$$\Delta Y_t = \lambda_0 + \sum_{i=1}^{r} \beta_{yi} \Delta Y_{t-i} + \sum_{i=0}^{s} \beta_{xi} \Delta X_{t-i} + \pi VECM_{t-1} + \gamma_1 t + \gamma_2 t^2 + \varepsilon_t \quad (3)$$

$$VECM = Y - C - \sum_{i=0}^{s} \beta_{xi} X_i \quad (4)$$

2. 协整关系存在性检验（见表 3—5）

表 3—5　　VAR 模型相关变量单位根检验

	上海单位根检验		江苏单位根检验		浙江单位根检验	
变量	对数水平	一阶差分	对数水平	一阶差分	对数水平	一阶差分
FDI	0.26	−2.70***	−0.096	−2.13**	−0.31	−2.66**
INF	−0.92	−4.67***	3.95	−2.32**	−0.97	−3.89***

说明：（1）在 5%水平上，上海和浙江 FDI 和 INF 自然对数水平拒绝原假设的临界值分别为 −1.956 和 −2.998；（2）江苏 FDI 和 INF 自然对数水平拒绝原假设的临界值为 −1.956；（3）“***”、“**”、“*”分别表示 1%、5%、10%水平上显著拒绝原假设。本书所有其他表中“***”、“**”、“*”含义均同此。

（3）式中 VECM 项是误差修正项，具体内容体现在（4）式，反映的是变量之间的长期协整关系的残差；必须补充说明的是在（3）式中表示时间趋势的 t，在式中表示时间对 FDI 和基础设施差分量的影响。根据相应的理论或者经验判断，可以发现具有协整关系的双变量之间的因果关系。内生变量 Y 的滞后差分变量的系数 β_{yi} 表示 Y 的滞后差分变量对当期 Y 的差分变量的影响，外生变量 X 的滞后差分变量的系数 β_{xi} 表示 X 的滞后差分变量对当期 Y 的差分变量的影响，如果系数 β_{xi} 通过显著性检验，则说明 X 的滞后差分变量在短期内是内生差分变量 Y 的自变量，存在 Granger 意义上的因果关系，结合相应的理论可以推断真实的因果关系。后续研究表明文中所涉及双变量 VAR 模型中的变量均存在协整关系，符合协整条件，所以 VECM 是一个合理有效的估计模型（见表 3—6）。

表 3—6　　VAR 模型 Johansen 协整关系检验

地区	协整关系个数		LFDI-LINF 迹统计量检验（Trace test）					显著性临界值	
上海	原假设	备择假设	VAR＝5	VAR＝4	VAR＝3	VAR＝2	VAR＝1	（5%水平）	（10%水平）
	$r=0$	$r\geqslant1$	70.78	36.49	22.45	27.36	30.14	20.26	17.98
	$r=1$	$r\geqslant2$	7.21	12.44	2.95	5.19	8.77	9.16	7.56
江苏	协整关系个数		LFDI-LINF 迹统计量检验（Trace test）					显著性临界值	
	原假设	备择假设	VAR＝5	VAR＝4	VAR＝3	VAR＝2	VAR＝1	（5%水平）	（10%水平）
	$r=0$	$r\geqslant1$	47.84	33.42	30.90	21.72	20.43	12.32	10.47
	$r=1$	$r\geqslant2$	17.32	7.22	3.91	0.25	0.10	4.13	2.98
浙江	协整关系个数		LFDI-LINF 迹统计量检验（Trace test）					显著性临界值	
	原假设	备择假设	VAR－5	VAR＝4	VAR＝3	VAR＝2	VAR＝1	（5%水平）	（10%水平）
	$r=0$	$r\geqslant1$	87.83	69.22	55.68	37.55	28.78	20.26	17.98
	$r=1$	$r\geqslant2$	16.98	10.99	17.72	15.10	9.70	9.16	7.56

说明：（1）由于本研究协整检验迹统计量检验与特征根统计量检验结果具有高度一致性，故仅报告迹统计量检验结果；（2）LX 表示对变量 X 取自然对数。

此处，以长三角集聚经济圈上海、江苏、浙江 1981～2005 年数据为样本。相关年份《上海统计年鉴》、《江苏统计年鉴》、《浙江统计年鉴》提供了上海 1981～2005 年实际利用 FDI 数据，江苏、浙江分别缺少 1981～1982，1981～1984 年的实际利用 FDI 数据，采用移动平均法进行弥补。在此基础上，采用《中国统计年鉴》上汇率的年中间价格将 FDI 美元价格转化成人民币价格。在基础设施投资数据的获得方面，上海数据取自《上海统计年鉴》(2000、2006)。江苏没有提供完整的基础设施投资数据，这里根据相关年份《江苏统计年鉴》提供的能源、交通运输、邮电通讯设施投资数据进行计算，其中 1981～1988 年数据是取自计划经济统计口径基本建设投资部分，以《江苏统计年鉴》调整后的 1990～1993 四年间市场统计口径与计划统计口径之比的平均值对 1981～1988 年进行了乘数调整，调整系数为 1.5。1981～2001 年浙江基础设施投资数据取自《浙江统计年鉴》(2002）提供的除集体和私营个体以外的能源和交通运输、邮电通讯设施投资数据，2002～2005 年数据根据统计方法改变以后的《浙江统计年鉴》(2003～2006）限额以上分行业投资提供的数据进行计算；由于基础设施投资主要由大中型企业承担，所以上述统计口径符合研究要求。在获取了长三角各地区每年实际利用 FDI 和基础设施投资的人民币当年价格值后，为了消除投资价格指数对数据的影响，研究用 1978 年为基期固定资产价格指数将两者转化成实际值。各地区固定资产投资价格指数根据张军、吴桂英和张吉鹏（2004）提供的方法进行计算。

VECM 形式的存在要求协整变量的非平稳性和协整关系存在，这里运用 Eviews 软件，对此进行检验。表 3—5 表明长三角集聚经济圈 FDI 和 INF 变量在自然对数水平上均为非平稳变量，一阶单整。表 3—6 协整检验表明，长三角上海、江苏、浙江三地区的基础设施投资与 FDI 自然对数水平上的 VAR 模型均自一阶之后起就存在协整关系，所以研究设定的 VECM 是一个有效的模型形式。

3.4.3 基础设施投资与 FDI 流入关系的回归分析

下面对基础设施投资与 FDI 自然对数水平上的协整关系、VECM 的估计结果，以及基础设施投资与 FDI 的格兰杰因果检验、脉冲响应进行分析。

1. 协整关系与 VECM 估计结果

表 3—7 报告了自然对数水平上长三角上海、江苏、浙江各地区的基础设施投资与 FDI 流入的协整关系，分析表明长三角各地区基础设施投资与 FDI 存在明显的负向协整关系，即若各地区年 FDI 流入量增长出现加强趋势，那么政府主导的基础设施建设就会减少，若各地区年 FDI 流入量增长出现减弱趋势，政府主导的基础设施建设就会增加。本研究的结论反映了中国中央和地方政府对沿海发达地区吸引 FDI 的宏观调控性，这一结论与靳涛（2006）认为基础设施与 FDI 流入存在正向协整关系的结论完全相反。

通过表 3—7，可以发现有关 FDI 流入的 VECM 分析框架所设定的上海、江苏、浙江各地一次时间趋势 t 的系数显著为正，二次系数显著为负①，充分说明了外生变量时间趋势表示的 GDP 市场变量引入的合理性，短期看来，该地区 FDI 的大量流入来自于政府长期政策倾斜所实施的大规模基础设施建设投资和该区域经济成长所产生的市场规模和集聚效应；当然长期看来，伴随经济成长，集聚效应产生的对 FDI 的排斥力通过二次时间趋势也得以充分体现。此外，上海、江苏、浙江各地区有关 FDI 的 VECM 的调整拟合优度分别为 0.94，0.64，0.88，高数值的拟合优度充分说明了模型短期差分滞后变量以及时间趋势引入的有效性。② 当然这种拟合优度只反映短期滞后差分变量以及时间趋势外生变量对因变量差分变量的影响，与变量之间的长期协整关系无关。

---

① 为了表示分散力，试着时间趋势 t^2 改设为 $t^{4/3}$、$t^{3/2}$或 t^3，研究表明：似乎只要 t^a 中的 a 是大于 1 的一定值，就不会影响研究有关协整关系、格兰杰因果检验和脉冲响应关系等回归结论；但当用时间趋势 t^2 表示分散力时 VECM 拟合优度最高，所以这里分散力变量设为 t^2 比较合理。

② 这里还对 VECM 方程形式按 E-G 两步法进行残差检验，发现不存在单位根，故 VECM 不存在虚协整。

表 3—7　**VECM 的估计结果**

上海的 FDI 与 INF 协整关系：　LSFDI(−1) ＝−0.79*** LSINF(−1) − 3.19***
(3.90)　(9.60)

江苏的 FDI 与 INF 协整关系：　LJFDI(−1) ＝−3.79*** LJINF(−1)
(10.40)

浙江的 FDI 与 INF 协整关系：　LZFDI(−1) ＝−1.03*** LZINF(−1) −6.01***
(5.92)　(28.96)

	上海 VECM		江苏 VECM		浙江 VECM	
滞后阶数	VECM(1,5)		VECM(1,3)		VECM(1,4)	
误差修正	D(LSFDI)	D(LSINF)	D(LJFDI)	D(LJINF)	D(LZFDI)	D(LZINF)
VECM 系数	−2.61*** (−12.3)	0.03(0.12)	−0.56*** (−4.62)	−0.18** (−2.34)	−1.65*** (−7.24)	0.48(1.50)
D(LFDI(−1))	1.20*** (9.57)	0.09(0.58)	0.07(0.39)	−0.13(−1.12)	0.96*** (7.74)	−0.14(−0.82)
D(LFDI(−2))	0.82*** (7.61)	0.09(0.69)	0.14(0.75)	0.04(0.31)	0.77*** (6.61)	−0.26(−1.60)
D(LFDI(−3))	0.26** (3.28)	−0.06(−0.57)	−0.36* (−1.94)	−0.05(−0.45)	0.44*** (4.50)	−0.07(−0.50)
D(LFDI(−4))	0.36*** (4.50)	0.14(1.44)	—	—	0.40*** (5.42)	−0.03(−0.32)
D(LFDI(−5))	0.36*** (4.85)	0.00(0.04)	—	—	—	—
D(LINF(−1))	3.34*** (7.94)	0.04(0.08)	1.91*** (4.02)	0.70** (2.32)	1.22*** (3.59)	−0.61(−1.27)
D(LINF(−2))	3.66*** (11.54)	−0.24(−0.61)	1.03* (2.08)	0.20(0.65)	0.95** (2.98)	−0.25(−0.54)
D(LINF(−3))	2.87*** (8.24)	−0.34(−0.80)	1.00* (2.02)	0.44(1.39)	0.99*** (3.91)	−0.42(−1.17)
D(LINF(−4))	2.40*** (7.45)	−0.54(−1.38)	—	—	0.61** (2.63)	−0.78** (−2.38)
D(LINF(−5))	1.76*** (5.51)	−0.07(−0.18)	—	—	—	—
t	2.26*** (12.59)	0.01(0.03)	1.06*** (4.97)	0.35** (2.56)	1.78*** (7.73)	−0.47(−1.44)
t^2	−0.04*** (−12.66)	0.00(−0.17)	−0.02*** (−5.33)	−0.01** (2.72)	−0.03*** (−8.46)	0.01(1.37)
Adj. R^2	0.94	−0.10	0.64	0.02	0.88	0.06

说明：(1)这里 VAR 滞后阶数主要依据 AIC 和 SC 准则同时最优确定；(2)表格 VECM 估计的第一列去除了上海、江苏、浙江各区域 FDI、INF 的区域符号，用 FDI、INF 滞后项的差分表示各地 FDI、INF 滞后项的差分；(3)“()”内数字表示 t 统计量。

2. 格兰杰因果检验和脉冲响应

下面在 VECM 的基础上，分析自然对数水平 FDI 与 INF 短期和长期格兰杰因果关系。根据 Eviews 软件提供的 F-TEST（wald test）统计量，表 3—8 显示基础设施投资是 FDI 流入的短期格兰杰原因，FDI 流入不是基础设施投资的短期格兰杰原因。但在 FDI 和基础设施投资的长期格兰杰因果关系方面，表 3—7 表明，基础设施投资是 FDI 流入的长期格兰杰原因；而除江苏外，上海和浙江 FDI 流入都不是基础设施投资的长期格兰杰原因。① 结合表 3—7，上海、江苏、浙江有关基础设施投资的 VECM 分析框架，可以发现上海、江苏、浙江各地区有关基础设施投资的 VECM 的调整拟合优度分别为－0.10，0.02，0.06，且 FDI 整体对基础设施投资影响不显著，所以有关基础设施投资的 VECM 分析框架中，总体上 FDI 不是引起基础设施投资的原因。此外，表 3—7 可以看出基础设施投资的所有滞后项都对 FDI 流入具有显著影响，所以基础设施投资是引起外资流入的原因。本研究结论与国际上有关基础设施能够吸引 FDI 的研究具有一致性，因为有无良好的基础设施环境影响到企业投资的硬件环境。

表 3—8　　基础设施投资与 FDI 流入的因果关系检验

地区	原假设	滞后阶数	Wald test（χ^2）	Causality
上海	D（LSINF）ON D（LSFDI）	（1，5）	172.66***	D（LSINF）→D（LSFDI）
	D（LSFDI）ON D（LSINF）	（1，5）	3.07	
江苏	D（LJINF）ON D（LJFDI）	（1，3）	17.81***	D（LJINF）→D（LJFDI）
	D（LJFDI）ON D（LJINF）	（1，3）	1.63	
浙江	D（LZINF）ON D（LZFDI）	（1，4）	22.47***	D（LZINF）→ D（LZFDI）
	D（LZFDI）ON D（LZINF）	（1，4）	3.47	

说明：（1）表中 D（LSINF）与 D（LSFDI）表示上海基础设施投资与 FDI 的短期格兰杰因果检验关系；（2）江苏、浙江的基础设施投资与 FDI 的格兰杰因果关系表示方式与上海类同。

根据基础设施投资与 FDI 的因果关系，这里进一步利用脉冲分析来分析 1 单位基础设施投资扰动如何影响 FDI 流入。② 图 3—4 表明上海 1 单位基础设施投资冲击在第一年对 FDI 产生负向影响，在第二年迅速产

① 长期格兰杰因果关系检验误差修正项系数 t 统计量的显著性。

② 考虑到脉冲响应的 Cholesky 分解的局限，这里采用帕沙雷和茜恩（Pesaran & Shin，1998）提出的一般脉冲响应分析。

生一个正的影响，然后冲击开始减弱，在第四年变为负向冲击，并在第七年达到谷底，呈震荡负向衰减趋势。① 江苏 1 单位基础设施冲击在第 1 年对 FDI 产生一个负向冲击，在第六年到达谷底后逐渐趋于稳定，保持在−0.38 左右的水平。浙江 1 单位基础设施冲击在第 1 年对 FDI 产生一个正向冲击，第二年转为负向冲击，在第六年到达谷底后攀升，其基本以−0.11为中心呈震荡衰减状况。

虽然短期内政府主导的基础设施投资增加对 FDI 流入具有正向激励作用，但以上分析表明，长三角集聚经济圈基础设施投资的一个对数水平的正向冲击对双变量 VECM 系统的对数水平 FDI 最终并没有产生正向影响。就上海、江苏、浙江的双变量 VECM 系统而言，INF 一单位的冲击可能被该地区基础设施投资与 FDI 的反向协整关系所展示的 FDI 流入增加导致政府主导的对基础设施投资减少所影响。长三角集聚经济圈的 FDI 对基础设施投资冲击的脉冲响应特征充分说明，政府在基础设施投资决策方面，具有“逆向选择”特征。

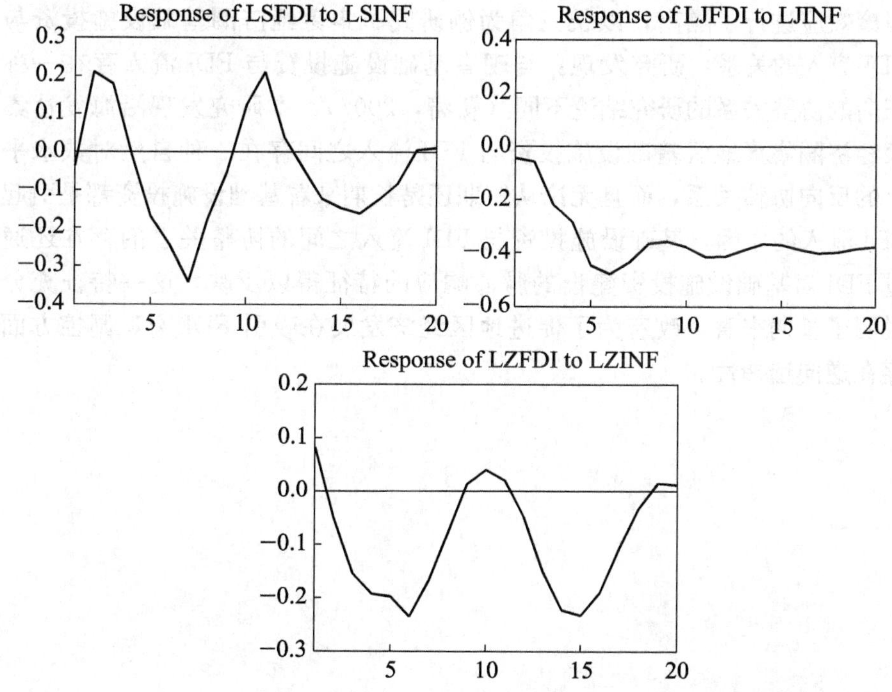

图 3—4　长三角集聚经济圈 FDI 流入对基础设施投资冲击的动态响应

① 如果把脉冲响应期数设定为 100 期，上海 LSFDI 的变化大致在第 47 期前后保持在−0.05的水平上。

3.5 总结性评论

现有研究对于产业集聚过程中政府所起的作用缺乏一个清晰、系统的认识，本章在回顾政府有关经济发展职能与手段的基础上，基于发挥国家区域要素禀赋比较优势的理论视角，从发展战略、产业与贸易政策、市场制度建设、公共投资四个方面分析了集聚经济圈产业集聚与政府政策之间的关系，研究表明：在遵循区域要素禀赋比较优势的基础上，政府政策构成发挥集聚经济圈区域要素禀赋比较优势，促成集聚经济圈产业集聚的外部动力，其改变了集聚经济圈产业发展的外在环境，从而改变了集聚经济圈要素禀赋的使用与发展方向，发挥了区域经济要素禀赋的比较优势，从而促使了集聚经济圈产业的高速增长和产业集聚；没有科学合理的区域政策，就不会有集聚经济圈与集群产业的形成。

本章将时间趋势引入分析地区基础设施投资与 FDI 流入关系的 VECM 分析框架，将吸引 FDI 的基础设施投资的效应与市场规模效应、集聚效应进行了隔离，以长三角为例研究了集聚经济圈基础设施投资与 FDI 流入的关系，研究发现：与现有基础设施投资与 FDI 流入存在一种正向的协整关系的研究结论不同（靳涛，2006），本研究发现沿海发达集聚经济圈集聚地区基础设施投资与 FDI 流入之间存在一种自然对数水平上的反向协整关系，而且无论从短期还是长期来看基础设施投资都是引起 FDI 流入的原因。基础设施投资与 FDI 流入之间的协整关系的存在还通过 FDI 对基础设施投资建设的脉冲响应的特征得以反映，这一特征充分说明了长期来看，政府为了促进地区经济发展在吸引 FDI 宏观调控方面存在逆向选择性。

第 4 章　产业集聚的地区发展效应

4.1　引言

集聚经济圈中心—外围意义上的产业集聚从要素集聚的角度可以看成资本、劳动力等要素在既定空间的集聚。如此，就可以从要素集聚角度借鉴新古典分析框架来分析产业集聚的地区发展效应。本章认为，集聚经济圈中心—外围式产业集聚给地区发展带来的集聚效应，不仅包括产业集聚给地区带来的经济发展效应和技术进步效应，而且包括集聚给区域经济带来的索洛剩余递增效应，以及对区域规模报酬的影响，这些亦可称为集聚给区域带来的市场竞争效应。对于上述观点，本书以长三角集聚经济圈次区域为例对此进行实证。

本章框架安排如下，第 2 节是集聚经济圈产业集聚区域产业集聚的地区经济发展、技术进步与市场竞争三类集聚效应的理论说明，与垄断竞争增长模型的构建；第 3 节是垄断竞争增长模型的理论分析；第 4 节是实证模型的设定、数据说明和模型设定合理性的检验；第 5 节实证研究集聚经济圈产业集聚给区域经济带来的地区发展效应、技术进步效应；第 6 节实证研究集聚经济圈产业集聚给区域带来的索洛剩余递增效应，以及对区域规模报酬的影响；最后是本章的总结性评论。

4.2　集聚经济圈集聚效应的理论说明

基于“先验的”规模报酬递增假设，新经济地理学认为，如果经济中的某种扰动导致区域市场规模扩大，就会引起生产要素向该区域集中和区域供给能力的增强，产生市场扩大效应、价格指数效应和外部性，从而出现产业自我集聚循环累积因果效应。产业在空间的集聚并不可能无休止地进行下去，新经济地理学认为产业在集聚过程中，由于众多的企业或者要素在既定空间的集中带来的市场竞争效应，还会在区域产生一种制止产业集聚的扩散力（Krugman，1991a，1991b；Fujita，Krugman & Venables，

1999；Baldwin，1999；Ottaviano，2001；Baldwin，Martin & Ottaviano，2001；Fujita & Thisse，2002)。因此，从一个更长的时期来看，产业集聚还是扩散取决于经济发展到一定阶段区域集聚力与扩散力的大小比较。

本章主要研究集聚经济圈中心—外围式产业集聚给集聚区域经济发展带来的影响。与新经济地理学“先验的”规模报酬递增假设不同，在研究产业集聚地区的经济发展、技术进步与市场竞争效应时，本章主要运用数据驱动建模的 VECM 和协整分析方法，同时在借鉴新古典分析方法的基础上提出垄断竞争增长的分析框架。本研究关注集聚经济圈集聚区域产业集聚给集聚地区带来发展效应的同时，也关注了集聚经济圈集聚区域的产业集聚给国家内部相对欠发达区域经济发展带来的影响。

首先，集聚经济圈的产业集聚能否改善集聚地区居民生活水平，是本研究关心的问题。本研究用居民生活水平指数来衡量集聚经济圈产业集聚区域的经济发展效应。产业集聚促进区域要素集中，对于发展中国家的发展中地区而言，在劳动投入适当的情况下，产出一般总是伴随着资本增加。如果产出与资本之间存在一种稳定的协整关系，投入要素资本就可以作为区域产出和市场规模的替代变量，在分析中可以不再区分资本和产出，统一用区域资本存量要素的集聚来表示区域的产业集聚情况。这样，研究集聚经济圈产业集聚对集聚区域经济发展效应的分析，可以转化为区域资本存量与居民消费水平指数之间关系问题的研究。

其次，集聚经济圈集聚区域居民生活水平的改善，来自集聚区域生产效率的提高带来的工资收入提高，因而深层次的问题是：产业集聚如何促进集聚区域生产效率的提高？本研究认为集聚经济圈产业集聚产生的技术进步构成集聚区域生产效率的源泉，技术进步主要表现在两方面：第一，产业集聚引起区域内同一产业之间的竞争加剧，促使产业内企业技术的改进和竞争力的提高；第二，在产业集聚引起技术进步和竞争力提升的基础上，集聚带来区域市场规模扩大和需求结构、收入结构的变化，从而促使集聚区域出现以产业结构升级为内容的技术进步。这里将相对同一产业而言的技术进步看成相对技术进步，而将产业结构的高度化看成绝对技术进步。区域技术进步以劳均资本存量的提高为载体，表现为区域产业进入壁垒、差异化优势和产业竞争力的增强，劳均生产率的提高。因而，进一步研究产业集聚促进区域生产效率提高的问题，就转化为资本存量增加是否促进了劳均资本增加的问题。一般研究将劳均资本增加看成是资本替代劳动而不是市场竞争的产物，不同于新古典理论和新增长理论强调技术进步在于索洛剩余增长，本研究强调，技术进步是市场竞争引起的以劳均资本为载体的技术与产业的升级①，并通过（1）式希克斯中性生产函数研究区域的技术进步。在全要素生产率不变，要素产出分配弹性 α、β 为常数，且 $\alpha>0$，$\beta>0$，$\alpha+\beta=1$ 的情况下，如果产业集聚促进了劳均资本增加，劳均资本对劳均生产率的影响就可以用（2）式希克斯中性科布—道格拉斯生产函数进行判断，（2）式表明，劳均生产率随着劳均资本的增长而增长。

$$Y=AK^{\alpha}L^{\beta} \tag{1}$$

$$\frac{Y}{L}=A\left(\frac{K}{L}\right)^{\alpha} \tag{2}$$

再次，是否集聚经济圈经济高速增长的极化效应将带来欠发达区域的绝对贫困？本章在探讨集聚经济圈产业集聚影响集聚区域经济绩效基础上，结合中国区域经济发展相关指标的变化来分析这一问题。

最后，新经济地理学运用数值模拟和数理分析的方法，从市场扩大效应、价格指数效应、市场竞争效应等维度，去研究产业集聚的集聚力与扩散力。本章则根据（1）式生产函数构建一个垄断竞争增长模型，从全要素生产率或索洛剩余的层面对影响集聚经济圈集聚区域产业集聚和扩散的力量进行实证研究，并分析产业集聚对区域规模报酬的影响，这些构成本章产业集聚市场竞争效应的研究。

本章认为，产业在集聚经济圈既定空间的集聚竞争必然促使区域技术进步，增强区域产业差异化优势和竞争力，技术进步和产业竞争力的提升导致区域索洛剩余递增；产业集聚竞争引起的索洛剩余递增既构成集聚经济圈集聚区域产业集聚和技术进步循环累积因果机制的集聚力，又构成扩散力。

在对（1）式用 A 表示的全要素生产率的解释方面，新增长理论不同于新古典理论之处在于把全要素生产率看作是外部性（Sheshinski，1967；Romer，1986）或者 R&D（Romer，1990；Aghion & Howitt，1992）的产物。新古典模型假定全社会只生产一种产品，在给定价位时，产品需求是无限的，厂商之间完全竞争，索洛剩余是外生技术进步的函数。新增长理论有关市场需求的假设与新古典理论一致，只是将索洛剩余看成是外部性或者 R&D 的产物，就其理论外部性研究局限来看，干中学或者知识外溢不必然转化为区域产业的增长能力；就 R&D 研究局限来

① 马克思类似的观点认为，市场竞争会促使企业技术进步从而提高资本的有机构成。

看，R&D 的投入份额与区域产业增长之间没有必然联系，大部分 R&D 的投入不能获取回报，R&D 的投入绩效无法在实证研究中量化。

本研究则将垄断竞争理论引入宏观生产函数，认为宏观是微观的反映，在价格变化的产品市场，需求是有限的，存在垄断竞争。① 张伯伦（Chamberlin，1948）对垄断竞争产业的垄断其实有着清醒的认识，他认为，只要厂商的替代品没有完全的替代性，厂商就可以在特殊范围成为控制其产品及价格的垄断者，而后他又强调垄断竞争长期看来不存在超额利润，因为存在新进入厂商的竞争。张伯伦理论的问题在于他过分强调了垄断竞争厂商之间产品差异的接近性和产品的竞争性。殊不知，品牌汽车、飞机、火车、轮船和自行车甚至马匹、品牌服装与普通服装，它们都属于运输业或服装业，存在竞争性；但是它们产品差别又是如此之大，使得针对不同的顾客又各具垄断性。此外，张伯伦强调长期由于新厂商的进入，所以不存在超额利润，但是在领先企业存在不断创新和技术进步的情况下，新进入厂商要在产品差异上接近领先企业，这个“长期”有多长？所以，与张伯伦有关垄断竞争在长期不存在超额利润的观点不同，本研究认为垄断竞争产品由于领先企业差异化优势产生的进入壁垒和垄断竞争产品之间由于生产技术不同导致产品差异化程度不同，不同产品生产企业会有不同利润和产品竞争力。

假定全球不同区域生产同类垄断竞争的产品供应世界市场，全球生产的垄断竞争产品是个大类概念，区域之间由于要素禀赋差异较大其生产产品差异化程度也较大，比如交通运输业的飞机、火车、汽车、轮船、自行车甚至马匹。而区域内部由于各企业使用的要素禀赋比较类似，其垄断竞争产品的生产是个子类概念，生产差异化程度非常接近的产品，比如专门生产彼此差异化不大的自行车。因此，不同区域由于专注不同子类垄断竞争产品的生产，会有不同的产业利润②，区域生产函数中全要素生产率或索洛剩余是区域产业竞争力的函数。在一个经济体或者区域，索洛剩余变化是规模报酬变化的内在内容，规模报酬变化是索洛剩余变化的外在形式：区域产业具有竞争力，其产品就能连年持续占领和扩大市场，投入资源就能够得以充分利用，区域资本品等投入得以充分利用的后果是单位产

---

① 张伯伦（Chamberlin，1948）认为实际的市场既不是完全竞争的，也不是完全垄断的，而是垄断竞争的，产生垄断竞争的力量源于产品差别。

② 张伯伦也强调如果存在生产环境差异等因素，或者产品大集合的子集中竞争厂商忽略了它们对价格的影响，个别厂商可以获取超额利润。但是这一观点并没有成为其理论的主流，而且和本研究差异化优势形成垄断性价格的观点也不同。

品产出品与投入品比价上升，在要素产出分配弹性不变的情况下，体现为索洛剩余递增和规模报酬变化。然而，集聚经济圈集聚区域产业具有竞争力不必然导致区域规模报酬递增，因为集聚区域激烈的市场竞争虽然促进了区域的技术进步，带来了产业竞争力的增加，但是激烈的市场竞争也带来了竞争产品价格的下跌，限制了企业投资形成的扩张生产能力的实现，可能促使区域规模报酬递减。

新经济地理学强调规模报酬递增是产业集聚的原因，但无论是建立在D-S模型还是中间产品模型基础上的新经济地理模型，其理论假设都假定企业就是行业，由于行业分工而产生规模报酬递增，这是一种先验的假设。① 本研究中垄断竞争模型则认为市场大小不是先验的，而是源于产业的竞争力。一个区域经济是否出现索洛剩余和规模报酬递增，不在于这个区域人口有多少，而在于这一区域产业在海内外是否存在强烈的、持续的产业竞争力：如果一个国家或者地区的产业在世界市场具有强烈、持续的产业竞争力，其新增的投资和生产能力能够得以充分利用，生产必然存在明显的规模报酬递增；如果一个区域其产业在世界市场不具备强烈、持续的产业竞争力，其新增的投资能力受世界市场需求因素和其他区域产品竞争的限制，必然不存在明显的规模报酬递增。②

如表 4—1 所示，假设区域具有 n 个规模相同的厂商，根据前面假设，可以将新古典模型与本研究提出垄断竞争模型的异同进行比较。由于垄断竞争关系的存在，一区域生产的垄断竞争产品受到其他区域类似产品竞争：产品差异化使得产品具有垄断性，而替代品的存在又使得产品具有竞争性，但竞争并不能取代垄断，因为消费者对具有差异化优势产品的偏好使得消费者在面对替代品的竞争时，愿意为选择垄断品而支付高于替代品价格的一定差额。所以，差异化优势越大，产业竞争力越强，生产具有不同差异化优势产品的区域会有不同产业利润和索洛剩余。③ 本研究有关索

① 新经济地理学垄断竞争的观点与张伯伦的理论不同，其认为为了实现规模经济，没有公司会选择范围经济，生产其他差别产品，每个企业就是行业，企业没有超额利润是因为存在进入威胁；而张伯伦认为行业由众多生产类似产品的企业组成，企业之间垄断竞争才使得行业长期看来不存在超额利润。

② 对于封闭经济体而言，地区经济要实现快速增长，要求区域收入分配合理，生产符合需求，符合市场需求的产品才会具有竞争力。因此从更为宽泛的语境来讲，索洛剩余当然是产业竞争力的函数，是资源配置效率的度量指标。

③ 以两区域之间的垄断竞争产品的生产为例说明，可以夸张地用汽车与自行车的生产进行比喻。自行车和汽车是可以相互替代的交通工具，如果一个区域专门从事品牌汽车的生产，其产业利润肯定要高于专门从事普通自行车生产的区域。

洛剩余理论的核心思想是：索洛剩余是反映区域产业在既定海内外市场需求约束下产业竞争力的内生变量，是在要素产出分配弹性不变情况下，衡量区域单位产出品与投入品相对价格的指标，区域产业竞争力越强，其占领市场速度就越快，投入品被充分利用和索洛剩余递增的幅度也就越大。索洛剩余并非传统新古典经济学所认为的那样，是反映区域技术进步的绝对指标和外生变量，也不是新增长理论所谓外部性和R&D的产物。

表 4—1　　新古典增长模型与垄断竞争增长模型的比较

模型	新古典模型	垄断竞争模型
产品假设	区域生产与社会同质产品	区域生产差异化垄断竞争产品
竞争假设	完全竞争	垄断竞争
市场需求	价格既定，无限需求	需求是价格的函数，有限需求
要素报酬	规模报酬不变	规模报酬可变
函数形式	$Y=\sum_{i=1}^{n}AK_i^{\alpha}L_i^{\beta}$ $=A\ (nK_i)^{\alpha}\ (nL_i)^{\beta}=AK^{\alpha}L^{\beta}$ $A=A_0e^{gt}$	$Y=\sum_{i=1}^{n}AK_i^{\alpha}L_i^{\beta}$ $=A\ (nK_i)^{\alpha}\ (nL_i)^{\beta}=AK^{\alpha}L^{\beta}$ $A=A_0Y^{\gamma}$
A的含义	A外生给定	A是产业市场竞争力的函数

说明：(1) K，L 表示第 i 个代表性厂商使用的资本与劳动的数量，区域内每个厂商使用相同技术生产近似产品，生产函数与成本相同，然而不同区域由于技术和产品差异明显，虽然生产函数形式相同，但要素投入与成本会有不同；(2) n 表示区域内进行生产厂商的个数，$K=nK_i$，$L=nL_i$；(3) 垄断竞争模型设定要素产出分配报酬系数 $\alpha+\beta=1$，规模报酬可变体现在 $A=A_0Y^{\gamma}$，具体推导参见后文。

如表 4—1 所示，在要素产出分配弹性不变的情况下，区域产业竞争力可以用区域产出指标 Y 的成长参数 Y^{γ} 来表示，$\gamma<1$。只要 $\gamma>0$，索洛剩余就会随 Y 递增；区域产业竞争力越强，γ 值越大，区域产品市场需求连年快速成长的速度就越快，占领海内外市场份额就越大，索洛剩余递增幅度就越大。① 在完全竞争情况下，新古典常见的规模报酬不变的分析是将 α、β 设定为常数，$\alpha+\beta=1$，这样就可以认为在索洛剩余不变的情况下，厂商已经将规模经济发挥到极致，要再增加产量只能将原有的规模重新复制。与新古典分析不同的是，由于本研究垄断竞争模型有关垄断竞争的假定，虽然要素产出分配弹性 α、β 设定为常数，$\alpha+\beta=1$，但要素的边际报酬必然随索洛剩余变化而变化，区域产业富有竞争力导致索洛剩余递增，且在 Y 值确定情况下，γ 值越大，索洛剩余递增幅度越大，企业利润

① 如果 $\gamma\geqslant 1$，那么要维持垄断竞争增长模型两端相等，就要求生产要素整体出现负效率，或者出现生产要素和索洛剩余 A_0 之积的单位效率。

越多；否则 $\gamma<0$，企业利润减少。①

波特（1985）指出，企业竞争优势有两种，一是成本优势，二是差异化优势。在集聚经济圈的集聚区域，产品市场竞争激烈，区域企业单靠成本优势难以取胜，必须在降低成本的同时，改进技术，注意增加企业在产品差异化方面的投资。这样，就会促使企业劳均资本和生产能力增加，集聚区域产品差异化优势和产业竞争能力增强，产出、产能和产业向区域集中，区域经济高速增长，区域原有的机器设备等固定资产投资和生产能力得以充分利用，这是促使集聚区域索洛剩余递增的因素。然而由于集聚区域激烈的产品竞争，区域产业产品价格下跌，集聚区域非贸易资源的有限性使得区域的商务成本上升而限制区域产品价格过度下跌；这样的价格限制实质是区域产业的市场限制，区域产业继续集聚和竞争到一定阶段的后果是区域商务成本继续升高，而产品价格难以下跌，区域新增的生产能力难以充分利用，这是促使区域产业索洛剩余递减的因素。

但是集聚经济圈集聚区域产业是索洛剩余递增还是递减，取决于两种力量的相互比较。如果由于集聚区域激烈的产业竞争使得区域产品在区域内外具有强烈的竞争力，这样虽然区域产品价格在下降，商务成本在上升，但产品在海内外市场强烈的竞争力产生的市场规模优势，促使企业充分利用原有的机器设备、固定资产投资等投入，从而可能抵消区域产品价格下跌的影响，实现生产的索洛剩余递增；不然，则反之。

实现产品差异化优势、索洛剩余递增是集聚经济圈集聚区域代表性企业追求的目标，唯有如此才能在竞争中生存。要实现差异化优势、索洛剩余递增，必须改进技术，提高企业的劳均资本；而代表性企业差异化优势、索洛剩余递增的实现又会激励更多企业改进技术，提升企业竞争力。如此，区域产业竞争力得以提升，索洛剩余得以递增，集聚、技术进步与索洛剩余递增互为动力，构成双向因果关系；集聚产业竞争引起的技术进步构成集聚经济圈集聚区域索洛剩余递增的根源，区域技术进步程度越大，则产业竞争力越强，γ 值越大，区域产业占领和扩大海内外市场的速

① Solow（1956）根据新古典假设提出增长模型时强调了模型的假设，认为一旦模型的假设发生了改变，其结论就会发生变化。事实上在新古典模型中是看不到企业的利润的，边际产品等于边际产出，企业的利润被归之于生产成本。本研究垄断竞争模型由于公式左端是实际产出，右端是要素投入和索洛剩余的复合函数，在公式两端恒等的情况下，厂商的单位产出也就等于厂商的平均成本，其中企业所获利润也包含在成本之中。根据一般核算方法，索洛剩余其实就是剔除要素贡献后的剩余，可以被看成企业利润。

度越快，索洛剩余递增幅度越大。

区域垄断竞争模型可以看成区域不同产业垄断竞争模型经过理论抽象的加权综合，它可以为本研究对具体问题的分析提供一个参照体系。在现实经济中，集聚经济圈集聚区域企业盈利能力大小各不一样，如果把区域垄断竞争产品生产视为全球垄断竞争一样的大类生产，区域垄断竞争增长模型还可以转化为更为具体的子类产业模型，即 $Y_i = A_i K_i^{\alpha} L_i^{\beta}$，$i$ 可代表各种不同子类产业。可以将区域产业分为差异化优势明显和劳均资本高的资本密集型、技术密集型产业和差异化优势不明显的劳均资本相对较低的劳动密集型垄断竞争子类产业。由于前者需要较多数量的资本投入和素质较高的劳动力，所以其产业进入壁垒会比劳动密集型产业高，这样资本密集型或者技术密集型产业产品生产面临的市场竞争环境就不如后者激烈，更大的垄断性使得前者具有更大的差异化优势，单位产出品与投入品的比价要高于后者，在劳均资本按垄断竞争模型所示要素产出弹性常数 α 获取要素报酬时，前者获取的索洛剩余就更高。集聚经济圈集聚区域的高速增长为区域资本或技术密集型产业的发展提供了市场和要素条件，促成了它们在区域的集聚和快速成长，区域劳均资本增加。在集聚区域产业集聚的过程中，传统产业由于进入壁垒低，市场竞争激烈，单位产品价格下跌；同时，资本或技术密集型产业在区域集聚引起的地区商务成本上升，降低了其单位产出与投入的比价，其索洛剩余可能随着市场竞争程度的加深而出现递减。

在这样的趋势下，部分劳均资本低的劳动密集型传统产业在商务成本上升与索洛剩余减少的情况下势必存在向区域外欠发达地区转移的压力和要求。转移到欠发达地区的企业，由于该地区土地、水电等非贸易性资源比较充裕，价格便宜，因此在欠发达地区，其投入品与产出品比价缩小，这促使企业的垄断收益和索洛剩余增加。必须指出，非贸易性资源对集聚区域企业商务成本的影响属于企业生产运营的具体分析，可能在抽象的生产函数中只有部分非贸易性资源进入生产函数的资本范畴，比如土地，或者用于固定资本形成的水电耗费等；但是地区商务成本的上升影响了传统企业或产业投入品与产出品的比价以及产品价格竞争力的发挥，限制了传统产业生产能力的发挥，使得传统企业或产业从生产函数来看，随着集聚区域产业集聚竞争的加剧出现索洛剩余递减。

对于集聚区域而言，随着工业化进程发展到一定阶段，传统产业索洛剩余在递减，企业存在向区域外转移的压力和要求，而资本密集、技术密集型产业由于在区域的快速增长出现索洛剩余递增，区域内产业结构必然要朝着高级化和合理化的方向发展。所以，索洛剩余递增既构成集聚经济圈集聚区域资本密集或技术密集型产业不断循环累积高级化与合理化、劳均资本增加的集聚力，又构成区域传统产业不断循环累积向外扩散的扩散力。如果集聚区域整体高等级产业索洛剩余递增的趋势超过传统产业索洛剩余递减的趋势，那么集聚经济圈区域整体的索洛剩余递增。虽然产业扩散是产业集聚发展到一定阶段的产物，但是对于一个富有竞争力的产业集聚区域而言，由于索洛剩余递增的因素占主导，索洛剩余总的变化难以反映区域传统产业索洛剩余递减的情况，因此区域传统产业的扩散情况要结合相应的经验分析进行研究。

$$A=\phi\ (Y)\ =A_0Y^{\gamma} \tag{3}$$

$$\begin{aligned} Y &= A_0\left[(A_0)^{\frac{1}{1-\gamma}}K^{\frac{\alpha}{1-\gamma}}L^{\frac{\beta}{1-\gamma}}\right]^{\gamma}K^{\alpha}L^{\beta} \\ &= (A_0)^{\frac{1}{1-\gamma}}\left[\frac{K^{\frac{\alpha}{1-\gamma}}}{L^{\frac{\alpha}{1-\gamma}}}L^{\frac{1}{1-\gamma}}\right]^{\gamma}K^{\alpha}L^{\beta} \\ &= (A_0)^{\frac{1}{1-\gamma}}k^{\frac{\alpha\gamma}{1-\gamma}}L^{\frac{\gamma}{1-\gamma}}K^{\alpha}L^{\beta} \end{aligned} \tag{4}$$

$$\begin{aligned} A &= \phi\ (K,\ L)\ =\ (A_0)^{\frac{1}{1-\gamma}}k^{\frac{\alpha\gamma}{1-\gamma}}L^{\frac{\gamma}{1-\gamma}} \\ &= A'_0k^{\gamma_1}L^{\gamma_2} \end{aligned} \tag{5}$$

集聚经济圈集聚区域产业有力的竞争力源自集聚区域产业激烈的竞争，所以集聚区域产出 Y 既可以用作衡量区域产业竞争力的参数，还可以用作衡量区域产业竞争程度的参数。因为，集聚地区企业数量越多，Y 的数值就越大，表明产业竞争越激烈。结合（1）式和（3）式，可以将集聚区域的垄断竞争模型推导如（4）式，k 表示劳均资本，索洛剩余可用（5）式表示，其中 $A'_0=\ (A_0)^{\frac{1}{1-\gamma}}$，$\gamma_1=\frac{\alpha\gamma}{1-\gamma}$，$\gamma_2=\frac{\gamma}{1-\gamma}$。如果集聚区域产业竞争激烈，就会促使厂商不断改进技术，提高区域产业差异化优势和竞争力，从而出现索洛剩余递增。为了研究劳动和技术进步在索洛剩余变化中的各自贡献，这里根据（5）式运用劳均资本、劳动和索洛剩余的关系来研究集聚区域产业竞争产生的索洛剩余递增效应。（3）式至（5）式的经济学含义是，集聚经济圈集聚区域索洛剩余是集聚区域产业竞争程度 Y 的函数，集聚区域产出 Y 的数值大小既是区域产业竞争力的结果，又是区域产业竞争力的原因，产业集聚导致厂商改进技术提高劳均资本。如果集聚区域的产业由于集聚产生的竞争具备了有力的竞争力，那么表示区域产业竞争力指标的参数 $\gamma>0$、$\gamma_1>0$，产出和产能向区域集聚；区域经济发展水平和发展条件得以改善，促使区域产业高级化与合理化，新的产业向区域集中，区域劳均资本进一步提高。

4.3 区域垄断竞争增长模型的理论分析

在 $\alpha+\beta=1$，$\gamma<1$ 的情况下，由（1）式和（3）式可以得到有关区域垄断竞争增长模型如（6）式和（7）式，两式分别表示区域的产出和劳均产出的增长模型。本研究中垄断竞争模型不包含索洛剩余表示的外生技术进步，所以劳均资本增长的动态模型如（8）式所示，其中 s 为储蓄率，n 为劳动力自然增长率，δ 为折旧率，$(n+\delta)k$ 为持平投资。为了刻画模型劳均资本增长动态变化情况，研究区域经济随着劳均资本变化的增长情况，此处特别对劳均产出函数求导，得到一阶导数、二阶导数如（9）式、（10）式所示，劳均产出一阶导数 $y'>0$，二阶导数根据 γ 与 β 的关系，有 $y''>0$，$y''=0$，$y''<0$ 三种情况。类似地，可以根据（4）式和（5）式推导出劳均产出导数的其他表达式（11）和（12），γ_1 与 β 的关系对垄断竞争模型的影响如 γ 与 β 的关系，所以可以根据（6）式衍生的垄断竞争模型进行理论分析。根据劳均产出函数的一阶导数、二阶导数，在假定储蓄率不变的情况下，垄断竞争模型动态增长讨论如下。

$$Y=F(K,L)=(A_0)^{\frac{1}{1-\gamma}}K^{\frac{\alpha}{1-\gamma}}L^{\frac{\beta}{1-\gamma}} \tag{6}$$

$$\begin{aligned} y=\frac{Y}{L}&=(A_0)^{\frac{1}{1-\gamma}}\left(\frac{K}{L}\right)^{\frac{\alpha}{1-\gamma}}L^{\frac{\beta}{1-\gamma}}L^{\frac{\gamma-\beta}{1-\gamma}}\\ &=(A_0)^{\frac{1}{1-\gamma}}k^{\frac{\alpha}{1-\gamma}}L^{\frac{\gamma}{1-\gamma}} \end{aligned} \tag{7}$$

$$\begin{aligned} \dot{k}=\frac{d(\frac{K}{L})}{dt}&=\frac{sY(t)-\delta K(t)}{L}-nk(t)\\ &=sy(t)-(n+\delta)k(t) \end{aligned} \tag{8}$$

$$y'=\frac{\alpha}{1-\gamma}(A_0)^{\frac{1}{1-\gamma}}k^{\frac{\gamma-\beta}{1-\gamma}}L^{\frac{\gamma}{1-\gamma}} \tag{9}$$

$$y''=\frac{\alpha(\gamma-\beta)}{(1-\gamma)}(A_0)^{\frac{1}{1-\gamma}}k^{\frac{2\gamma-\beta-1}{1-\gamma}}L^{\frac{\gamma}{1-\gamma}} \tag{10}$$

$$y'=(\alpha+\gamma_1)A_0{}'k^{\gamma_1-\beta}L^{\gamma_2} \tag{11}$$

$$y''=(\alpha+\gamma_1)(\gamma_1-\beta)A_0k^{\gamma_1-\beta-1}L^{\gamma_2} \tag{12}$$

$$\begin{aligned} Y=F(\lambda K,\lambda L)&=(A_0)^{\frac{1}{1-\gamma}}(\lambda K)^{\frac{\alpha}{1-\gamma}}(\lambda L)^{\frac{\beta}{1-\gamma}}\\ &=(\lambda A_0)^{\frac{1}{1-\gamma}}(K)^{\frac{\alpha}{1-\gamma}}(L)^{\frac{\beta}{1-\gamma}} \end{aligned} \tag{13}$$

第一种情况，$\gamma>\beta$，$y'>0$，$y''>0$

由于 $\beta>0$，所以 $\gamma>\beta>0$，根据（6）式可得（13）式，由（3）式和（13）式可知索洛剩余和规模报酬递增。结合（9）式和（10）式，由图 4—1 可知，这一情况的经济体处于一种发散增长的经济阶段：区域产业差异化优势显著，产业富有竞争力，在海内外市场份额持续增加，经济连年持续高速增长；实际投资在图 4—1 中用 $sy_1(t)$ 表示。此外，由（9）式和（10）式可以看出，本研究垄断竞争模型是否满足稻田条件由式中各参数的值决定，在劳均资本量趋于 0 的时候，一般假定满足稻田条件假设 $f'(k)$ 趋于无穷的需要。

第二种情况，$\gamma=\beta$，$y'>0$，$y''=0$

由于 $\beta>0$，所以 $\gamma=\beta>0$，由（3）式和（13）式可知索洛剩余和规模报酬递增，区域产业也持续增长，但是其产业差异化优势和竞争力、规模报酬递增和持续增长的程度要比前一种情况低。实际投资在图 4—1 中用 $sy_2(t)$ 表示，这一情况经济体也处于一种发散增长的阶段。

第三种情况，$\gamma<\beta$，$y'>0$，$y''<0$

第三种情况有两种状态，一是 $0\leqslant\gamma<\beta$，另一是 $\gamma<0$。参照前面分析，对于第一种状态，由于 $\gamma\geqslant0$，因此索洛剩余与规模报酬递增（$\gamma>0$）或不变（$\gamma=0$），但是 $\gamma<\beta$，劳均产出的一阶导数大于零，二阶导数小于零，所以实际投资曲线为凹状，而且产业差异化优势和竞争力、规模报酬递增和持续增长的程度又比第二种情况低。由图 4—1 用 $sy_3(t)$ 实线表示第一种状态的实际投资。对于第二种状态，由于 $\gamma<0$，所以产业缺乏竞争力，索洛剩余与规模报酬递减，而且劳均产出一阶导数大于零，二阶导数小于零，实际投资曲线也为凹状，在图 4—1 用虚线表示。由于第二种状态对应的 γ 值比第一种状态小，所以虚线在图 4—1 中位于实线的下方。由图 4—1 可见，只要实际投资曲线凹状，经济体就处于一种收敛增长的经济状态，实际投资曲线与持平投资曲线之间就存在一个稳态的均衡点，第一种状态对应于 k_2^*，第二种状态对应于 k_1^*。在稳态均衡点，地区经济的增长率等于地区劳动力的自然增长速度。

上述 3 种情况是有关区域垄断竞争增长的一般分析。如果把区域类比成企业，根据波特企业竞争优势源于成本领先和产品差异的观点，对于欠发达地区而言，其产业差异化优势不强，产业竞争力一般源于成本优势，其索洛剩余影响参数 Y^γ 值多随时间递增，但其值一般相对较小；而对于集聚经济圈经济发达、富有活力的产业集聚区域而言，其产业优势主要源于产品差异和技术进步，其处于垄断竞争产业的相对高端，索洛剩余影响参数 Y^γ 值一般相对较大，也随时间递增。即使都是发达区域，由于集聚

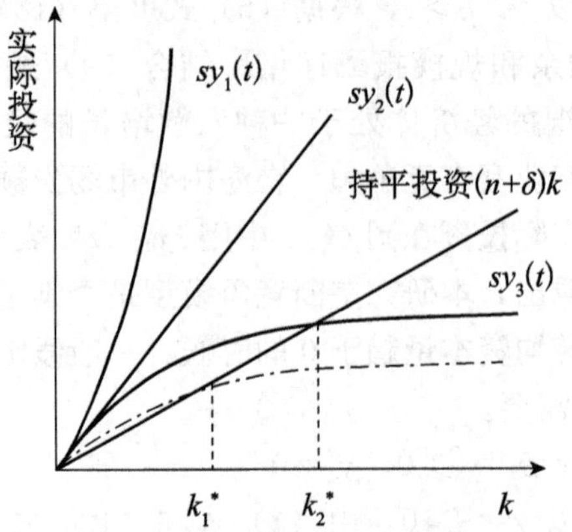

图 4—1　规模报酬变化与动态增长

经济圈集聚区域经济发达程度不同，集聚程度更高的发达经济体由于有更多的差异化投资，会有更强的产业竞争力，从而集聚经济体的索洛剩余值会存在差异。

按照本章第二部分解析区域内部产业结构的类似逻辑，可以将集聚经济圈生产差异化垄断竞争产品的不同集聚区域进行分类，将其分为生产资本密集型产品、技术密集型产品和劳动密集型产品的区域。生产不同产品的区域由于对资本、人才和技术等要素的投入数量和质量各不一样，工业化进程越高的集聚区域，其要素投入数量和质量都较高，因此在市场面临的竞争程度就相对减弱，在产品定价上更占主动，这样单位产出的产出品与投入品的比价在所有经济体都假定要素产出分配弹性不变的增长核算模式下，就会有更多的索洛剩余。所以，索洛剩余不仅是反映产业竞争力的指标，而且是反映产业结构高度化的指标。可以假定工业化程度较高的集聚经济体其主要生产一种垄断竞争的资本或技术密集的产品，而工业化和集聚程度相对较低的地区其主要生产一种垄断竞争的劳动密集型产品。当然，以上理论抽象仅局限于比较静态分析，在集聚区域竞争优势引起的区域工业化进程和产业集聚的促进下，区域产业结构会朝着高级化和合理化方向发展，所以从动态角度来看，区域产业类型会随着其工业化和集聚进程引起的要素禀赋变化而变化。

由于集聚经济圈不同集聚区域具有不同的产业结构，因而其产业集聚引起的产业竞争力程度不一。资本密集或技术密集型产业集聚地区，由于比劳动密集型产业集聚地区有着更低的竞争程度，如图 4—2 所示，在同一劳均资本的情况下，sy_2（t）表示的资本密集或技术密集型产业的生产

地区会比 sy_1（t）表示的劳动密集型产业的生产地区有着更高的劳均产出。这表明生产劳动密集型产品的经济体追赶资本或技术密集型产品经济体的唯一途径是在产业升级的基础上增强地区产业竞争力，否则便不可能经由发散增长或者高水平收敛这样路径追赶工业化程度更高的经济体。这一结论也表明，在增长分析中不存在绝对的绝对收敛和条件收敛。对于欠发达经济体而言，追赶发达经济体的唯一途径是设法实现与发达经济体要素禀赋和产业结构的趋同，林毅夫（2003，2007）对发展中国家有条件地向发达国家收敛多持肯定态度。

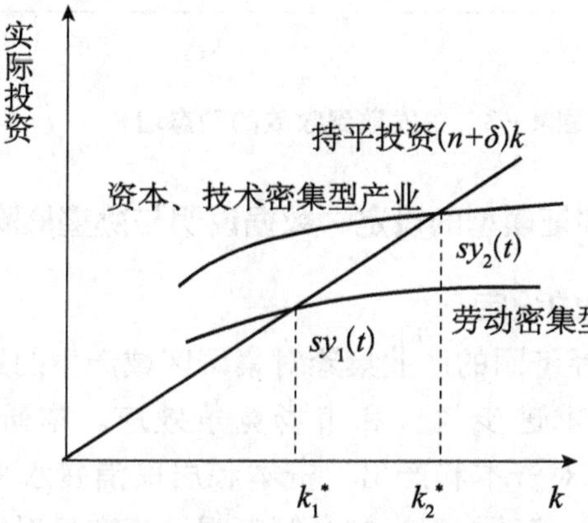

图 4—2　不同产业的动态增长

集聚区域经济增长路径到底是沿着发散增长的路径增长，还是沿着收敛增长的路径增长，这取决于集聚区域产业在海内外的竞争力。从长期来看，世界上没有任何一个国家或地区能够处于持续发散增长的状态，因为经济发展是供需双方相互作用的产物，在收入既定和存在保留价格的情况下，任何区域产品的供给和需求都是有限的，这势必使得产业集聚区域由发散增长走向收敛增长。所以对于图 4—1 所示 sy_1（t）或 sy_2（t）经历发散增长经济体最终增长的路径，可以用图 4—3 表示，它表示任何经历过发散增长的经济体最终由于市场需求的限制都会出现收敛增长甚至规模报酬递减的趋势。

如果集聚区域出现最后一种 $\gamma<0$ 的情况，则表示区域的产业相对其他区域而言已经丧失了产业竞争力，区域商务成本相对过高，产品价格过低，既定的市场需求限制区域投资增加产生的生产能力不能发挥，区域单位产出的产出品与投入品的比价下降；或者区域投资生产的产品不符合市场需求。这些因素，限制了区域生产能力的发挥，从而区域整体出现规模报酬递减。

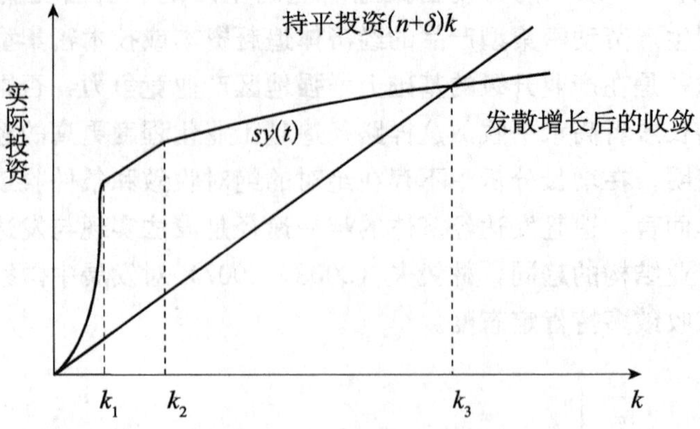

图 4—3　由发散到收敛的动态增长

4.4　实证模型的设定、数据说明与协整检验

4.4.1　实证模型的设定

如前所述，集聚经济圈的产业集聚对集聚区域产生的集聚效应包括地区经济发展效应、技术进步效应和市场竞争效应。本研究采用 VECM（向量误差修正模型）对资本和产出，资本和居民消费水平指数，资本和劳均资本，劳均资本、劳动与索洛剩余等宏观经济变量对集聚经济圈产业集聚的集聚效应进行实证分析。文中用 Y 表示产出和市场规模，用 L 表示劳动力，K 表示要素集聚的资本，PCI 表示居民消费水平指数，LK 表示劳均资本 k，A 表示索洛剩余。VECM 是 VAR（向量自回归模型）的一种修正形式，VAR 模型常被用于时间系列变量系统进行模型预测或者研究随机扰动项对系统变量动态的影响。

$$Y_t = \beta_0 + \beta_1 Y_{t-1} + \cdots + \beta_j Y_{t-j} + \theta_1 K_{t-1} + \cdots + \theta_j K_{t-j} + \varepsilon_{y1} \quad (14)$$

$$K_t = \delta_0 + \delta_1 K_{t-1} + \cdots + \delta_j K_{t-j} + \gamma_1 Y_{t-1} + \cdots + \gamma_j Y_{t-j} + \varepsilon_{k1} \quad (15)$$

$$PCI_t = \psi_0 + \psi_1 PCI_{t-1} + \cdots + \psi_j PCI_{t-j} + \eta_1 K_{t-1} + \cdots + \eta_j K_{t-j} + \varepsilon_{pci} \quad (16)$$

$$K_t = \chi_0 + \chi_1 K_{t-1} + \cdots + \chi_j K_{t-j} + \mu_1 PCI_{t-1} + \cdots + \mu_j PCI_{t-j} + \varepsilon_{K2} \quad (17)$$

$$LK_t = \nu_0 + \nu_1 LK_{t-1} + \cdots + \nu_j LK_{t-j} + \tau_1 K_{t-1} + \cdots + \tau_j K_{t-j} + \varepsilon_{lk1} \quad (18)$$

$$K_t = \lambda_0 + \lambda_1 K_{t-1} + \cdots + \lambda_j K_{t-j} + \alpha_1 LK_{t-1} + \cdots + \alpha_j LK_{t-j} + \varepsilon_{k3} \quad (19)$$

$$A_t = \varphi_0 + \varphi_1 A_{t-1} + \cdots + \varphi_j A_{t-j} + \omega_1 LK_{t-1} + \cdots + \omega_j LK_{t-j}$$

$$+\pi_1 L_{t-1}+\cdots+\pi_j L_{t-j}+\varepsilon_a \quad (20)$$

$$LK_t=\sigma_0+\sigma_1 LK_{t-1}+\cdots+\varphi_j LK_{t-j}+\xi_1 A_{t-1}+\cdots+\xi_j A_{t-j}$$
$$+\rho_1 L_{t-1}+\cdots+\rho_j L_{t-j}+\varepsilon_{lk2} \quad (21)$$

$$L_t=\zeta_0+\vartheta_1 L_{t-1}+\cdots+\vartheta_j L_{t-j}+\tilde{\omega}_1 LK_{t-1}+\cdots+\tilde{\omega}_j LK_{t-j}$$
$$+\zeta_1 A_{t-1}+\cdots+\zeta_j A_{t-j}+\varepsilon_l \quad (22)$$

$$\Delta Y_t=\lambda_0+\sum_{i=1}^{r}\beta_{yi}\Delta Y_{t-i}+\sum_{i=0}^{s}\beta_{xi}\Delta X_{t-i}+\pi VECM_{t-1}+\varepsilon_t \quad (23)$$

$$VECM=Y-C-\sum_{i=0}^{s}\beta_{xi}X_i \quad (24)$$

（14）式和（15）式表示研究产出和资本要素关系的双变量 VAR 模型，（16）式和（17）式、（18）式和（19）式分别表示要素集聚和居民消费水平、要素集聚和劳均资本的双变量 VAR 模型，（20）式、（21）式和（22）式表示根据（5）式研究劳均资本、劳动力与索洛剩余关系的三变量 VAR 模型。在 VAR 模型中若变量存在协整（co-integration）关系，则 VAR 模型要进行误差修正，（14）～（22）式都要转化为（23）式所示 VECM 形式。（23）式中 VECM 项是误差修正项，具体内容体现在（24）式，反映的是变量之间的长期协整关系的残差。根据相应的理论或者经验判断，可以发现具有协整关系的多变量之间的因果关系。内生变量 Y 的滞后差分变量的系数 β_{yi} 表示 Y 的滞后差分变量对当期 Y 的差分变量的影响，外生变量 X 的滞后差分变量的系数 β_{xi} 表示 X 的滞后差分变量对当期 Y 的差分变量的影响，如果系数 β_{xi} 通过显著性检验，则说明 X 的滞后差分变量在短期内是内生差分变量 Y 的自变量，存在 Granger 意义上的因果关系，结合相应的理论可以推断真实的因果关系。后续研究表明，本章 VAR 模型中涉及变量均符合协整条件，存在协整关系，所以 VECM 是合理有效的估计模型。

4.4.2　数据说明

1978 年以来的中国改革开放和体制创新给中国经济注入了巨大活力，1978～2005 年中国年均实际增长率高达 9.64%。世界产能在向中国集中。然而，随着中国经济的日益增长，国内生产的产出和产能在日益向国内三大集聚经济圈集中，长三角更是以地均 GDP 最高成为国内三大经济圈的首位经济区。产业向长三角集聚的原因在于长三角具有要素禀赋的比较优势等企业发展的有利条件，区外企业为了增强自身的竞争力向长三角区域集聚。此外，区域内企业也凭借自身竞争优势战胜对手引起产业增长和产出、产能向区域集中。[①] 根据产业集聚是要素集聚的观点，集聚经济圈集聚区域产业集聚既是产出和产能的集聚，从要素角度看又是资本和劳动力在空间的集聚。图 4—4 表明，改革开放以来沪苏浙两省一市产出、资本存量和从业人员人数发生了显著变化。根据图 4—4 的数据可以得知，沪

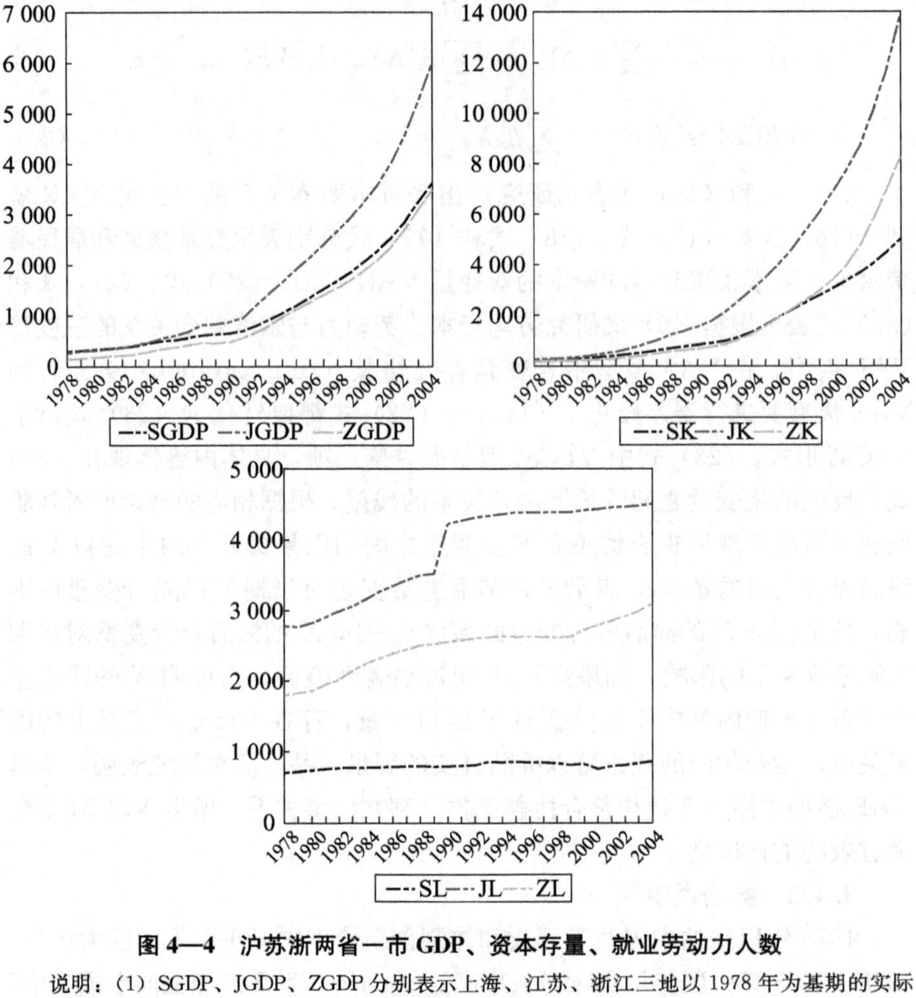

图 4—4　沪苏浙两省一市 GDP、资本存量、就业劳动力人数

说明：(1) SGDP、JGDP、ZGDP 分别表示上海、江苏、浙江三地以 1978 年为基期的实际 GDP，单位：亿元；(2) SK、JK、ZK 分别表示上海、江苏、浙江三地以 1978 年为基期的实际资本存量，单位：亿元；(3) SL、JL、ZL 分别表示上海、江苏、浙江三地全社会从业人员数，单位，万人；(4) 图示横坐标表示年份时间，纵坐标分别表示 GDP、资本存量、就业劳动力人数；(5) 资料来源和资本存量的计算参见下文说明。

① 徐康宁 (2006) 考察了产业集聚形成的源泉，认为产业集聚的影响因素有许多，涉及历史、自然禀赋、分工与制度变迁等方面。所以，循环累积因果效应不能解释产业集聚的全部，产业集聚更多可能是区域要素禀赋优势基础上产业竞争优势的结果。

苏浙三地产出和生产要素资本、劳动力从 1978 到 2005 年增长幅度显著：2005 年产出上海是 1978 年的 13.25 倍，江苏是 1978 年的 24.01 倍，浙江是 1978 年的 28.22 倍；2005 年资本存量上海是 1978 年的 29.95 倍，江苏是 1978 年的 64.17 倍，浙江是 1978 年的 53.24 倍；2005 年劳动力上海是 1978 年的 1.24 倍，江苏是 1978 年的 1.62 倍，浙江是 1978 年的 1.73 倍。

上海、江苏、浙江构成长三角地理空间上相邻的次区域，毫无疑问是世界产业集聚的典范经济区。[①] 在经济全球化背景下，长三角产业面临的竞争，不仅来自次区域内部和次区域之间，而且来自长三角外部，但是以区域内部为主，这一结论可以参考有关长三角次区域内部和次区域之间产业竞争的文献（唐立国，2002；洪银兴，刘志彪等，2003）和本书第 5 章“产业同构”的分析部分。[②]

本章实证样本主要为上海、江苏、浙江 1978～2005 年的相关数据。产出数据来源于上海、江苏、浙江三地地方统计年鉴，以 1978 年为基期，用各地年鉴提供的国内生产总值指数，将名义 GDP 转换成实际 GDP。各省区资本根据永续盘存法，以 1978 年为不变价格，参照张军、吴桂英和张吉鹏（2004）的方法进行计算，1998 年以前数据主要采用《新中国五十年统计资料汇编》，1998 年以后数据来源于上海、江苏、浙江三地地方统计年鉴。计算劳均资本和劳均产出用的劳动力人数为各省区全社会从业人员人数，数据来源于上海、江苏、浙江三地地方统计年鉴。居民消费水平指数以 1978 年为基期，其数据来源于上海、江苏、浙江三地地方统计年鉴；其中江苏统计年鉴缺少居民消费水平指数，这里运用统计年鉴中相关数据，根据（25）式进行计算。上海、江苏、浙江索洛剩余 A 则运用 Y、K、L 相关变量，根据（1）式希克斯中性科布-

① 戈利（Golley，2002）通过中国各省 GDP、工业总产值（GVIO）等统计指标 1978 和 1998 年在中国份额的变化研究了中国各省受益于循环累积过程的程度，认为江苏和浙江处于收益最大的 5 省份行列，上海在此之外。上海自从新中国成立以来就是全国最大的工商城市和产业集聚密度最高的区域。虽然，上海改革开放之初发展速度相对下降，但是 1992 年以后保持了较快增长，浦东开发更是让上海快速成为跨国公司总部集聚区域。根据浙江大学区域与城市发展研究中心研究报告（2007），可以发现，上海 2005 年工业和 GDP 地均值分别占沪苏浙加总地均值的 81%，86.3%。所以，这里仍然将其归为典型的产业集聚区域。

② 波特（1990）指出产业集群是产业竞争优势的源泉，凡是富有经济活力的产业集群区域无一不存在激烈的企业竞争。显然，发达经济圈多元化产业集群内部的竞争是区域经济活力的源泉。按照本研究垄断竞争的理论抽象，集聚区域要素禀赋的相近性和世界市场顾客群体面对区域企业产品偏好的相近性，决定区域内部产品之间的竞争程度要比区域之间激烈的多。

道格拉斯生产函数进行计算，按国内外研究比较普遍的做法，计算索洛剩余的 α 值取 0.4。①

$$\text{居民消费水平指数}=\frac{\text{按报告期当年价格计算的居民平均消费水平/居民消费价格指数}}{\text{基期当年价格计算的居民平均消费水平}} \tag{25}$$

4.4.3　单位根与协整检验

VECM 形式的存在要求变量非平稳性和协整关系存在。这里采用 ADF 检验变量的非平稳性，表 4—2 表明 VAR 模型涉及变量均为非平稳变量，存在单位根，在自然对数水平上一阶单整。在单位根检验的基础上，本研究进行了 Johansen 协整检验，表 4—3 显示多变量 VAR 模型多数自滞后 2 阶或 3 阶起就存在协整关系，部分自 1 阶滞后起就存在协整关系。由于变量协整关系的存在，所以可以运用 VECM 对相关模型进行分析。

表 4—2　　VAR 模型相关变量单位根检验

变量	上海单位根检验		江苏单位根检验		浙江单位根检验	
	对数水平	一阶差分	对数水平	一阶差分	对数水平	一阶差分
Y	1.14	−2.61*	0.57	−3.66*	−0.42	−3.86***
K	−1.50	−3.26**	−1.63	−2.71*	−2.08	−3.86**
LK	−0.92	−3.23**	−0.01	−3.67**	0.82	−3.80**
L	−2.08	−5.63***	−1.59	−4.92***	−0.11	−2.12**
PCI	0.57	−4.75***	1.23	−4.04***	−0.38	−3.41**
A	3.43	−3.10**	0.89	−4.20***	−0.75	−2.91*

说明：(1) 在 5%的水平上，变量 Y、K、LK、PCI、A 自然对数水平一阶差分拒绝原假设的临界值约为−2.98，上海和江苏 L 的临界值为−2.98，浙江 L 的临界值为−1.954，K 的临界值为−3.62。(2) 表 4—2 报告浙江劳动力 L 自然对数水平单位根检验为 DF-GLS 单位根检验值，其中 ADF 单位根检验不显著，但是一般认为 DF-GLS 比 ADF 检验有更大的功效。为了保证 DF-GLS 检验的稳健性，研究还进行了 ERS（Elliott-Rothenberg-Stock）和 NP 单位根检验，检验在 10%水平内显著，因此认为浙江 L 自然对数水平一阶单整。

① 也有研究（张军，施少华，2003；张小蒂，李晓钟，2005）在计算索洛剩余时通过不同地区的不同回归系数 α 的值来计算，这一核算方法的问题是：由于不同地区的要素贡献 α 不一致，因此在计算索洛剩余时可能存在标准不一致的问题，导致不同地区之间的索洛剩余的大小无法比较。

表 4—3　　**VAR 模型 Johansen 协整关系检验**

地区	协整关系个数		LY—LOG（K）迹统计量检验（Trace test）					显著性临界值	
上海	原假设	备择假设	VAR=5	VAR=4	VAR=3	VAR=2	VAR=1	(5%水平)	(10%水平)
	$r=0$	$r\geq 1$	10.52	10.70	17.80	35.85	19.86	12.32	10.47
	$r=1$	$r\geq 2$	3.18	0.41	7.99	9.02	4.41	4.13	2.98
	协整关系个数		LPCI-LOG（K）迹统计量检验（Trace test）					显著性临界值	
	原假设	备择假设	VAR=5	VAR=4	VAR=3	VAR=2	VAR=1	(5%水平)	(10%水平)
	$r=0$	$r\geq 1$	24.82	43.96	35.62	26.65	12.52	12.32	10.47
	$r=1$	$r\geq 2$	2.20	9.56	9.30	7.77	3.44	4.13	2.98
	协整关系个数		LLK-LOG（K）迹统计量检验（Trace test）					显著性临界值	
	原假设	备择假设	VAR=5	VAR=4	VAR=3	VAR=2	VAR=1	(5%水平)	(10%水平)
	$r=0$	$r\geq 1$	18.06	16.15	14.85	14.02	4.77	12.32	10.47
	$r=1$	$r\geq 2$	3.57	2.54	0.00	0.02	0.11	4.13	2.98
	协整关系个数		LA-LLK、LL 迹统计量检验（Trace test）					显著性临界值	
	原假设	备择假设	VAR=5	VAR=4	VAR=3	VAR=2	VAR=1	(5%水平)	(10%水平)
	$r=0$	$r\geq 1$	65.00	82.58	54.46	48.44	23.04	24.28	21.78
	$r=1$	$r\geq 2$	14.78	16.64	10.94	14.34	7.87	12.32	10.48
江苏	协整关系个数		LY-LOG（K）迹统计量检验（Trace test）					显著性临界值	
	原假设	备择假设	VAR=5	VAR=4	VAR=3	VAR=2	VAR=1	(5%水平)	(10%水平)
	$r=0$	$r\geq 1$	37.99	39.68	39.05	17.51	16.58	20.26	17.98
	$r=1$	$r\geq 2$	13.54	5.39	12.47	5.79	5.46	9.16	7.56
	协整关系个数		LPCI-LOG（K）迹统计量检验（Trace test）					显著性临界值	
	原假设	备择假设	VAR=5	VAR=4	VAR=3	VAR=2	VAR=1	(5%水平)	(10%水平)
	$r=0$	$r\geq 1$	19.23	11.43	22.16	9.09	8.79	12.32	10.47
	$r=1$	$r\geq 2$	3.39	0.51	4.85	1.17	3.18	4.13	2.98
	协整关系个数		LLK-LOG（K）迹统计量检验（Trace test）					显著性临界值	
	原假设	备择假设	VAR=5	VAR=4	VAR=3	VAR=2	VAR=1	(5%水平)	(10%水平)
	$r=0$	$r\geq 1$	31.89	32.35	28.19	15.38	13.47	20.26	17.98
	$r=1$	$r\geq 2$	10.56	8.02	5.14	3.91	2.19	9.16	7.56
	协整关系个数		LA-LLK、LL 迹统计量检验（Trace test）					显著性临界值	
	原假设	备择假设	VAR=5	VAR=4	VAR=3	VAR=2	VAR=1	(5%水平)	(10%水平)
	$r=0$	$r\geq 1$	85.79	95.78	57.46	34.58	29.89	24.28	21.78
	$r=1$	$r\geq 2$	9.48	29.24	9.33	12.80	11.85	12.32	10.48
浙江	协整关系个数		LY-LOG（K）迹统计量检验（Trace test）					显著性临界值	
	原假设	备择假设	VAR=5	VAR=4	VAR=3	VAR=2	VAR=1	(5%水平)	(10%水平)
	$r=0$	$r\geq 1$	31.99	23.28	16.35	11.99	8.68	15.49	13.42
	$r=1$	$r\geq 2$	2.40	0.04	0.07	0.02	0.50	3.84	2.70
	协整关系个数		LPCI-LOG（K）迹统计量检验（Trace test）					显著性临界值	
	原假设	备择假设	VAR=5	VAR=4	VAR=3	VAR=2	VAR=1	(5%水平)	(10%水平)
	$r=0$	$r\geq 1$	45.07	22.46	8.32	15.19	8.10	15.49	13.42
	$r=1$	$r\geq 2$	10.08	0.19	0.02	1.64	0.21	3.84	2.70
	协整关系个数		LLK-LOG（K）迹统计量检验（Trace test）					显著性临界值	
	原假设	备择假设	VAR=5	VAR=4	VAR=3	VAR=2	VAR=1	(5%水平)	(10%水平)
	$r=0$	$r\geq 1$	23.81	26.16	16.25	21.37	6.46	15.49	13.42
	$r=1$	$r\geq 2$	0.42	3.39	4.62	4.83	0.80	3.84	2.70
	协整关系个数		LA-LLK、LL 迹统计量检验（Trace test）					显著性临界值	
	原假设	备择假设	VAR=5	VAR=4	VAR=3	VAR=2	VAR=1	(5%水平)	(10%水平)
	$r=0$	$r\geq 1$	86.59	74.71	55.45	47.37	25.06	24.28	21.78
	$r=1$	$r\geq 2$	37.30	27.59	17.62	22.11	10.58	12.32	10.48

说明：（1）由于本研究协整检验迹统计量与特征根统计量检验结果具有高度一致性，故仅报告迹统计量检验结果；（2）LX 表示变量 X 取自然对数，文中由于劳均资本用 LK 表示，故 K 的自然对数形式用 LOG（K）表示，以示区别。

4.5 地区经济发展效应与技术进步效应分析

根据 VECM 分析框架，这里运用 Eviews 软件，对集聚经济圈产业集聚的地区经济发展效应进行实证分析。首先根据（14）式和（15）式衍生的 VECM 分析框架，验证资本变化和产出变化之间是否存在稳定的协整关系，是否可用资本作为产出的替代变量。表 4—4 表明，上海、江苏、浙江三地代表生产要素集聚的资本和市场规模、产出变化之间存在正协整关系，所以 VECM 是有效估计模型。① 本研究有关产业集聚是要素集聚的理论说明得到了实证支持，可以用资本的变化替代产出变化②。

表 4—5 报告了长三角集聚经济圈集聚区域根据（16）式至（19）式衍生的 VECM 分析中存在的协整关系，表明资本表示的产业集聚对地区存在显著的经济发展效应和技术进步效应，区域居民消费水平与资本存量、劳均资本存量与资本存量存在正的协整关系：以资本表示的产业集聚增加，居民生活水平提高，劳均资本增加，区域技术进步。表 4—6 表明产业集聚构成居民消费水平提高和资本深化的格兰杰原因③，产业集聚在区域内产生激烈的产业竞争，促进了技术进步和资本深化，区域技术进步导致差异化优势又进一步加深了区域的竞争优势，从而促使区域内劳均收入增加和居民生活水平改善。根据（2）式生产函数分析劳均 GDP 与劳均资本的关系，可以发现即便在索洛剩余不变的情况下，劳均资本越高，劳均 GDP 即劳动生产效率越高。在从业人员人数不变的情况下，劳动生产率越高，地区产出就

① 本研究涉及协整均在 VECM 模型基础上进行了单位根残差检验，发现不存在单位根，故 VECM 不存在虚协整。

② 一般而言，要素集聚与市场规模互为因果关系。从要素集聚的角度来看，若市场增大，则区域对产业集聚的吸引力增强，要素集聚；若要素集聚，由于生产者和劳动者集聚带来更多的需求，所以市场规模也增大。但根据本研究，江苏的资本集聚是产出增加的格兰杰原因，而上海和浙江产出增加是资本集聚的格兰杰原因。这应该和改革开放以来各地区经济增长差异有关，江苏因为投资增加引起市场扩大，上海和浙江则是因为市场扩大引起投资增加。从宏观经济学的视角来看，资本和产出的关系也是乘数理论和加速原理之间的关系，加速原理发挥作用的条件要求不存在过剩生产能力，在长三角次区域可能两种机制所起的作用各不相同。

③ 要补充说明的是本章涉及格兰杰因果检验均为短期格兰杰因果检验，本书也研究过协整变量之间的长期格兰杰因果关系，发现存在短期格兰杰因果关系时也一定存在长期格兰杰因果关系，有极少数变量同时存在与短期方向相反的长期格兰杰因果关系，但结合长短期格兰杰因果关系所做的经济学意义上因果关系分析在文中已经有所体现，为了行文简洁，文中没有报告长期格兰杰因果关系。

越高。所以表 4—5 反映的产业集聚引起的劳均资本增加通过对劳均 GDP 的影响，构成区域经济增长的动力，成为反映区域产业竞争力提升和技术进步的指标。

表 4—4　　　　LY 与 LOGK 协整关系

上海的 *LY* 与 LOG（*K*）协整关系：$LY=1.37^{***}$ LOG（*K*）	VECM 滞后阶数
（−9.30）	（1，4）
江苏的 *LY* 与 LOG（*K*）协整关系：$LY=1.26^{***}+0.79^{***}$ LOG（*K*）	VECM 滞后阶数
（−6.91）（−51.45）	（1，4）
浙江的 *LY* 与 LOG（*K*）协整关系：$LY=1.65+0.72^{***}$ LOG（*K*）	VECM 滞后阶数
（−70.89）	（1，5）

说明：（1）本研究 VAR 滞后阶数主要依据 AIC 和 SC 准则同时最优确定，个别依据 AIC 和其他准则同时最优确定；（2）（）内数字表示 *t* 统计量。

表 4—7 报告了长三角集聚经济圈和三大经济圈外其他地区用 R_1、R_2、R_3 分别表示的 2005 年与 1978 年之间，资本要素增量与存量之比，劳均资本增量与存量之比，索洛剩余增量与存量之比。不难看出，在所有省区中，长三角地区的 R_1、R_2、R_3 值名列前茅。这表明，国内相对欠发达区域与长三角集聚经济圈的经济差距正在拉大。

长三角地区的 R_1、R_2 值远超表 4—7 报告的二十二省区平均 R_1、R_2 值 17.53，9.76。在各省区中，虽然内蒙古、新疆、西藏三省区的 R_1 值变化也很大，但是上述省区地域辽阔，1978 年基期资本存量低，因此 R_1 的变化并不表明该地区发生了要素和产业集聚。R_1 的值大表明如前文所述长三角确实是中国产业的集聚地，R_2 值大表明长三角与国内欠发达地区的生产率的差异，劳均资本的变化有着重要影响，产业在区域的集聚使得集聚地区有着较内陆地区更高的技术进步率。

表 4—5　　　　产业集聚地区经济发展效应与技术进步效应的协整关系

	协整关系	LPCI 与 LOG（K）			LLK 与 LOG（K）		
上海	变量	LPCI	LOG（K）	VECM 滞后阶数	LLK	LOG（K）	VECM 滞后阶数
	弹性系数	1	0.23^{***}		1	0.63^{***}	
	t 统计量		15.10	（1，4）		−5.68	（1，2）
江苏	变量	LPCI	LOG（K）	VECM 滞后阶数	LLK	LOG（K）	VECM 滞后阶数
	弹性系数	1	0.34^{***}		1	0.97^{***}	
	T 统计量		−10.47	（1，3）		−33.94	（1，4）
浙江	变量	LPCI	LOG（K）	VECM 滞后阶数	LLK	LOG（K）	VECM 滞后阶数
	弹性系数	1	0.43^{***}		1	0.91^{***}	
	T 统计量		−17.50	（1，2）		−68.85	（1，2）

表 4—6　长三角地区资本与居民消费水平指数、劳均资本的格兰杰因果关系

地区	原假设	滞后阶数	Wald test (χ^2)	Causality
上海	D (LOGK) ON D (LPCI)	(1, 4)	23.52***	D (LOGK) →D (LPCI)
	D (LPCI) ON D (LOGK)	(1, 4)	6.59	
	D (LOGK) ON D (LLK)	(1, 2)	18.69***	D (LOGK) →D (LLK)
	D (LLK) ON D (LOGK)	(1, 2)	1.53	
江苏	D (LOGK) ON D (LPCI)	(1, 3)	19.65***	D (LOGK) →D (LPCI)
	D (LPCI) ON D (LOGK)	(1, 3)	3.97	
	D (LOGK) ON D (LLK)	(1, 4)	65.07***	D (LOGK) →D (LLK)
	D (LLK) ON D (LOGK)	(1, 4)	7.61	
浙江	D (LOGK) ON D (LPCI)	(1, 2)	7.09**	D (LOGK) →D (LPCI)
	D (LPCI) ON D (LOGK)	(1, 2)	3.12	
	D (LOGK) ON D (LLK)	(1, 2)	9.43***	D (LOGK) →D (LLK)
	D (LLK) ON D (LOGK)	(1, 2)	2.45	

表 4—7　长三角与三大经济圈外省区市资本、劳均资本与索洛剩余的变化比值

省区	K (2005)	K (1978)	R_1	LK (2005)	LK (1978)	R_2	A (2005)	A (1978)	R_3
上海	5 013.64	167.40	25.85	5.81	0.24	21.41	2.07	0.69	2.00
江苏	13 876.30	216.25	53.34	3.08	0.08	32.67	0.85	0.25	2.40
浙江	8 256.55	155.09	40.54	2.66	0.09	23.86	0.76	0.18	3.22
山西	3 355.82	173.73	15.10	2.27	0.18	9.54	0.54	0.18	2.00
内蒙古	2 766.49	82.70	23.76	2.66	0.13	14.86	0.63	0.20	2.15
吉林	1 826.10	107.69	13.25	1.47	0.17	6.52	0.67	0.26	1.58
黑龙江	1 828.94	153.17	9.85	1.04	0.15	5.50	0.80	0.37	1.16
安徽	2 513.59	110.20	18.79	0.68	0.06	9.28	0.54	0.19	1.84
江西	2 872.63	152.76	14.88	1.26	0.12	8.00	0.44	0.16	1.75
河南	4 981.37	252.52	15.61	0.88	0.09	7.34	0.50	0.15	2.33
湖北	3 466.31	172.28	16.73	0.98	0.09	8.66	0.71	0.21	2.38
湖南	1 955.36	154.41	10.14	0.51	0.07	5.78	0.52	0.19	1.74
广西	1 901.78	138.21	10.70	0.70	0.09	5.43	0.37	0.13	1.85
四川	4 619.75	402.09	8.93	0.73	0.13	3.85	0.56	0.18	2.11
贵州	996.30	101.66	7.65	0.45	0.10	3.17	0.31	0.11	1.82
云南	1 625.33	153.73	9.57	0.66	0.12	4.07	0.39	0.12	2.25
西藏	318.14	8.95	34.56	2.27	0.10	17.76	0.40	0.18	1.22
陕西	1 870.36	150.69	11.41	0.96	0.14	5.02	0.57	0.17	2.35
甘肃	1 400.98	166.70	7.40	1.17	0.24	2.84	0.46	0.17	1.71
青海	538.70	43.53	11.37	1.81	0.30	4.30	0.34	0.17	1.00
宁夏	458.03	50.15	6.86	1.53	0.37	2.57	0.40	0.14	1.86
新疆	1 526.80	66.70	19.33	1.90	0.14	12.22	0.53	0.18	1.94
省区平均	3 089.51	144.57	17.53	1.61	0.15	9.76	0.61	0.21	1.94

说明：(1) 计算公式：$R_1 =$ ($K2005 - K1978$) / $K1978$；$R_2 =$ ($LK2005 - LK1978$) / $LK1978$；$R_3 =$ ($A2005 - A1978$) / $A1978$；(2) 各省区市数据获取和资本存量计算方式与长三角集聚经济圈相同，资本存量与劳均资本存量的单位分别为亿元，亿元/万人；(3) 重庆由于直辖时间不长，因此被归入四川计算。

图 4—5 以上海的基准为 1 报告了表 4—7 各省区 2005 年劳均资本与劳均产出、劳均资本与索洛剩余的散点图，图示表明劳均资本与劳均产出、劳均资本与索洛剩余之间确实存在一种正相关关系。地区劳均资本与索洛剩余之间的正相关关系表明，集聚地区技术水平和产业结构的高度化的确能使该地区获取更多的索洛剩余，地区技术水平和产业结构对于区域之间的经济差距起着重要的作用。但通过表 4—7 还可发现，长三角区域 R_3 值增加的幅度，在各省区没有明显的绝对优势，这表明长三角区域集聚引起激烈竞争导致区域产业索洛剩余递减的因素起了较大作用，引致索洛剩余递增幅度在省区之间没有明显优势，区域经济可能存在规模报酬递减。因此，如图 4—5 所示，在劳均资本确定情况下，不少省区索洛剩余散点与原点连线的斜率就超过了长三角区域，江苏和浙江则更是处于表示一般水平的回归线下方。①

通过表 4—7 可以得知，集聚经济圈的产业集聚大幅提升了集聚经济圈次区域劳均资本存量和索洛剩余，带来了集聚区域经济的发展与技术进步。但从表 4—7 其他区域经济发展的结果来看，改革开放近 30 年来，其他相对欠发达区域经济的劳均资本与索洛剩余也均有较大幅度增加，这表明：中国在尊重市场机制作用和发挥区域比较优势基础上的发展战略，虽然导致了集聚经济圈与相对欠发达区域经济差距的拉大，但并没有导致相对欠发达地区的绝对贫困，这些地区也获得了相应的发展。这表明：发展集聚经济圈，只要尊重市场机制作用，发挥国家各区域的比较优势，并不必然会导致相对欠发达地区经济发展条件的恶化，相反还可能促进区域协调发展。

产业在上海、江苏、浙江三地的集聚带动了该区域的经济发展，改善了区域的市场条件和收入水平。这些因素和集聚区域自身良好的投入品供应能力，构成了促使区域产业结构升级的重要因素。由图 4—6 可知长三角地区改革开放以来制造业内部已经发生了显著的结构变化，经济增长已经由轻工业为主导转向以重工业为主导。沪苏浙三地产业结构高度化产生的绝对技术进步对索洛剩余增加产生的影响是抵消区域产业集聚竞争产生索洛剩余递减影响的因素之一，使得区域产业从总体看来呈现索洛剩余递增。

① 其他区域与长三角区域在 2005 年 R_3 的值差距不是非常明显，这说明改革开放以来内陆虽然发展速度不如沿海发达地区，但中国做为世界的发展极，在社会主义制度保证下，各省区根据自身比较优势分权竞争，加上中央对内陆地区的国防投资和公共投资、转移支付等，可能使得发达地区因发展产生的淋下效应能够较快地扩散到欠发达地区。从一般理论抽象来看欠发达地区的劳均资本增加，其也是低层次市场竞争的需要和结果；当然这种以成本领先为主的产业发展还不足以产生一种使地区成为中心——外围结构“中心”的集聚力。

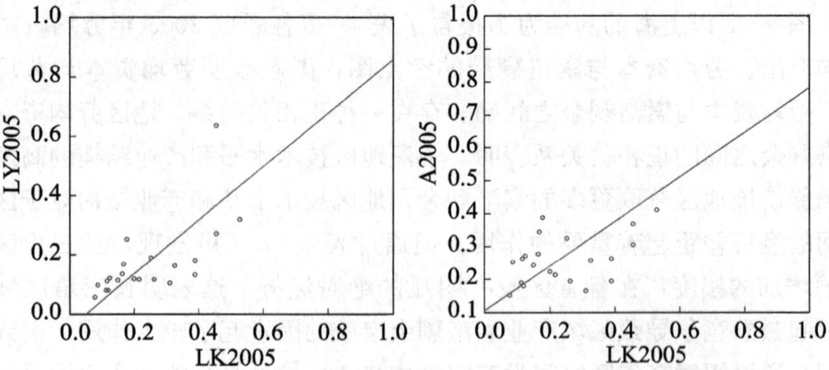

图 4—5　长三角与三大经济圈外省区市劳均资本与劳均产出散点图

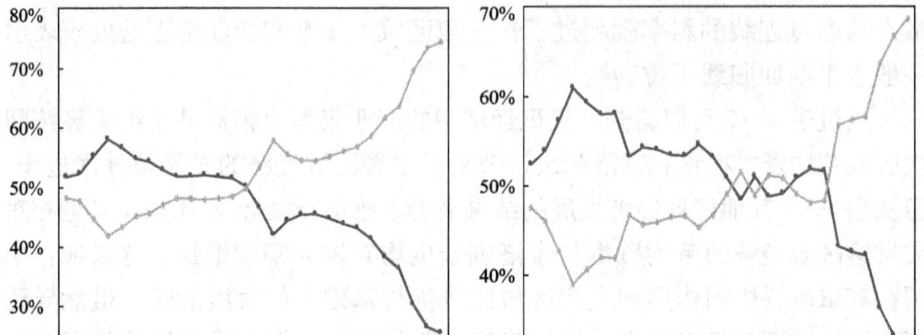

图 4—6　长三角集聚经济圈次区域制造业产业结构升级图

说明：(1) SQ、JQ、ZQ 分别表示上海、江苏、浙江三地轻工业在制造业产值中所占比例；(2) SZ、JZ、ZZ 分别表示上海、江苏、浙江三地重工业在制造业产值中所占比例；(3) 图示横坐标表示年份时间，纵坐标表示产值占比比例。

资料来源：《上海统计年鉴》(2006)、《江苏统计年鉴》(2000～2006)，《浙江统计年鉴》(1999；2000～2006)。

4.6 索洛剩余递增与规模报酬效应的分析

为了研究产业集聚竞争引起的技术进步所产生的索洛剩余递增效应，可以根据（1）式来计算索洛剩余。由于劳均GDP和劳均资本已知，根据前文给定算法，可以算出索洛剩余。集聚经济圈的产业集聚促进集聚区域产生资本集中和激烈的产业竞争，从而迫使企业改进技术，提高劳均资本，增加企业产品差异化优势。集聚经济圈产业集聚区域产业竞争的结果是所有企业都改进技术，从而区域劳均资本提升，产业差异化优势和竞争力增强，产出、产能向区域集中，区域索洛剩余递增。集聚区域个别企业为了追求超额利润，在索洛剩余递增的激励下会不断追求差异化优势，更新技术。所以，长期来看，集聚经济圈集聚区域技术进步、劳均资本增加与索洛剩余递增互为因果关系。

根据本研究垄断竞争增长的分析框架，如果集聚经济圈产业集聚给区域带来的发展效应，促进了区域产业结构的高度化和产业竞争力的增强，就会带来区域索洛剩余的增加。根据前面垄断竞争增长模型的分析可知，只要$\gamma>0$或$\gamma_1>0$，索洛剩余和规模报酬就递增。表4—8报告了根据（20）式至（22）式派生VECM的劳均资本、劳动与索洛剩余协整关系，研究表明，劳均资本与索洛剩余存在正协整关系，劳均资本增加，索洛剩余增加，$\gamma_1>0$表明本研究集聚产生的技术进步构成集聚经济圈集聚区域索洛剩余递增源泉的理论分析在垄断竞争增长模型的实证中得到了很好支持；但是上海、江苏和浙江三地的劳动投入与索洛剩余则存在负协整关系，说明劳均资本与劳动两变量中，表示集聚引起技术进步的变量劳均资本，才是长三角次区域索洛剩余增加的唯一源泉。当然，也许劳动投入、劳均资本各自与索洛剩余符号相反的协整关系，还难以直观构成长三角次区域产业集聚促成索洛剩余递增的判断。一种更为直接的做法是研究索洛剩余与长三角次区域产出或资本变量的协整关系。根据本书相关研究，这些变量均与索洛剩余存在正协整关系，所以长三角次区域的产业集聚是构成索洛剩余递增的原因。①

结合（11）式、（12）式，在表4—8表示的长三角次区域劳均资本与索洛剩余的协整关系中，根据$\beta=0.6$的假定，上海劳均资本与索洛剩余

① 为行文简洁，这一研究结果不予报告。

协整关系的系数 $\gamma_1>\beta$（即 $\gamma>\beta$），而江苏、浙江 $\gamma_1<\beta$（即 $\gamma<\beta$），这表示上海由于产业在海内外的产业竞争力大于江苏、浙江，上海目前处于一种发散增长状态，而江苏、浙江则处于一种收敛增长状态。但是根据图 4—7 沪苏浙 1980～2005 年实际劳均 GDP 的值来看，沪苏浙三地劳均 GDP 均处于发散增长状态，其中江浙发散增长程度较小。因而，表 4—8 报告数据值只是从长期反映垄断竞争模型变量协整关系要求，从短期看会有差异。

表 4—8　产业集聚的索洛剩余递增效应的协整分析

	协整关系	*LA* 与 *LLK*、*LL*			
上海	变量	*LA*	*LLK*	*LL*	*VECM* 滞后阶数
	弹性系数	1	1.46***	−0.11*	
	T 统计量		−9.17	1.69	(1，2)
江苏	变量	*LA*	*LLK*	*LL*	*VECM* 滞后阶数
	弹性系数	1	0.34***	−0.05***	
	T 统计量		−18.87	5.43	(1，1)
浙江	变量	*LA*	*LLK*	*LL*	*VECM* 滞后阶数
	弹性系数	1	0.34***	−0.06***	
	T 统计量		−12.71	4.48	(1，1)

根据（4）式，可以有（26）式。将表 4—8 报告数值代入（26）式可知江浙沪区域经济存在明显的规模报酬递减，但索洛剩余递增。① 原因在于，长三角集聚经济圈集聚区域经济的高速增长和激烈的产业竞争既改变了区域劳均产出的边际消费倾向和储蓄率，又限制了区域由于技术进步而新增生产能力的实现，这样区域资本以及劳动力等生产要素是否得以充分利用，是促使统计结果与理论分析存在差异的关键。显然，沪苏浙三地激烈的市场竞争导致区域劳均资本大幅增长，而次区域在发散增长的同时，劳动力要素投入使用不足。集聚经济圈集聚区域不存在递增规模报酬的论证，从根本上否定了新经济地理学和新贸易理论使用的"先验的"规模报酬递增假定。②

---

① 表 4—8 报告的劳动投入、劳均资本各自与索洛剩余的协整关系中，上海劳动投入回归系数的显著性实际略低于 10%。如果按不显著考虑，则上海的产业集聚长期看来规模报酬不变。这不是常态，所以本研究依然认为，上海劳动投入、劳均资本与索洛剩余的协整关系回归，劳动投入在 10%水平上显著。

② 新经济地理学的理论基石之一是规模报酬递增，其理论基石源于新贸易理论规模报酬递增的"先验假定"，认为国家之间之所以会存在贸易是因为存在规模报酬递增。产业集聚区域制造品的输出过程，实质是对外贸易过程。产业地方化和集聚，是对外贸易的源泉。因而，对新经济地理学规模报酬递增"先验假定"的否定，也就意味着对新贸易理论规模报酬递增"先验假定"的否定。

$$Y = A'_0 k^{\gamma_1} L^{\gamma_2} K^{\alpha} L^{\beta} \tag{26}$$

彭国华（2005）研究了索洛剩余对地区收入差距的决定作用，认为索洛剩余的收敛导致了收入的收敛。根据本研究有关垄断竞争的理论和实证分析，可以发现集聚经济圈集聚区域索洛剩余内生于集聚区域的要素集聚与技术进步，地区收入差距的产生既取决于产业结构又取决于产业竞争力，产业竞争力越强，市场需求越大，γ 值越高，区域经济的稳态增长水平就越高，甚至可能像沪苏浙一样处于发散增长状态。所以，不存在绝对的绝对收敛和条件收敛，在相对不是很长时期的增长收敛只具统计意义；欠发达的集聚程度相对较低的区域实现向集聚程度较高的发达区域收敛的关键在于促进区域技术进步、提升区域产业层次和产业竞争力。①

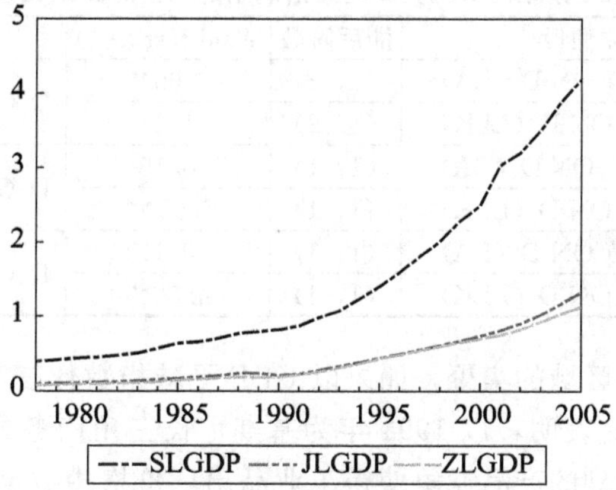

图 4—7 沪苏浙劳均 GDP 状态图

说明：（1）SLGDP、JLGDP、ZLGDP 分别表示上海、江苏、浙江 1978 年为基期实际劳均 GDP，单位：亿元/万人：（2）图示横坐标表示年份时间，纵坐标表示劳均 GDP。

表 4—9 报告的长三角集聚经济圈集聚区域劳均资本与索洛剩余的格兰杰因果关系显示，上海表示技术进步变化和产业结构升级的劳均资本变化构成索洛剩余变化的格兰杰原因，而江苏和浙江索洛剩余的变化则构成劳均资本变化的格兰杰原因。这说明上海的技术进步和产业结构升级是索洛剩余递增的原因，而江苏和浙江索洛剩余递增是技术进步和产业结构升

① 钱纳里（Chenery et al，1986）引用了卡尔多（Kaldor，1961）和维尔多恩（Verdoorn，1949）的观点，认为全要素生产率变化是总产出变化的函数，而不管它是如何获得的；其主要运用多国 20 世纪 50—60 年代数据研究产出变化与索洛剩余的关系，研究发现发达国家的产出与索洛剩余增加有显著正相关关系，而发展中国家两者关系不明显。限于当时条件，其没有考虑异方差和回归的外生性，所以回归结果还存在可以讨论的空间；但其研究结果似乎支持本研究有关发达经济体相对欠发达经济体而言具有更高产业竞争力的结论。

级的原因。格兰杰因果关系和理论分析的不一致性似乎不能否认本研究有关索洛剩余递增与技术进步互为因果关系的理论分析，因为长三角次区域内部各种经济力量发挥的作用各不相同。具体来说，比如在江苏和浙江主要是区域劳动密集型产业有力的竞争力，促使区域产业朝着高级化和合理化的方向发展，从而实现区域的技术进步，增加区域差异化优势；而上海则主要是区域产业的高级化与合理化引起区域技术进步，增加区域差异化优势，从而提升区域产业的竞争力。所以，区域产业结构的变化和绩效对区域经济的影响，可能掩盖区域按照原来面目展现出来的统计关系的显著性：或许理论的一般性恰恰通过次区域的特殊性体现出来。

表 4—9　　长三角地区劳均资本与索洛剩余的格兰杰因果关系

地区	原假设	滞后阶数	Wald test（χ^2）	Causality
上海	D（LLK）ON D（LA）	（1，2）	7.60**	D（LLK）→D（LA）
	D（LA）ON D（LLK）	（1，2）	1.34	
江苏	D（LLK）ON D（LA）	（1，1）	0.15	D（LLK）←D（LA）
	D（LA）ON D（LLK）	（1，1）	7.95***	
浙江	D（LLK）ON D（LA）	（1，1）	0.11	D（LLK）←D（LA）
	D（LA）ON D（LLK）	（1，1）	4.00**	

由于产业在区域的集聚，如果以 GDP 平减指数代表区域商务成本变化情况，图 4—8 表明，以 1994 年为基期，长三角商务成本已经大幅上涨，而区域内激烈的产品竞争使得工业品出厂价格指数至 2005 年并未有明显变动，用工业品出厂价格指数除以 GDP 平减指数，可以得到反映次区域企业整体获利情况的指数，显然，长三角企业整体获利情况存在递减趋势。所以，集聚经济圈产业集聚地区产业集聚到一定程度，就会产生产业一方面继续集聚，另一方面产业开始扩散这样一种状态。长三角自 20 世纪 90 年代后期以来，开始向海内外进行较大规模的产业转移。这里，根据长三角 28 个加工制造业产出占全国的份额，对其产业集聚情况进行了 Kernel 密度估计。[①] 图 4—9 显示 2001、2003、2005 年长三角 Kernel 密度图峰值逐次下降且向右移动，显示长三角部分产业的产出和产能已出现了向其他区域扩散的现象。

① 长三角金属矿藏资源贫乏，其工业优势主要在于加工制造业，所以这里只给出其加工制造业的核密度图。之所以给出的是长三角整体的核密度图是因为考虑到可能存在产能在次区域转移的现象，所以从长三角整体考虑，更能揭示长三角地区由于地区产业集聚引起商务成本上升而出现向区域外转移产业的现象。

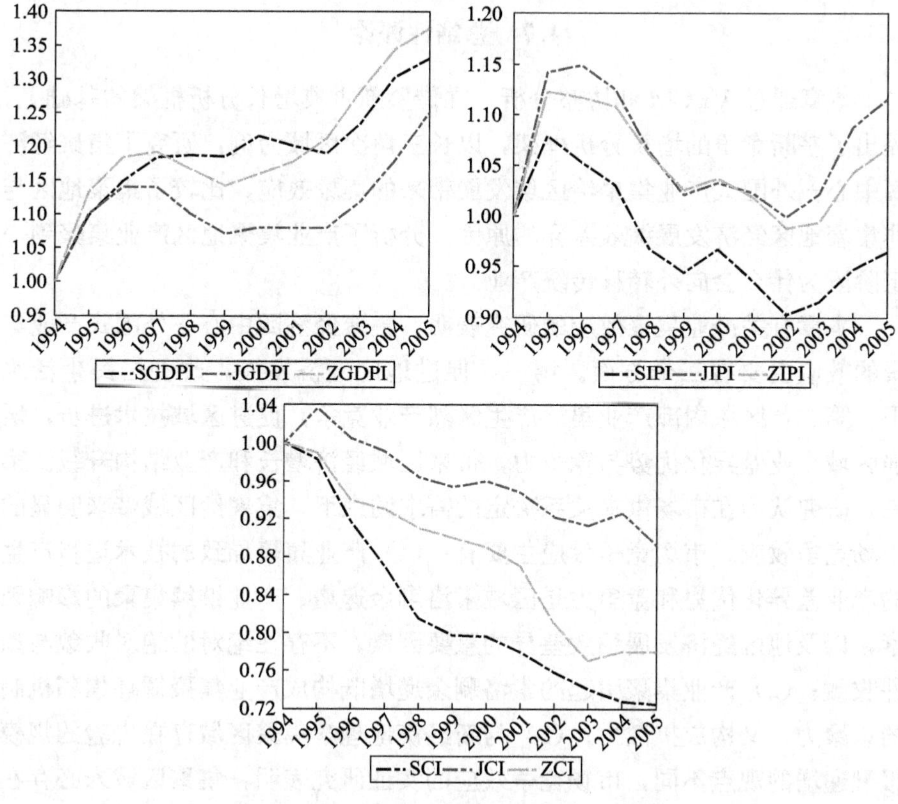

图 4—8 长三角次区域集聚企业盈利指标图

说明：(1) SGDPI、JGDPI、ZJDPI 分别表示上海、江苏、浙江 GDP 平减指数；(2) SIPI、JIPI、ZIPI 分别表示上海、江苏、浙江工业品出厂价格指数；(3) SCI、JCI、ZCI 分别表示上海、江苏、浙江整体企业盈利指数；(4) 图示横坐标表示年份时间，纵坐标分别表示相应指数。

资料来源：相关年份《上海统计年鉴》、《江苏统计年鉴》、《浙江统计年鉴》。

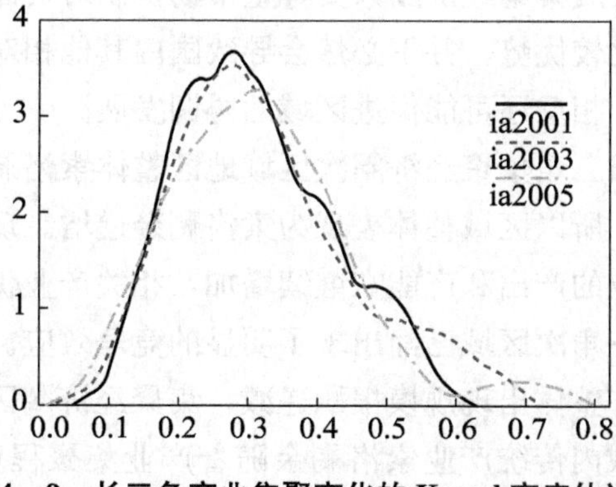

图 4—9 长三角产业集聚变化的 Kernel 密度估计图

资料来源：相关年份《上海统计年鉴》、《江苏统计年鉴》、《浙江统计年鉴》、《中国统计年鉴》。

4.7　总结性评论

本章通过 VECM 和协整分析，在借鉴新古典增长分析框架的基础上，提出了垄断竞争的增长分析框架，以长三角次区域为例，研究了集聚经济圈中心—外围式产业集聚给区域发展带来的集聚效应，比较了集聚地区与非集聚地区经济发展绩效差异的原因，分析了产业集聚地区产业集聚到一定阶段为什么会向外转移传统产业。

本章有关产业集聚效应的研究表明，集聚经济圈中心—外围式产业集聚的效应主要有三个方面。第一，促进地区经济发展，改善居民生活水平。第二，区域内部产业集聚产生激烈产业竞争，促进区域技术进步，增强区域产业差异化优势与竞争力，带来区域经济增长和产业结构升级。第三，研究认为在市场供求关系决定的需求约束下，集聚给区域带来明显的市场竞争效应。市场竞争效应主要有：(1) 产业集聚导致的技术进步产生的产业差异化优势和竞争力是区域索洛剩余递增、产业继续集聚的影响因素，以及地区经济发展绩效差异的重要因素，不存在绝对的绝对收敛与条件收敛；(2) 产业集聚引起的索洛剩余递增既构成产业集聚循环累积机制的集聚力，又构成扩散力；(3) 与新经济地理学集聚区域存在先验的规模报酬递增的观点不同，市场竞争效应的实证研究表明：集聚区域未必存在规模报酬递增的经济。

集聚经济圈产业集聚的上述三类效应逻辑上紧密联系，不可分割。产业竞争力的增强和地区经济发展效应是技术进步效应的产物，而技术进步又是区域索洛剩余递增推动下的技术进步。

研究还表明发展集聚经济圈只要尊重市场机制对资源的配置作用，发挥国家各区域的比较优势，并不必然会导致国内其他相对欠发达地区经济发展条件的恶化，相反还可能促进区域的协调发展。

总的看来，长三角集聚经济圈次区域地区整体索洛剩余递增的力量超过了递减的力量，所以区域整体表现为索洛剩余递增。现阶段长三角集聚经济圈次区域产业的产出和产能在继续增加，相关产业仍在继续集聚，但是产业集聚在长三角次区域已经出现了明显的竞争效应。研究表明，集聚经济圈次区域经济整体出现规模报酬递减，集聚经济圈区域内的产能并没有充分利用；区域内传统产业索洛剩余随着产业集聚程度加深逐步递减，促使集聚经济圈一些传统产业开始向集聚经济圈外转移。这一现象留给研究的思考是，在传统产业开始向外转移的背景下，长三角要保持次区域经济稳健发展，在拓展海内外市场的同时，必须在次区域实施合理的产业结构升级政策，营造创新环境，培育区域经济增长新亮点，促进区域产业实现更高水平的技术进步。

第 5 章　产业集聚的点轴增长与产业趋同

5.1　引言

集聚经济圈发展形成过程中的产业集聚不同于城市体系的生成过程，是其经济的高速增长过程，这一过程具有明显的点轴增长空间特征。其点轴增长背后的内在机理和特征是什么，还是没有被解构的“黑箱”。集聚经济圈产业集聚点轴增长对其内部城市的收入差距会产生什么样的影响，城市之间的收入差距会出现收敛还是发散，无疑是令人关注的问题。研究高速增长的集聚经济圈内部城市点轴增长与收敛规律，不仅对于收敛理论研究，而且对于总结集聚经济圈产业集聚规律，指导经济发展实践，具有重要意义。本章尝试在不平衡增长的理论视角下，基于集聚经济圈内部次区域城市比较优势变化，以及城市增长相互联系、影响，结合增长收敛的分析框架，以长三角为例，分析集聚经济圈产业集聚点轴增长的内在机理和收敛特征。

除了点轴增长特征之外，集聚经济圈发展与形成过程往往会出现的又一特征是次区域的“产业趋同”或“产业同构”。从集聚经济圈的视角考察次区域的“产业同构”，这并不是个问题，富有活力的集聚经济圈是国内外富有产业竞争力的区域，这些“同构产业”当然具有产业竞争力。但是中国长三角集聚经济圈次区域的“产业同构”一度成为“重复建设”和“恶性竞争”的代名词。集聚经济圈次区域的“产业同构”是否有其合理性，它对集聚经济圈产业集聚的绩效有什么样的影响，在发展集聚经济圈的时候是应该追求次区域产业集聚的“趋同发展”，还是应该追求“错位发展”，现有研究还缺乏集聚经济圈次区域主导或支柱产业“产业同构”的研究视角。因而，本章以长三角为例，要研究的另外一个问题是集聚经济圈次区域产业趋同发展的合理性与趋同产业发展的绩效问题。

本章认为，集聚经济圈产业集聚点轴增长以及集聚经济圈次区域产业趋同的空间特征，实质都是集聚经济圈在国内外“双重分工”的不平衡发展战略框架下，政府根据集聚经济圈要素禀赋比较优势进行干预，发挥区域比较优势的结果。因而，本章尝试基于集聚经济圈要素优势，及在要素优势基础上的分工优势和政府干预的多维分析视角，解构其产业集聚点轴增长的内在机理、收敛特征，以及其次区域产业趋同的内在规律、趋同绩效，为分析集聚经济圈产业集聚的点轴增长与产业趋同，提供一个“要素—分工—政府”的分析框架。

本章框架安排如下：第 2 节是理论分析，对集聚经济圈产业集聚点轴增长的空间特征进行点轴增长的理论分析，揭示其点轴增长的内在机理；第 3 节是指数与模型，阐述用于增长收敛经验研究的指数和模型，第 4 节结合长三角城市收入差距的测算与分析，对集聚经济圈产业集聚点轴增长空间特征进行统计描述；第 5 节通过绝对收敛与条件收敛的分析框架，实证研究集聚经济圈产业集聚点轴增长收敛的空间和时间特征；第 6 节研究集聚经济圈产业集聚演化的次区域“产业同构”的空间特征与内在机理；第 7 节研究集聚经济圈产业同构对其产业发展绩效的影响；最后是本章的总结性评论。

5.2　点轴增长的理论分析

如何促进国家或者区域经济的高速增长，国内外区域规划专家有过不少研究，比较著名的理论是点轴开发理论。点轴开发理论在国土和区域开发方面具有较为广泛的应用，其理论基石是中心地理论和增长极理论。点轴发展反映了区域或国家社会经济空间组织的客观过程和规律，体现了国家对区域经济不平衡发展规律的尊重。陆大道（2001，2002）和陆玉麒（2002）从地理学的视角，根据交通干线对经济发展的功能以及经济要素在空间的集聚、扩散要求，对点轴系统的形成和点轴增长的理论内涵进行了论述；周叔莲，魏后凯（2000）基于区域经济非均衡增长向均衡增长转变的视角，对区域经济开发的极点开发、点轴开发、网络开发进行了论述。

现有有关城市增长的理论，主要基于解构的分析方法，聚焦研究了城市的起源、成长、演化及其空间等级分布等内容（Jacobs，1969；Fujita，Krugman & Venables，1999；O’Sullivan，2000；周伟林，严冀等，2004），还没有从集聚经济圈内部次区域比较优势变化，以及城市增长相互联系、相互影响的视角去分析集聚经济圈产业集聚点轴协同增长的内在机理。区域规划理论对于点轴开发的论述既被用于分析国家的开发，又被用于分析区域的开发，研究主要集中在对集聚经济与集聚不经济以及非均衡增长理论的粗略阐述和经验描绘，没有从点轴协同增长视角去分析集聚经济圈的产业集聚与区域开发。集聚经济圈产业集聚的点轴增长不同于一般区域点轴发展和开发过程，一般点轴发展和开发过程，增长可能比较缓慢，集聚经济圈产业集聚点轴增长的论述仅指其高速增长过程。

集聚经济圈由发达的城市群体系构成，城市构成集聚经济圈的次区域，城市体系则通过其交通干线构成集聚经济圈的点轴系统。集聚经济圈的产业集聚与高速增长过程是其次区域城市点轴增长过程，点轴增长可以以比较优势理论为内核，用不平衡增长理论来进一步进行解读：这既包括在不平衡发展战略下，国家内部集聚经济圈的高速增长和产业集聚给国家内部带来的区域不平衡增长特征，又包括在集聚经济圈内部具有“异质性”比较优势的要素在次区域城市非均衡分布，给经济圈内部次区域带来的非均衡增长特征，还包括政府在集聚经济圈点轴高速增长与产业集聚过程中所起的作用。

从国家内部考察，集聚经济圈的高速增长，首先是基于世界各国产业分工格局的不平衡发展战略，其次是基于国内地区比较优势分工的不平衡发展战略。国家实施不平衡发展战略、尊重区域的比较优势，是集聚经济圈高速增长的前提。国家或者区域经济的高速增长过程是区域内部非均衡增长的过程，构成这一非均衡增长的内在原因在于国家或者区域内具有竞争力的产业或者要素的空间非均衡分布，以及国家或者区域内部用于发展经济资源的稀缺性。

集聚经济圈内部的不平衡发展战略，如同国家内部的不平衡发展战略，也受限于经济圈内部用于发展经济资源的稀缺性以及要素禀赋空间分布的非均衡性。从集聚经济圈内部考察，其内部次区域城市之间的要素禀赋优势或者产业优势具有一定的“异质性”，其点轴系统中一些城市由于所处地理位置、交通干线、历史累积等因素具有相对于其他城市而言更高层次的要素或者产业优势。这些城市在集聚经济圈的产业集聚与高速增长过程中，由于具有较好的要素禀赋和发展条件，成为了集聚经济圈的增长极或增长中心。这些增长极在集聚经济圈的产业集聚与高速增长过程中有着与其他城市相比更高的增长速度，其他城市在增长极或者增长中心高速增长产生的产业关联、市场关联的带动下，发挥比较优势，也体现出一定速度的协同增长。因而，集聚经济圈点轴系统高速协同增长是经济圈内部次区域城市，各自根据“异质性”比较优势差异因地制宜、合理分工的结果。

可通过生产函数来刻画集聚经济圈次区域城市生产要素比较优势的差异或者“异质性”。考虑一个索洛模型 $y=AK^aL^b$，如果按新古典增长理论的假定，资本和劳动要素同质，那么次区域城市要素禀赋的异质性差异体现在测度技术水平差异的 A 值上，存在要素禀赋异质性差异的城市会有不同的 A 值。如果用生产函数 $y=K^aL^b$ 来刻画，假定不同城市要素禀赋的技术差异内生于劳动和资本差异之中，则在不同城市对于相同数量的劳动或资本而言，可以有不同的 a 值、b 值；表示不同城市由于要素禀赋的差异其产业竞争力存在差异：具有优质要素的区域相比一般区域而言，相同的要素投入能够产生更多的产出。

在不平衡发展战略下，集聚经济圈内部点轴协同增长的模式具有一定的偶然性特征。一方面，政府合理的政策干预、强力推动和政策支持，对于发挥集聚经济圈次区域城市的比较优势，促进点轴增长具有重要作用；另一方面，政府的政策调控、干预重点和方式的差异，可能使得集聚经济圈内部次区域城市点轴增长的模式具备一定偶然性特征。缺乏政府政策支持时，集聚经济圈内部高速增长的次区域城市，可能由于城市主导产业市场需求的相对饱和或者产业结构的转型升级而增长速度放缓，而其他次区域城市可能由于接受次区域外的产业转移和比较优势的创造而呈现高速增长。存在政府政策支持或者合理干预时，集聚经济圈增长趋于缓慢的原来高速增长的次区域可能受到政策的刺激，重现高速的增长。此外，由于政府的干预，在集聚经济圈内部相对较为缺乏要素优势的次区域可能率先出现高速的经济增长，比如中国珠三角的深圳。深圳 1979 年常住人口 31.41 万人，GDP 总量经历 1979～2009 三十余年年均 26.36％的高速增长后，常住人口 2008 年已达 876.83 万人。改革开放以来，深圳增长速度雄视整个珠三角地区，由昔日小县城成为一座现代化的大都市，中央和广东省地方政府的政策支持充当了深圳速度的外部推手。然而，政府的干预必须以尊重集聚经济圈整体要素禀赋的比较优势为前提，改革之初在脱离珠三角的某个缺乏比较优势的西部地区次区域进行干预，不可能可以取得像珠三角和深圳一样的效果。偶然性里蕴藏着必然性：深圳速度离不开整个珠三角集聚经济圈为其提供的高速增长的要素禀赋支撑，没有珠三角要素禀赋的比较优势，就没有惊艳世界的深圳速度。

在集聚经济圈点轴协同高速增长与产业集聚的初期，其点轴系统内部城市可以分为三类：区域内部承担多种职能作为区域经济、政治、文化中心的工业化程度相对较高的大城市称为核心城市；具有相对较好产业优势和发展条件的高速增长的增长极城市称为强节点城市；其他一般城市称为节点城市。集聚经济圈强节点城市与节点城市划分，只是依据城市经济的增长速度。而经济圈产业集聚过程受到区域内部城市工业化进程、产业竞争优势与政府政策的影响：当城市产业的竞争优势或政策环境发生变化时，其增长速度会发生不同以往的变化，节点城市与强节点城市的地位可能发生转化，同时集聚经济圈内部城市之间的收入差距、增长收敛特征都可能随之变化。核心城市、強节点城市、节点城市的划分具有相对性：核心城市划分容易明确①，强节点城市、节点城市由于不同集聚经济圈比较优势、工业化进程、样本研究时期选择的差异，在强节点、节点城市增长速度的划分标准上就会存在差异。但核心关键是强节点、节点城市增长速度划分标准的确立，必须体现和突出强节点城市的增长中心或者增长极的地位，至于增长速度的划分标准到底定在多少，既可以因集聚经济圈的不同而异，还可以因集聚经济圈高速增长阶段的不同而异。

集聚经济圈在国家内部的产业集聚点轴增长过程可以用图 5—1 进行描绘。图 5—1 核心城市、强节点城市、节点城市三角部分组成集聚经济圈，其在政府的合理干预下发挥区域内部各城市的比较优势，吸引经济圈外围要素流入，同时各类城市通过产业关联和市场关联促进彼此的经济增长和产业集聚，形成国家经济参与国际竞争强有力的竞争中心。

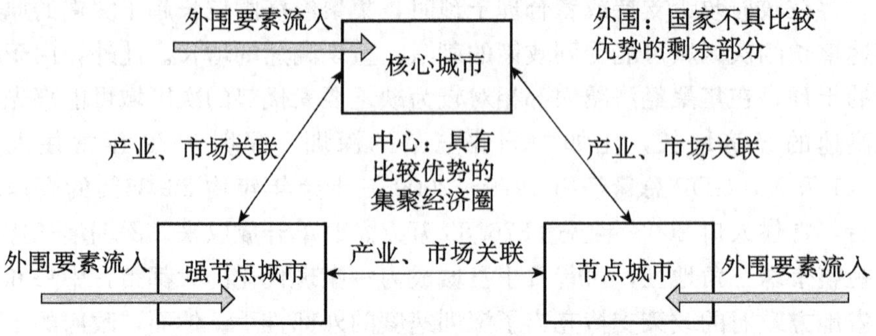

图 5—1　集聚经济圈基于比较优势的集聚图

集聚经济圈点轴系统各城市异质性比较优势的差异导致了其内部城市竞争力的差异，各城市相关产业在世界市场竞争力的强弱和其产品市场空间增长的快慢决定其增长速度的差异。在集聚经济圈产业集聚过程中，如果核心城市具有相对更高的人均收入水平，强节点城市高速增长产业产生的强烈市场竞争力可能使得强节点城市在追赶区域的核心城市方面，产生

① 核心城市的划分也仅指二三十年的较短时期，从世界范围城市发展史考察，一些重要的地区核心城市经济功能可能会衰退，丧失核心功能，另一些非核心城市会崛起成为核心城市。

经济增长的收敛；同时，强节点城市高速增长带来的点轴增长效应，使其在地区内部逐渐具有相对更高的人均收入，并改变其与节点城市之间收入差距。这使集聚经济圈内部产业集聚的点轴增长是一种非均衡增长，其内部城市之间收入差距的存在具有必然性，它反映经济圈内部城市的点轴增长特征。研究集聚经济圈内部城市之间的增长收敛，如果将其内部城市按核心城市、强节点城市与节点城市进行不同分组研究，会得出不同有关增长收敛的结论。

集聚经济圈内部城市产业集聚点轴增长收敛的研究，不仅受其内部城市空间样本选择的影响，而且受其经济增长研究时期选择的影响。集聚经济圈内部强节点城市历经高速增长之后，这些城市由于产业市场需求的相对饱和以及内部产业结构的转型，增长速度可能放缓，变为一般节点城市；而以往的节点城市由于工业发展阶段或区域内部产业在世界市场相对竞争优势的变化可能进入高速增长时期，成为经济发展的强节点城市。选择不同的研究时期，可能使得集聚经济圈城市之间的收入差距、增长收敛特征与以往不同。

综上，集聚经济圈内部城市产业集聚点轴增长的收敛，无论是从空间还是从时间维度来看，选择不同样本，就会得出不同结论；其内部城市的增长收敛过程反映其产业集聚的点轴增长特征，不存在绝对的绝对收敛与条件收敛。

5.3　指数与模型

这里用基尼指数和泰尔指数，对长三角集聚经济圈次区域城市要素禀赋和比较优势差异导致的收入差距与增长收敛的变化进行统计描绘，揭示集聚经济圈点轴协同增长特征。采用基尼指数和泰尔指数的对比，判断长三角人均收入地区差距变化的转折点年份。由于基尼指数地区收入差距的不可分解性，对人均收入地区差距的分解采取泰尔指数方法。另外，研究还用泰尔指数来研究 δ—收敛。

基尼指数计算公式如（1）式、（2）式所示，y_i 是按递减顺序排列的集聚经济圈次区域城市 i 地区人均收入，y 表示地区之间的平均收入。基尼指数在 0 与 1 之间变化，基尼指数越大，表示地区收入差距越大；基尼指数越小，表示地区收入差距越小。

$$G=1+\frac{1}{n}-\frac{2}{n^2 y}(y_1+2y_2+3y_3+\cdots+ny_n) \tag{1}$$

$$y=\frac{1}{n}\sum_{i=1}^{n} y_i \tag{2}$$

泰尔指数（Shorrocks，1980）的计算如（3）式所示，y_i 表示 i 地区人均收入，y 如（2）式所示，表示地区之间的平均收入。泰尔指数越大表示地区收入差距越大，指数越小表示地区收入差距越小。

$$I(0)=\frac{1}{n}\sum_{i=1}^{n}\log\frac{y}{y_i} \tag{3}$$

集聚经济圈分组城市的增长收敛的统计描述可以通过泰尔指数的地区分解来刻画。人均收入地区差距的分解根据施瓦茨（Schwarze，1996）提供的（4）式对泰尔指数进行分解。[①] P_g 表示第 g 组人口在总人口中的份额，$I\ (0)_g$ 表示第 g 组的泰尔指数，V_g 表示第 g 组收入在总收入中的份额。（4）式第一项表示各组组内人均收入的差异，第二项表示各组组间人均收入的差异。

$$I(0)=\sum_{g=1}^{G}P_g I\ (0)_g+\sum_{g=1}^{G}P_g\log\frac{P_g}{V_g} \tag{4}$$

可以将（4）式部分 $P_g\log\dfrac{P_g}{V_g}$ 进一步改写为（5）式：

$$J_k=P_g\log\frac{P_g}{V_g}=P_g\log\frac{\mu}{\mu_k},k=1,2,3 \tag{5}$$

（5）式中的 μ 表示样本总体之间的收入平均，μ_k 表示样本分组的组内收入平均。（5）式可分别表示样本总体与分组样本之间平均收入的对数离差加权。$J_k>0$ 且不断变大，表示样本总体平均大于分组平均，且越来越大；$J_k<0$ 且不断变小，表示样本总体平均小于分组平均，且越来越小。否则，表示样本总体平均等于分组平均。

本章按照（6）式（Miller & Upadhyay，2002）研究收敛的方法，对集聚经济圈点轴协同增长的空间特征进行实证分析。

$$d(\ln y)=\ln y_t-\ln y_{t-1}=\alpha+\beta\ln y_{t-1}+\varepsilon_t \tag{6}$$

（6）式收敛分析方法用截面数据可以分析绝对收敛，用面板数据可以分析条件收敛。不考虑随机扰动项，（6）式更为一般的形式是（7）式，求解（7）式经常微分方程可以得到（8）式，τ 代表时间初始点 t_1 和结束点 t_2 的时间间隔。（8）式进一步变形和简化可以得到（9）式。（7）、（8）、（9）式表示，如果对数人均收入 $\ln y_t$ 对时间 t 可导，且满足（7）式，$\lambda>0$；那么 $\beta<0$，随着时间的推移，$\ln y_t$ 最后收敛至 $\ln y^*$。如果（7）、（8）、（9）式中的 $\lambda\leqslant0$；那么 $\beta\geqslant0$，随着时间的推移，$\ln y_t$ 趋向于

① 这里泰尔指数的计算取自然对数。

发散增长。①

$$\frac{\mathrm{d}\ln y_t}{\mathrm{d}t}=\lambda(\ln y^*-\ln y_t) \tag{7}$$

$$\ln y_{t2}-\ln y_{t1}=(1-\mathrm{e}^{-\lambda\tau})(\ln y^*-\ln y_{t1}),\tau=t_2-t_1 \tag{8}$$

$$\frac{\ln y_{t2}-\ln y_{t1}}{\tau}=\frac{(1-\mathrm{e}^{-\lambda\tau})}{\tau}\ln y^*-\frac{(1-\mathrm{e}^{-\lambda\tau})}{\tau}\ln y_{t1}$$
$$=\alpha+\beta\ln y_{t1},\qquad \tau=t_2-t_1 \tag{9}$$

第 4 章垄断竞争增长模型认为地区经济是处于增长收敛还是发散取决于产业的竞争力，而地区产业的竞争力又取决于地区产业要素禀赋的异质性差异和比较优势。因而，根据（6）式回归分析集聚经济圈次区域城市点轴协同增长的增长收敛，并不需要新古典理论要素同质性和边际报酬递减的假设，可放弃这一假定。进而，λ 和 β 不是反映地区是否存在要素报酬递减的参数，从统计的经济学含义来讲，它反映地区要素禀赋异质性优势与产业竞争力情况。$\lambda>0$，$\beta<0$ 或者表示地区产业的竞争优势正在走弱，区域增长势头逐渐下降，或者表示区域间由于产业优势的变化出现了经济体之间的收敛。$\lambda\leqslant0$，$\beta\geqslant0$ 或者表示地区产业的竞争优势正在增强，区域增长势头强劲，或者表示区域间不存在经济体之间或经济体的收敛。根据（6）式研究增长收敛，也不需要知道人均收入的生产函数形式，不需要假定存在生产要素构成的类似索洛模型的生产函数形式，唯一的假定是人均收入对数形式在时间维度可导。

5.4 城市收入差距的测算与组间分析

根据集聚经济圈产业集聚点轴增长的逻辑，长三角两省一市的产业集聚将如何改变次区域城市之间的收入差距是研究关心的问题。这里以长三角 25 城市的人均收入，研究长三角产业集聚过程中的增长收敛特征；数据来源于相关城市的统计年鉴、《浙江省统计年鉴 2010》、《江苏省统计年鉴 2010》、《浙江 60 年统计资料汇编》、《数据见证辉煌——江苏 60 年》。

由于部分城市统计年鉴没有提供 1978～2009 年间人均 GDP 指数，或者缺乏 1978～2009 年间完整时间系列的人均 GDP 指数，研究采用各城市相关年度实际 GDP 除以户籍人口数，计算相关城市的人均 GDP 作为人均收入。

图 5—2 显示了改革开放以来至 2009 年长三角集聚经济圈基尼指数与

① $\lambda=0$，是指经济体永远不会收敛到其理论上的均衡点，因而可以称为发散增长。

泰尔指数的变化，表明长三角整体 1992 年之前，地区收入差距在缩小，之后出现了逐渐扩大的趋势，但在 2004 年之后又出现了缩小的趋势。然而，基尼指数、泰尔指数 2009 年与 1978 年相比没有明显减少，表明长三角地区的产业集聚与高速协调增长是以“地区不平衡发展为内核”的增长。长三角地区收入差距与城市之间增长收敛的这一特征，与浦东开发和中国政府在 1992 年之后的市场化改革有关，市场化改革和浦东开发强化了长三角集聚经济圈内部具有绝对产业竞争优势城市的竞争优势，使得区域内部这些城市在长三角的优势进一步加大，从而产生收入差距重新扩大的现象。

基于基尼指数与泰尔指数的分析可知，长三角 1992 年之前与之后的增长收敛具有不同的特征，1992 年之前为 δ 一收敛，1992 年之后为发散。根据后续研究需要，研究将长三角 1978～2009 年这段时间，以 1993 年为分隔点区分为两个研究时期。

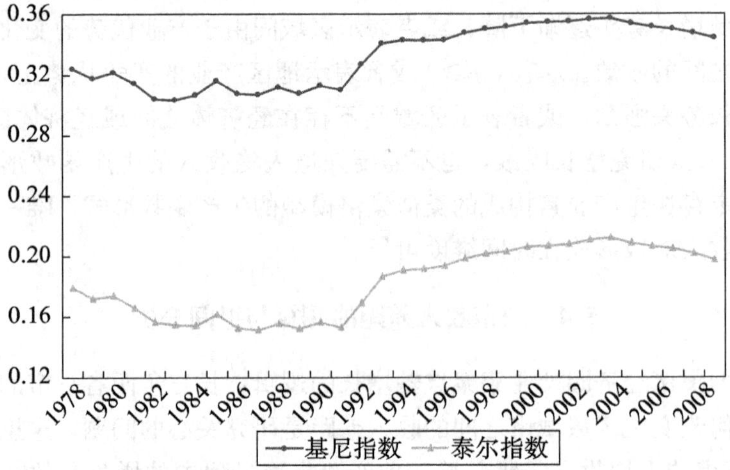

图 5—2 长三角地区基尼指数与泰尔指数

下面根据（4）式泰尔指数算法，对长三角地区收入差距进行分解。此处，将长三角的省会城市南京、杭州与直辖市上海作为集聚经济圈核心城市，分为一组（$g=1$）；这几个城市除了承担经济增长的功能外，还承担着各自政治、经济、文化中心的职能，同时都具有较为良好的工业基础。如表 5—1 所示，长三角集聚经济圈改革开放以来至 1993 年，人均实际 GDP 增长速度最快、增量与基数之比 R_1 大于 4 的城市有苏州、无锡、常州、镇江、扬州、绍兴、宁波、温州、台州、金华 10 个城市，这里将其划分为一组（$g=2$），称之为强节点城市；而将长三角相对强节点城市增长较慢的南通、泰州、徐州、宿迁、盐城、连云港、淮安、嘉兴、湖州、舟山、衢州、丽水等 12 个剩余城市称之为节点城市，划归为另一组（$g=3$）。①

表 5—1　　城市增长速度的空间比较

城市	$L_{GDP1978}$	R_1	R_2	城市	$L_{GDP1978}$	R_1	R_2
上海	0.248	1.843	3.949	泰州	0.031	3.950	4.527
杭州	0.056	5.055	4.549	宿迁	0.029	2.352	4.395
南京	0.082	2.840	4.326	宁波	0.044	6.054	5.045
无锡	0.068	6.753	5.037	嘉兴	0.046	3.684	5.005
徐州	0.033	2.553	4.613	湖州	0.040	3.662	3.989
常州	0.060	4.841	4.493	绍兴	0.030	5.949	5.374
苏州	0.063	6.265	5.251	舟山	0.045	2.098	5.439
南通	0.041	2.835	5.784	温州	0.024	5.836	5.144
连云港	0.032	1.788	3.722	台州	0.022	6.186	4.693
淮安	0.030	1.919	4.413	金华	0.026	4.908	4.530
盐城	0.027	2.535	5.074	衢州	0.031	2.379	4.130
扬州	0.036	4.445	4.434	丽水	0.022	2.334	4.163
镇江	0.052	4.703	5.116				

说明：(1) Lgdp 表示以 1978 年为基期长三角各城市人均的实际 GDP，单位：万元/人；(2) $R_1=(L_{GDP1993}-L_{GDP1978})/L_{GDP1978}$，$R_2=(L_{GDP2009}-L_{GDP1994})/L_{GDP1994}$。

根据以上分组，可以得到图 5—3 所示长三角泰尔指数的构成分解。②图 5—3 表明，1978 年改革开放之初，组间收入差距对泰尔指数的贡献是 62.6%，之后至 2009 年前后一直在 60%左右上下变化。泰尔指数分解表明，1978～2009 年，组间差距依然是长三角地区收入差距的主要源泉，核心城市的组内差距在缩小，强节点城市的组内差距总体变化不大，节点城市的组内差距在增加。这一现象主要由于各城市比较优势的差异和对市场机遇的把握不同，使得核心城市、强节点城市、节点城市各组的组内差

① 强节点城市与节点城市的划分主要依据划分城市人均 GDP 增长的速度，前期的标准此处设定为 4，事实上强节点城市增长速度 1978—1993 增长速度最低的扬州市年均增长速度为 11.96%，高于中国同期年均 9.68%的增速。由于工业化进程和城市比较优势相对的变化，前期高速增长的强节点城市在后期可能由于比较优势的变化和产业转型而增长减慢，变为节点城市。考虑到使用概念的稳定性，长三角集聚经济圈强节点城市与节点城市的划分，只考虑 1993 年之前的增长的情况；1993 年之后虽然有的节点城市与强节点城市的划分发生了变化，也不予讨论。

② 分解方式是用组内泰尔指数或组间泰尔指数去除整体的泰尔指数，得到组内和组间收入差距对地区差距的贡献。

距的变化具有不同特征。

表 5—1 也表明，长三角的产业集聚具有显而易见的点轴增长特征。1993 年之前，剔除上海、南京与杭州等核心城市之后，苏州、无锡、常州、镇江、扬州、绍兴、宁波、温州、台州、金华 10 个城市基于各自的轻纺工业等产业比较优势，契合了中国由重工业发展战略向轻工业发展战略转型的机遇，取得了与剩余城市相比相对较快的增长速度。长三角的产业集聚因此体现出明显的地区不平衡增长特征。

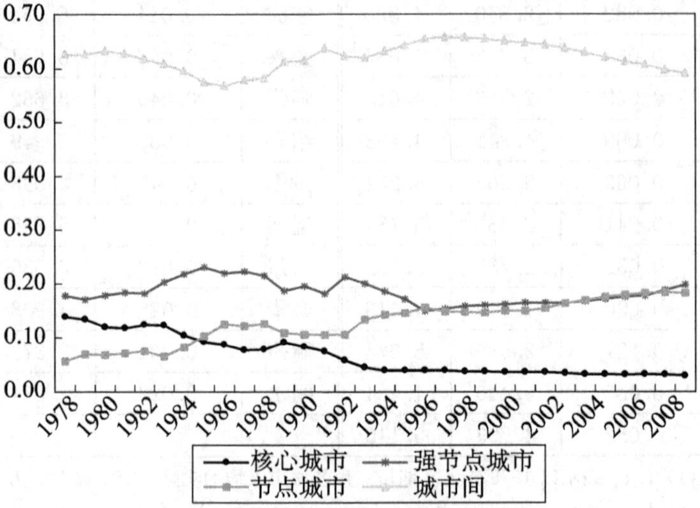

图 5—3　长三角泰尔指数的分解

此外，根据表 5—1 报告的 1993 年之前与 1993 年之后的 R_1 与 R_2 数值的对比，1993 年之后，长三角除了上海、南京、徐州、连云港、淮安、盐城、南通、镇江、泰州、宿迁、嘉兴、湖州、舟山、衢州、丽水 15 个城市之外，其他长三角城市 R_2 反映的增长速度与 R_1 相比均出现了下降，这表明长三角城市的增长有其阶段性，前一阶段增速较快的城市由于传统产业市场需求、区域产业发展承载空间的相对饱和及步入城市产业结构转型期，城市增长出现相对减速。

通过（5）式，可以得到图 5—4 描绘的核心城市、强节点城市、节点城市各自与长三角整体城市平均收入增长收敛和发散程度的数据。图 5—4J_1 折线图表明 1978～2009 年长三角整体城市与核心城市平均收入差距大幅缩小，这主要是强节点城市与节点城市的收入增长快于核心城市引起。J_2 折线图表明 1978～2009 年长三角整体城市与强节点城市平均收入差距先缩小，后拉大；1985 年以后长三角整体平均收入开始小于强节点城市的平均收入。J_3 折线图表明 1978～2009 年长三角整体城市与节点城市平均收入差距大幅拉开，这主要是节点城市增长速度领先核心城市不如强节点城市增长速度领先节点城市显著所致。J 折线图是长三角整体城市与各组平均收入对数离差值的加权之和，表明 1978～2009 年总体上组间收入差距变化程度不大。

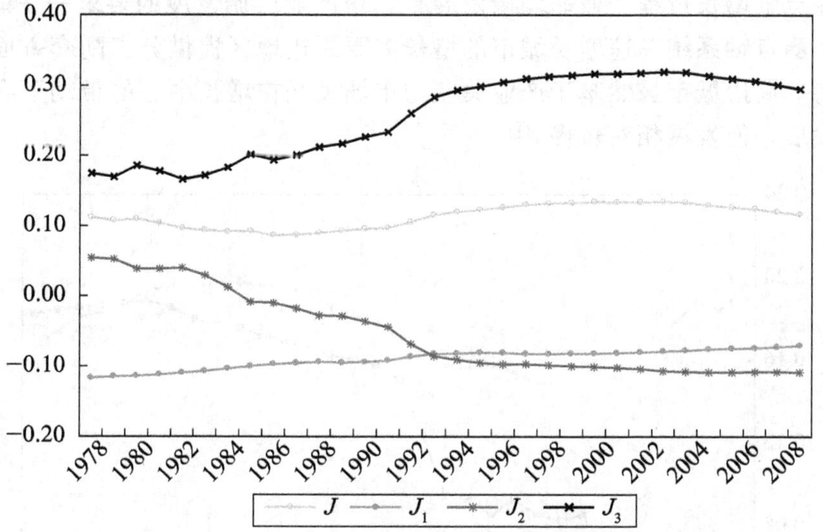

图 5—4 泰尔指数组间差距对数离差加权图

可将分组城市重新组合，将核心城市与强节点城市、核心城市与节点城市、强节点城市与节点城市重新组合为新三组，通过计算 1978～2009 年各自组内泰尔指数，揭示重新分组后的组内收入差距变化。泰尔指数计算如图 5—5 所示：I_1 表示核心城市与强节点城市重新组合的组内收入差距 1978～2009 年逐渐减少，但 1994 年之后组内收入差距变化不大，这应该和 1992 年之后上海浦东开发对核心城市的增长带动有关；I_2 表示核心城市与节点城市重新组合的组内收入差距 1978～2009 年总体减少，1992 年之前总体减少，之后扩大，2001 年之后开始减少，显然浦东开发对核心城市的带动也影响了核心城市与节点城市组内收入差距的变化；I_3 表示强节点城市与节点城市重新组合的组内收入差距 1978～2009 年逐渐拉大。重新分组的泰尔指数变化揭示了长三角点轴增长重新分组后组内收入差距 δ—收敛的收敛和发散特征，表明集聚经济圈不同城市分组和空间样本的选择不同，收敛和发散特征也就不同。

长三角点轴增长过程中，虽然核心城市与强节点城市、核心城市与节点城市收入差距缩小是长三角组间以及地区总体收入差距缩小的因素，但强节点与节点城市组间收入差距的拉大，是促使长三角内部组间差距变化相对较小的因素。因此，长三角的产业集聚是以地区不平衡为基础的产业集聚，即使在集聚经济圈内部，产业集聚的过程也并不意味着均衡发展，经济发展过程中地区收入差距的存在有其合理性，集聚经济圈点轴增长过程产业非均衡发展是集聚产业协调发展的要求——集聚经济圈点轴系统高速增长城市的增长需要周边地区提供分工配套方面的支持，周边城市虽然基于产业关联与市场关联在增长中心的带动下有一定发展，但发展相对较慢。①

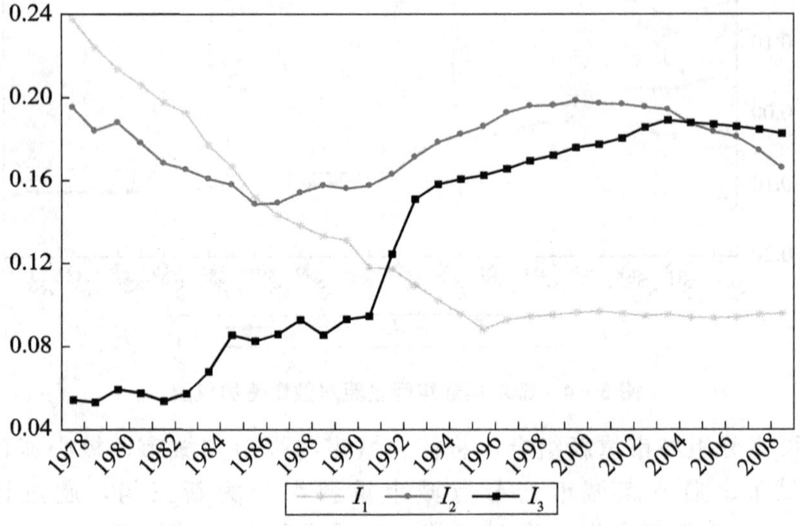

图 5—5 不同组别城市组合泰尔指数图

5.5 增长收敛的实证分析

5.5.1 研究方法

在检验绝对收敛的过程中，为了克服商业周期对研究的影响，本研究

① Christaller（1933）的中心地理理论认为高一层次的区域中心总是由相对低一层次的 3 个次区域中心构成。Christaller 的高一层次区域中心由多少个次区域中心构成可能存在争论，但其结论无疑表明一个事实，就是在集聚经济圈内部高速增长城市的带动之下，其他周边城市也会出现一定速度的增长。集聚经济圈其他城市在高速增长城市的带动下出现一定程度的增长有其必然性，必然性之一在于这些城市具备了为点轴系统高速增长城市提供增长支持和接受其产业转移的产业基础，之二在于如果没有这些城市合理增长的支持，也难于出现集聚经济圈相对于其他区域的高速增长。

把长三角样本划分为时间段，利用每个时间段样本的平均值进行研究。时间段的划分没有固定标准，与里维拉和库赖斯（Rivera and Currais，2004），以及彭国华（2005）类似，研究每隔四年划分一个时间段，分别为 1978～1981，1982～1985，1986～1989，1990～1993，1994～1997，1998～2001，2002～2005，2006～2009。变量 y_{it} 是每个时间段的平均值，i 表示不同的城市，t 表示不同的时间段。鉴于基尼指数和泰勒指数揭示的 1992 年之前与之后长三角显著不同的增长收敛特征，为研究样本不同时期的不同绝对收敛与条件收敛特征，这里以 1993 年为增长收敛研究时期的分隔点。根据（9）式，在绝对收敛的研究中只需要 1978～1981，1990～1993，1994～1997，2006～2009 四个时间段的数据，其中 1978～1981，1990～1993 两个时间段的数据用于研究 1993 年之前的绝对增长收敛，1994～1997，2006～2009 两个时间段的数据研究 1993 年之后的绝对增长收敛，$\tau=12$；而 1978～1981、2006～2009 两个时间段的数据用来研究长三角 1978～2009 年全时间段的绝对增长收敛，$\tau=28$。

条件收敛表示不同的经济体有不同的经济增长稳态水平，经济体最终的增长是逼近各自的稳态水平。本研究采取长三角城市面板数据，根据（9）式研究样本内部各城市对各自稳定状态的条件收敛情况，$\tau=1$。根据（9）式研究的条件收敛回归，仅仅是各经济体向自身稳态水平的回归。所以，条件收敛研究不再使用前文经过商业平滑的数据，而是改用长三角城市每年实际人均收入的 Panel data 为研究样本，研究各城市向自身稳态水平收敛的特征。①

5.5.2　绝对收敛的实证分析

绝对收敛过程分析的是截面数据，所以不考虑回归的自相关性。表 5—2 报告了长三角城市从空间和时间维度按（9）式进行整体和分组 OLS 回归的结果，结果表明：长三角地区城市整体 1978～2009 年整个时间段，及 1993 年之前与之后两个时间段的回归不存在明显的绝对收敛。结合图 5—2 基尼指数和泰勒指数，可知长三角整体在 1978～2009 年间不存在绝对收敛的原因在于改革开放 30 年来地区差距并没有缩小，

---

①　这里不讨论俱乐部收敛，因为俱乐部收敛实质仅仅是控制“收敛样本范围”的“条件收敛”——即在俱乐部样本范围内的绝对收敛。根据本研究理论，即便是同一个俱乐部样本范围内的样本，它也会因时间维度的不同而出现不同的收敛或发散特征。这里的样本分组事实上也可以看成一个俱乐部，其对不同样本组的讨论也可以看成某种“俱乐部”形式的讨论。

1978～1993 年间虽然地区收入差距一度缩小，但 1992 年浦东开发带来的对核心城市增长的带动作用，强节点城市由于城市优势产业市场需求的相对饱和、增长相对减缓，这些因素使得长三角地区不存在增长的绝对收敛。

表 5—2　绝对收敛 OLS 回归

时间	变量	长三角	强节点城市与核心城市	节点城市与核心城市	强节点城市与节点城市
1978～2009	β_y	−0.000	−0.014***	0.000	0.017*
	t 统计量	(−0.043)	(−3.337)	(0.086)	(2.016[a])
	$\overline{R^2}$	−0.043	0.458	−0.076	0.103
1978～1993	β_y	−0.002	−0.021***	−0.001	0.021*
	t 统计量	(−0.231)	(−3.625)	(−0.245)	(1.750[a])
	$\overline{R^2}$	−0.041	0.503	−0.072	0.075
1994～2009	β_y	0.003	0.001	−0.000	0.006**
	t 统计量	(1.297)	(0.166[a])	(−0.025)	(2.780)
	$\overline{R^2}$	0.028	−0.086	−0.077	0.243
观测值	N	25	13	15	22

说明：(1) 绝对收敛分析多数回归经过 White、Breusch-Pagan-Godfrey、Gleser 等异方差检验，表明不存在异方差，个别回归 t 统计量上标"a"表示经过异方差处理（white heteroskedasticity-consistent standard errors & covariance）后的 t 统计量；(2) $\overline{R^2}$表示调整拟合优度。

长三角点轴增长特征在其分组增长收敛的 OLS 回归结果中有明确反映。1992 年之前强节点城市是长三角经济圈增长最快的区域，节点城市增速领先核心城市不明显。表 5—2 报告的强节点城市与核心城市、节点城市与核心城市 1993 年之前的分组增长收敛回归结果表明，1993 年之前节点城市与核心城市增长收敛的幅度与显著性都小于强节点城市。正因为节点城市增长的速度不及强节点城市，所以 1978～2009 年强节点城市、节点城市各自与核心城市增长绝对收敛的分组研究表明，强节点城市与核心城市之间出现了显著的绝对收敛，而节点城市与核心城市并不存在显著的绝对收敛。1993 年之后由于浦东开发对核心城市的带动和强节点城市发展的相对减速，1993 年之后核心城市与强节点城市没有出现绝对收敛。1993 年之后，虽然少部分节点城市可能由于比较优势的变化和接受发达区域的产业转移增长速度比部分核心城市还要快，但这并未形成节点城市与核心城市之间的绝对收敛。1978～2009 年、1978～1993 年、1994～2009 年三个时期，强节点城市基本增速都快于节点城市。所以，强节点城市与节点城市之间出现了比较显著的发散增长特征。

5.5.3　条件收敛的实证分析

根据（9）式运用长三角 Panel data 检验条件收敛，一个现实问题是在计量分析时选择固定效应模型还是选择随机效应模型的问题，这里按照比较普遍的做法采用固定效应模型（Islam，1995；Miller & Upadhyay，2002；彭国华，2005）。选择固定效应模型进行分析，主要基于两点理由：第一，选择固定效应还是随机效应取决于研究样本是总体还是随机抽样，如果将样本作为总体样本，则采用固定效应模型，否则采用随机效应模型（Wooldridge，2000；Greene，2000）；第二，固定效应估计量一般优于随机效应估计量，即使随机效应模型正确时，固定效应估计仍将产生可识别参数的一致估计值（Johnston & DiNardo，1997）。本研究固定效应模型系变截距固定效应模型①，回归时，自相关运用截面共同 AR（1）消除。

表 5—3 报告了长三角地区整体与分组条件收敛的研究结果，表明长三角地区无论是从整体考察还是从分组考察都不存在绝对的条件收敛。长三角次区域按照比较优势“因地制宜、合理分工”的不平衡发展战略，促成了区域内部点轴系统强节点城市的高速增长，以及核心城市、节点城市基于产业关联和市场关联在强节点城市增长带动下的协同增长。表 5—3 也表明，浦东开发和中国整体市场化改革的推动，使 1992 年之后长三角各城市维持了高速协同增长的特征；节点城市在 1992 年之后的增长加速尤其使得其与核心城市、强节点城市的条件收敛具有显著发散特征。

透过绝对收敛与条件收敛的进一步分析可以发现，长三角集聚经济圈的产业集聚具有明显的点轴增长非均衡协调发展特征，发展集聚经济圈的产业集聚，须尊重集聚经济圈内部城市的比较优势，按点轴增长发展规律进行。在集聚经济圈产业集聚过程中，其内部城市之间由于增长收敛研究的空间和时间维度不同，研究样本选择范围不同，增长收敛的研究会有不同的结论：城市或者经济体之间不存在绝对的绝对收敛与条件收敛，只存在用于增长比较研究经济体产业竞争力所发生的强弱变化。上述实证分析结论，与第 4 章垄断竞争增长模型有关区域经济增长

---

① 根据本书另外进行的研究，本书条件收敛分组样本多数符合固定效应模型。少数分组样本符合随机效应或面板混合回归（OLS）模型，但其回归结果，并不影响本书相关研究结论。因而，不同效应模型的回归差异这里不赘述。

收敛还是分散，取决于产业竞争力，不存在绝对的绝对收敛与条件收敛的观点一致。

表 5—3 条件收敛 Panel data 固定效应回归

时间	变量	长三角	强节点城市与核心城市	节点城市与核心城市	强节点城市与节点城市
1978～2009	β_y	0.005*	−0.005	0.012***	0.002
	t 统计量	(1.718)	(−1.088)	(3.281)	(0.777)
	D. W.	1.921[b]	1.886	1.939	1.929
	$\overline{R^2}$	0.179	0.176	0.170	0.168
观测值	N	750	390	450	660
1978～1993	β_y	0.020	0.033*	0.001	0.019
	t 统计量	(1.481)	(1.792)	(0.048)	(1.366)
	D. W.	1.918	1.895	1.921	1.925
	$\overline{R^2}$	0.124	0.116	0.046	0.117
观测值	N	350	182	210	308
1994～2009	β_y	0.014***	0.003	0.021***	0.016***
	t 统计量	(3.984)	(0.533)	(5.089)	(4.210)
	D. W.	1.810[c]	2.016[c]	1.664[c]	1.805[c]
	$\overline{R^2}$	0.330	0.289	0.367	0.341
观测值	N	350	182	210	308

说明：(1) 由于差分和自相关的存在，分组条件回归 1978～1993 年以及 1994～2009 年期间的样本经差分和自相关处理后观测样本为 1980～1993、1996～2009 年期间样本；(2) b 表示回归采用 cross-section whights 方法处理了异方差；(3) c 表示该回归存在 ar (1)、ar (2) 二阶自相关，D. W. 值是经过 ar (1)、ar (2) 自相关处理后的值。

5.6 集聚经济圈产业集聚演化的次区域特征与内在机理

产业趋同或产业同构是市场经济发展中的普遍现象，在同一区域内只要存在生产同类竞争产品的企业，区域在这一产业就存在同构现象。从极端的角度来讲，产业同构是否构成恶性竞争或者重复建设，并不取决于区域内存在多少生产相同产品的企业，而取决于区域内企业生产的产品是否有竞争力，如果区域内企业生产的产品没有竞争力，那么区域内就是存在唯一一家企业，它对于区域而言也是多余的。但如果区域内生产同一产品的企业在世界市场具有良好竞争力，企业数量再多，对区域而言也不存在重复建设与恶性竞争问题。

对于集聚经济圈而言，在其内部次区域城市点轴增长过程中，由于次区域城市要素禀赋的相近性，具有较好发展条件的城市之间，在高速增长的过程中不可避免地会出现产业同构的冲动。林德（Linder，1961）等有关收入结构和需求多样性理论决定产业内贸易的观点，可以解释这些城市产业同构的部分原因。另一方面在集聚经济圈内部存在工业化进程差异的城市之间，随着区域核心城市产业结构的转型升级，核心城市制造业中已处于衰退的主导产业，会出现向周边其他工业化程度相对较低的城市扩散，并成为这些城市主导产业的现象。但城市之间的产业转移不会一蹴而就，会有一个渐进过程，这就可能表现为发生产业转移的城市主导产业逐渐向支柱产业转化并逐渐衰退，而接受产业转移的城市主导产业开始崛起的过程。这在某种程度上表现为集聚经济圈次区域之间的产业同构。因此，集聚经济圈次区域之间的产业同构是集聚经济圈发展与形成过程中的一种常态，有其必然性。

并不是所有的城市都会出现产业同构，根据前文次区域城市点轴增长的逻辑，在集聚经济圈内部还需要部分城市，作为高速增长城市的相对外围，为经济圈点轴增长提供增长支持，所以次区域城市的产业同构可能只会发生在部分城市之间。产业同构不仅可能发生在集聚经济圈内部的次区域城市之间，而且可能发生在地区或者国家之间，这取决于国家或者区域之间是否存在经济发展阶段和要素禀赋的相近性，以及是否存在同构产业发展方面的分权竞争。

克鲁格曼（1991b）比较了 12 对地区/国家的产业分工指数，认为产业分工指数的值在 0～2 之间，其值越大表示分工程度越高。克鲁格曼（1991b）的研究结果如表 5—4 所示，美国地区之间和欧盟四国之间的产业分工指数很低。之后他继续比较了美国地区与欧盟国家在纺织、服装、机械与运输设备及汽车等行业分工与生产方面的差异，认为这些国家和区域存在产业的地方化差异，其中美国的产业地方化程度要比欧盟高，研究结果如表 5—5、表 5—6 所示。但是，如果仔细观察表 5—5、表 5—6 数据，可以发现德国与意大利、美国的中西部与南部在机械与运输设备方面产业差异程度不大；在汽车的生产方面，欧盟四国之间的差异也不大，美国的中西部和南部虽然有较大差异，但从产业地方化的角度来讲，美国汽车产业的 90%以上分布在中西部和南部地区，因此中西部与南部存在汽车产业的同构现象。表 5—4、表 5—5 和表 5—6 报告的欧盟四国和美国地区之间产业的趋同化发展，从国际经济学的角度分析是区域经济发展阶段相近、要素禀赋相近的结果；从区域经济发展的外部动力观察，则是各国和地区之间行政分权、基于本位利益发展的结果。

表 5—4 行业分工指数

A. 美国的地区，1977 年

	东北部	中西部	南部	西部
东北部		0.224	0.247	0.242
中西部			0.336	0.182
南部				0.271

B. 欧盟国家，1985 年

	法国	德国	意大利	英国
法国		0.200	0.197	0.083
德国			0.175	0.184
意大利				0.184

资料来源：Krugaman (1991b)。

表 5—5 行业分工（制造业的就业份额，%）

	德国	意大利	美国中西部	美国南部
纺织	3.7	9.1	0.3	11.7
服装	2.6	5.6	2.4	10.6
机械	15.8	12.9	15.0	7.1
运输设备	13.2	10.4	12.8	5.9

资料来源：Krugaman (1991b)。

表 5—6 汽车生产的分布（%）

美国		欧盟	
中西部	66.3	德国	38.5
南部	25.4	法国	31.1
西部	5.1	意大利	17.6
东北部	3.2	英国	12.9

资料来源：Krugaman (1991b)。

集聚经济圈次区域的产业同构要成为现实，需要集聚经济圈具备产业竞争优势，需要产业竞争优势为产业同构提供的产品市场需求。产业同构也许还包括服务业的同构，但考虑到服务业主要服务于制造业的特性以及制造业在发展中国家集聚经济圈发展中的基础和核心地位，下文主要以长三角两省一市的制造业为例进行分析，认为长三角集聚经济圈省区层面产业同构得以实现，离不开它在中国体制改革与对外开放中所体现出来的区域要素优势。

长三角产业集聚的产业同构无论是在省区层面，还是在城市层面，在一些研究中都得到了证实（唐立国，2002；洪银兴，刘志彪等，2003；靖学清，2004；王志华，陈圻，2005）。国内对于长三角产业同构问题的关注，主要源于对产业同构是否构成“重复建设”和“恶性竞争”的关注，这有它深刻的历史背景和现实原因。从历史背景来看，中国的“产业同构”问题不是改革开放以后才有的，从中国“二五时期”大炼钢铁和“四五时期”建设各自为战的“经济协作区”，再到各地区大到省、小到县都以建设“大而全”、“小而全”的工业体系为特色，这充分反映了计划经济体制下产业结构雷同、无序竞争的特点，它严重影响了国民经济的效益，给国家经济发展带来了巨大损失（陆大道等，2003）。从现实背景来看，长三角次区域之间几乎在所有主导或支柱产业都出现了产业同构，产业同构的程度令人瞠目。所以，长三角产业同构的出现令理论界和决策部门给予了强烈的关注。

有关长三角产业同构形成的原因，国内论述主要有两方面。一种观点是产业同构与地方政府的利益驱动和行政壁垒有关（唐立国，2002；洪银兴，刘志彪等，2003），另一种观点是“产业同构”与经济发展阶段、资源禀赋的相近性和地理空间的相邻性相关（陈建军，2004；邱风，张国平，郑恒，2005）。两种观点确实解释了产业同构的部分原因，但并没有深入分析长三角“产业同构”的形成机理。

本书认为，伴随着中国改革开放的进程，长三角的产业集聚具有明显的中国经济发展的特征，这一特征表现在三方面：（1）转轨经济的特征。改革开放以来，中国经济体制改革可以分为两个阶段，一是改革开放后1992年以前体制外的增量改革阶段，二是1992年中共十四大以后改革的整体推进阶段。1992年以前，上海由于国有经济比重、地区工业化程度较高，所以在体制外增量改革中上海受中央政策辐射幅度不大，而江浙两地由于丰裕的企业家资源和保有的良好工商传统，两地接受中央政策辐射幅度很大，主动接受和推动了上海技术向江浙两地的扩散，在乡镇企业、私有企业的发展方面大放异彩，推动了两地经济的发展。（2）发展中国家的发展中地区的特征。长三角要素集聚的初始阶段，地区的竞争优势主要集中在劳动密集型产业领域，该地区向海内外主要输出包括基本消费品在内的劳动密集型产品。（3）要素集聚的开放经济特征。在经济全球化产业转移中，长三角劳动力成本等要素禀赋具有世界性竞争优势，因而其产业集聚伴随的要素集聚不仅是国内的要素集聚，而且接受海外产业的边际扩张。

长三角在世界产业集聚版图的特殊特征决定了其产业集聚的演化路

径。体制外的增量改革，给江浙两地经济提供了飞速发展的机会，上海作为中国最大的工商城市和长三角国有化、工业化程度最高的区域，由于体制改革过程中上海国有经济改革滞后所体现出来的产权弱势，造成了技术向江浙区域的外溢和产业向江浙区域的转移，一改过去改革开放前长三角内部存在的垂直分工状况，造就了次区域之间发展程度相近的经济水平；接下来的浦东开发、市场经济体制的确立和改革的全面推进，则为长三角由点轴发展走向网络发展创造了条件。

在长三角的经济发展过程中，相似的要素禀赋仅为长三角产业同构发展提供了可能性，而中国计划经济体制长期片面发展重工业的传统所造成的对轻工业等物资供给短缺的经济特征，则给长三角始于劳动密集型产业的“同构”提供了无限的市场机遇。改革前期过程中的“地方分权＋市场化竞争”，决定长三角地区政府之间存在强烈的产业同构动机，这成为该地区“产业同构”的重要推动力量。而在实施政企分开的改革后期，这股推动力量则由已经具备资本实力的企业承担，地区政府这时只充当区域政策的推手。长三角产业同构之所以能由可能成为必然，离不开该地区要素禀赋在海内外“异质性”的比较竞争优势：廉价的劳动力、技术优势、基础设施、文化习俗等因素及其给该地区产业在海内外带来的品牌号召力，这些优势，使长三角的产业同构有了市场条件的保证。总之，相似的要素禀赋、体制外的增量改革、次区域之间技术的扩散，政府的分权竞争和区域要素禀赋的比较优势，是产业在长三角集中、集聚和同构的基础条件和重要保证，而巨大的产品市场则使长三角地区产业集聚的“产业同构”成为必然。

在研究产业同构问题上，国内外文献多采用产业结构相似系数、行业分工指数对产业同构问题进行研究，但上述研究工具无法研究主导或支柱产业的同构情况。事实上地区之间的产业是否存在恶性竞争或重复建设，地方政府关心的往往是主导或支柱产业。[①] 因而，本研究以区域之间主导产业或支柱产业是否相同，作为产业同构的判断标准。如果把工业产业总值占区域 GDP 的 5％以上作为区域主导或支柱产业的判断标准，根据江浙沪两省一市 1993、2003 年的数据，可以有表 5—7。

---

① 主导产业和支柱产业虽然对区域经济的带动作用存在差异，但两者对区域经济都存在重要影响，因而，地方政府对于区域主导产业或者支柱产业的发展前景或绩效会比较关注。

表 5—7　　江浙沪主导或支柱产业

年份 \ 地区主导或支柱产业	上海	江苏	浙江
1993	纺织业，纺织服装、鞋、帽制造业，医药制造业，化学原料及化学制品制造业，化学纤维制造业，黑色金属冶炼及压延加工业，金属制品业，通用设备制造业，专用设备制造业，交通运输设备制造业，电气机械及器材制造业，通信设备、计算机及其他电子设备制造业	农副食品加工业，纺织业，纺织服装、鞋、帽制造业，化学原料及化学制品制造业，非金属矿制品业，黑色金属冶炼及压延加工业，金属制品业，通用设备制造业，专用设备制造业，电气机械及器材制造业，通信设备、计算机及其他电子设备制造业	纺织业，纺织服装、鞋、帽制造业，化学原料及化学制品制造业，非金属矿制品业，金属制品业，通用设备制造业，专用设备制造业，电气机械及器材制造业
2003	石油加工、炼焦及核燃料加工业，化学原料及化学制品制造业，黑色金属冶炼及压延加工业，金属制品业，通用设备制造业，交通运输设备制造业，电气机械及器材制造业，通信设备、计算机及其他电子设备制造业	纺织业，纺织服装、鞋、帽制造业，化学原料及化学制品制造业，黑色金属冶炼及压延加工业，金属制品业，通用设备制造业，交通运输设备制造业，电气机械及器材制造业，通信设备、计算机及其他电子设备制造业	纺织业，纺织服装、鞋、帽制造业，皮革、毛皮、羽毛（绒）及其制品业，化学原料及化学制品制造业，塑料制品业，金属制品业，通用设备制造业，交通运输设备制造业，电气机械及器材制造业，通信设备、计算机及其他电子设备制造业

资料来源：1994、2004 年《江苏统计年鉴》，《浙江统计年鉴》，《上海统计年鉴》。

表 5—7 表明江浙沪之间主导或支柱产业“同构”明显，在 1993 年，江苏与上海的产业同构体现在江苏的主导或支柱产业在上海 11 项主导或支柱产业中只欠化学纤维制造业和交通运输设备制造业 2 项，浙江则比江苏多欠缺通信设备、计算机及其他电子设备制造业，黑色金属冶炼制造业 2 项。长三角省市之间在 2003 年产业同构同样显著，而且通过 2003 年数据可知，长三角的“产业同构”还是产业升级中的同构。

据测算，上海在1999年后就已基本进入GDP第三产业结构比重高于第二产业的工业化后期阶段，1993～2005年间江浙两地还处于工业化中后期阶段，所以上海的主导或支柱产业选择在2003年已完全让位于资金密集型、技术密集型产业；而江浙两地由于区域开发腹地较大，在接受上海的技术外溢与产业转移之后，其发展劳动密集型主导或支柱产业还有一定空间，但产业发展方向也在朝资金、技术密集方向发展。中国特殊的体制转型和经济改革，加上长三角独特的区位优势、要素禀赋等因素引起的长三角区域内部竞争优势的动态发展和产业在次区域之间的扩散转移，导致长三角的产业集聚体现为长三角省市之间主导或支柱产业的空间同构。不过，由于集聚经济圈内部次区域之间工业化进程不同和要素禀赋的差异，长三角省区之间的产业同构体现了一定程度的差异。

随着区域经济发展的赶超和工业化进程差异的减小，区域产业之间的同构会日益显著。克鲁格曼（1991b）研究认为，美国国内在历史上1947年比1985年有更高的产业地方化程度，他计算了美国地区之间的产业分工指数，计算结果如表5—8。表5—8表明，美国地区之间1947年产业地方化的指数要大于1985年。地区之间的分工指数减小，产业结构更为趋同，这正表明美国地区之间经过近40年的发展地区之间的工业化进程差异正在缩小。

表5—8　　美国地区分工指数

A. 1947	中西部	东北部	南部	西部
中西部		0.361	0.606	0.441
东北部			0.560	0.504
南部				0.403
B. 1985	中西部	东北部	南部	西部
中西部		0.224	0.336	0.182
东北部			0.247	0.242
南部				0.271

资料来源：Krugaman（1991b）。

长三角集聚经济圈的产业集聚之所以会在次区域表现为产业同构特征，完全取决于其在世界分工中特殊区域要素优势所体现出来的强烈产业竞争优势，次区域之间要素禀赋的相近性，技术在集聚经济圈内部次区域之间的扩散以及中国经济改革的分权特征。

5.7　集聚经济圈产业同构绩效的实证分析

产业竞争优势，次区域之间相近的要素禀赋、技术在次区域之间扩散和次区域之间的分权竞争，使得集聚经济圈次区域之间的产业同构成为必然。然而，这种趋同发展是否影响产业发展的绩效，不能简单地把由于计划经济国家行政主导投资造成的产业结构雷同，经济效益低下的产业同构，与市场经济条件下集聚经济圈次区域之间的产业同构等同起来。本研究以长三角集聚经济圈次区域之间的产业同构为例，分析产业同构对于集聚经济圈产业发展绩效的影响。

有关长三角产业同构对经济绩效影响的问题看法两极（刘志彪，2006）。一种逻辑认为地方政府的各自为政导致重复建设，重复建设导致产业同构，产业同构又导致恶性竞争（唐立国，2002；洪银兴，刘志彪等，2003），因而提出长三角集聚经济圈次区域之间应该实施产业的错位发展。另一种逻辑从产业相邻地理空间上集聚的视角就产业同构合理性进行了探讨（陈建军，2004）。

在长三角产业同构的利弊方面，理论界还没有发现存在相关合理的实证研究。王志华和陈圻（2005）将长三角同构产业和全国制造业 2000～2002 年平均利润率作比较，认为多数同构产业的平均利润要高于全国，所以产业同构具有正面绩效，其没有看到不同产业有不同的利润率，因而长三角同构产业和全国制造业平均利润率比较就不具比较意义。[①] 一个有趣的问题是，是否有合适的方法证实长三角省区之间主导或支柱产业的同构影响了区域经济发展的绩效？如果区域同构的主导或支柱产业对区域整体具有正面的经济绩效，那么，衍生的问题是它的支撑因素是什么，而且如果进一步追问，伴随着以省区主导或支柱产业同构为基本内容的长三角产业集聚的工业化进程进一步加深，其经济发展绩效会不会发生变化？

本研究认为，可以从以下三方面衡量次区域主导或支柱产业同构对长三角经济发展绩效的影响：第一，看一个较短时期，产业间的省区同构是否导致了重复建设或恶性竞争；第二，从较长时期来看，考虑到长三角次区域由于工业化进程不一，部分同构产业会由于次区域之间工业化进程不一，而出现产出和产能在次区域之间进行调整，这时判断产业的空间同构是否属于重复建设或恶性竞争就要看长三角整体，其同构的主导或支柱产业的增长情况；第三，如果长三角省区之间产业同构不构成重复建设或恶

---

① 鲍华俊、徐清和王德全（2004）运用长三角 28 个制造业 2000 年的地方统计数据，就长三角内部产业同构系数与企业的亏损面进行了回归分析，认为产业同构并不意味着“恶性竞争”。其研究的局限不仅在于这种回归缺少其他地区的同构数据，而且同构系数高的行业并不意味着在全国和地区总量也大，因此这一研究存在局限。此外，产业同构系数并不反映具体产品的同构，只有一年的统计数据，也难以反映同构产业的发展是“恶性竞争”还是“合理发展”，等等。

性竞争，必然对区域整体其他产业产生正面的带动波及作用，否则就会产生负面的作用。

为了衡量长三角区域省区主导或支柱产业同构对区域经济发展绩效的影响，这里从短期和长期、局部和整体四个维度来考察，短期以区域内部各省区 1993 年、2003 年截面空间上主导或支柱产业的平均增长率来考察，看次区域同构产业是否陷入了重复建设和恶性竞争。长期则以长三角整体1991～2004 年间各制造业的增长特征来考察，考察区域整体 1993 年、2003 年代表性的各主导或支柱产业的增长率，以及区域相关产业的增长率。长期的考察方法可以消除由于区域内部各省区工业化进程不同，产出和产能在区域内部转移和调整所引起的变化。具体来说，比如上海由于工业化进程高于江浙两地，其 1993 年纺织业，纺织服装、鞋、帽制造业等同构的主导或支柱产业，因区域商务成本的升高不宜继续发展而实施产业结构调整政策，使产出和产能向江浙两地和区域外进行了调整，在 2003 年淡出了主导或支柱产业的行列，但这是不是“重复建设”和“恶性竞争”的后果，就要看长三角地区作为一个整体是否在相关产业出现产出和产能萎缩。[①] 如果没有，则说明上海纺织业，纺织服装、鞋、帽制造业等产业产出和产能减少是江浙沪三地根据各自工业化进程和比较优势实施积极的产业调整政策的结果。最后，区域整体同构的主导或支柱产业对区域经济发展的影响绩效要体现在区域各产业的增长方面，所以还必须考察区域各产业长期增长情况。

在短期考察方面，本研究根据“江浙沪统计年鉴”[②]（1992～2005）相关数据将其分为 1991～1997、1998～2004 两个时期，计算长三角各省区主导或支柱产业年均实际产值增长率，分别代表各省区主导或支柱产业 1993 年、2003 年增长速度，这样可以消除个别年份由于市场波动和地区工业化进程引起的部分产业产出和产能在省区之间进行调整的影响。从表 5—9、表 5—10 江浙沪各产业产值的连年持续为正的年平均增长率来看，该区域的“产业同构”显然是一种需求拉动性的同构，而不是“重复建设”或者“恶性竞争”。因此，从微观来看各企业之间的竞争，虽然可能造成部分企业破产或者亏损，但从产业来看却有利于激励企业改进技术，降低成本和价格，占领市场，从而形成有竞争力的产业。

---

① 一种可能被称之为“重复建设”和“恶性竞争”的情况是，比如说江浙沪某省（直辖市）某产业产量剧减，而其他省出现产量微增，但区域总体上某产业产量是萎缩的。

② “江浙沪统计年鉴”在这里指《江苏统计年鉴》、《浙江统计年鉴》、《上海统计年鉴》。

表 5—9　　1993 年江浙沪同构主导或支柱产业年均实际增长率（%）

产业分类	江苏平均增长率（1991～1997）	浙江平均增长率（1991～1997）	上海平均增长率（1991～1997）
农副食品加工业	19.5	—	—
纺织业	17.3	13.4	6.2
纺织服装、鞋、帽制造业	33.4	32.9	25.9
化学原料及化学制品制造业	22.3	23.1	20.3
化学纤维制造业	—	—	19.1
非金属矿物制品业	25.0	23.7	—
黑色金属冶炼及压延加工业	30.8	—	20.9
金属制品业	29.5	20.9	27.1
通用设备制造业	24.1	12.4	20.1
专用设备制造业	10.2	13.4	10.7
交通运输设备制造业	—	—	35.7
电气机械及器材制造业	31.9	29.3	29.6
通信设备、计算机及其他电子设备制造业	25.4	—	31.7

说明：(1)“—”表示产业非相关区域主导或支柱产业；(2) 由于此处用于计算产业平均增长率的时间较短，不同于传统的平均增长率的计算方式 $R_i=(\sqrt[i]{y_i/y_0}-1)\times100\%$，本研究采用的计算公式是 $R_i=\frac{1}{i}\sum_{t=0}^{t=i-1}\frac{y_{t+1}-y_t}{y_t}\times100\%$，以避免产业商业周期波动对平均增长率计算的过大影响，其中 R_i，y_i，y_0 分别表示平均增长率，各产业末期和基期的数据；(3) 由于中国国家统计局 2007 年才在《中国统计年鉴 2006》上发布以 2002 年为基期的细分的工业行业工业品价格指数，所以研究主要根据《中国统计年鉴》，提供的相关年份的大类的工业品价格指数，按 1991 年＝100 相关产业价格指数将各产业名义总产值转为实际总产值计算产业平均增长率，比如在计算黑色金属冶炼及压延加工业和有色金属冶炼及压延加工业的实际总产值时，统一按统计年鉴提供的冶金工业产品价格指数计算；年鉴没有提供医药工业、塑料制品的价格指数则分别用食品工业价格指数和化工原料类购进价格指数进行替代等。

资料来源：1992～1998 年《江苏统计年鉴》、《浙江统计年鉴》、《上海统计年鉴》。

一般认为，主导或支柱产业对区域经济的影响主要是通过其前后向关联和旁侧关联效应影响区域产业发展。在长期考察方面，长三角同构的主导或支柱产业在区域整体年增长情况如何，对区域内其他产业产生了什么样的波及影响？本研究通过综合考察长三角各产业部门增长率、工业品制造占全国份额的方法来衡量这些影响。产业部门增长率不仅可以考察区域整体同构的主导或支柱产业在这一时期内增长情况和对相关其他产业的带动波及情况，而且还可以通过长三角产业与全国产业部门增长率的比较，发现长三角产业同构的绩效伴随着长三角产业集聚的工业化进程正在发生什么样的变化。

表 5—10 2003 年江浙沪同构主导或支柱产业年均实际增长率（%）

产业分类	江苏平均增长率（1998～2004）	浙江平均增长率（1998～2004）	上海平均增长率（1998～2004）
纺织业	12.2	23.7	—
纺织服装、鞋、帽制造业	—	17.0	—
皮革、毛皮、羽毛（绒）及其制品业	—	25.6	—
化学原料及化学制品制造业	16.5	21.9	10.6
黑色金属冶炼及压延加工业	33.7	—	10.0
金属制品	21.1	24.6	9.4
通用设备制造业	18.2	31.5	19.6
专用设备制造业	13.7	23.9	12.0
交通运输设备制造业	16.7	30.0	17.1
电气机械及器材制造业	19.5	23.5	12.7
通信设备、计算机及其他电子设备制造业	41.0	28.3	34.2

说明：(1)“—”含义同表 5—9；(2) 平均增长率计算公式和度量单位同表 5—9；(3) 计算制造业实际总产值算法同表 5—9。

资料来源：1999～2005 年《江苏统计年鉴》，《浙江统计年鉴》，《上海统计年鉴》。

产业部门增长率评估方法如图 5—6 所示，纵轴表示前一时期区域各产业部门年产值平均增长率，横向虚线表示前一时期全国各产业部门的平均增长率；横轴表示后一时期区域各产业部门年产值平均增长率，纵向虚线表示这一时期全国各产业部门的平均增长率。若区域产业在两个时期的平均增长率均快于全国，则确定为发达部门，归于象限 A；若前一时期落后全国，后一时期领先，则为区域发展部门，归于象限 B；若前一时期领先全国，后一时期落后全国，则为区域成熟部门，归于象限 C；若两个时期均落后于全国，则为衰退部门，归于象限 D。

长三角资源开采和能源不能满足地区生产需要，其优势主要集中在加工制造方面。本研究根据《中国统计年鉴》、“江浙沪统计年鉴”（1992～2005 年）数据，对长三角和全国产业分类中全部 28 个加工制造行业，进行了增长测算。1998 年各产业统计主体有一定变化，1998 年之前为独立核算单位，之后为国有及规模以上单位；所以这里选择 1998 年作为分界线，前期以 1991～1997 年计算平均增长率，后期以 1998～2004 年计算平均增长率。表 5—11 表明：长三角除掉农副食品加工业、食品制造业和非金属品矿物制品业 3 个衰退行业外，3 个行业为发达部门，5 个行业为发展部门，17 个行业为成熟部门；其所有产业除饮料制造业部门，1991～

2004 年期间连年保持了两位数以上的增长率。

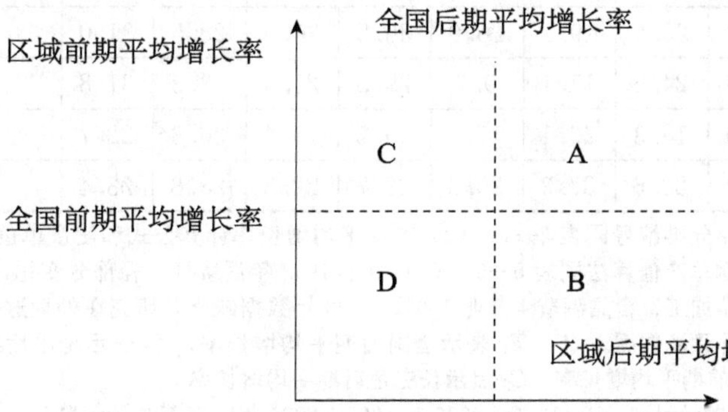

图 5—6　产业部门增长率

通过表 5—11 可以看出，长三角同构的省区主导或支柱产业从区域整体的角度来看，保持了连年两位数以上的快速成长。长三角经济连年的快速成长源于它在世界产业分工中要素禀赋的比较优势，及其在整个中国经济中的区位、技术、品牌等方面的优势。长三角省区主导或支柱产业从区域整体来看的快速发展、生产能力的自我集聚和省区之间的竞争为区域其他产业的发展提供了大规模的市场和便宜的工业品价格，区域内非主导和非支柱产业因此得以发挥规模经济优势，提升自身在海内外的竞争力。区域产业快速发展的后果是，通过产业集聚的外部性和海内外市场的放大效应、价格指数效应，进一步促进区域工业制成品的集聚和竞争力的提升，这也构成长三角“产业同构”不沦陷于“重复建设”和“恶性竞争”的支撑因素，从而体现为区域整体经济的快速成长和海内外市场的扩张。2004 年底，长三角两省一市的外贸出口总值以 2 191.63 亿美元占全国总额 36.9%，首次超过广东 1 915.69 亿美元占全国总额的 32.3%，形成三分天下有其一的局面。

表 5—11　　长三角产业平均增长率与全国产业平均增长率比较（%）

产业分类	1	2	3	4	5	6	7	8	9	10
C_1	24.3	13.5	25.2	12.7	13.8	29.7	32.7	41.7	31.2	24.0
T_1	29.2	24.4	24.4	16.7	12.6	25.8	33.0	33.1	26.0	22.3
C_2	10.4	10.8	6.0	22.0	15.6	12.9	21.0	15.0	25.6	19.0
T_2	18.6	17.0	8.3	1.0	16.5	14.8	17.5	27.3	32.3	20.7
产业分类	11	12	13	14	15	16	17	18	19	20
C_1	23.2	32.9	28.8	24.7	20.2	21.4	20.5	24.3	25.6	24.3
T_1	19.5	28.5	26.6	21.3	19.7	21.1	18.2	23.5	27.3	21.9
C_2	14.8	13.8	25.1	14.2	15.1	22.6	13.3	17.3	16.3	22.9
T_2	22.4	16.0	22.9	18.0	14.7	14.9	17.0	22.5	23.6	25.0

续前表

产业分类	21	22	23	24	25	26	27	28	29	30
C_1	25.2	25.6	19.1	26.0	36.5	30.0	28.5	31.0		
T_1	22.8	24.5	17.1	9.7	29.3	25.5	33.3	31.8		
C_2	17.0	18.3	22.1	17.6	19.2	19.4	36.3	22.7		
T_2	23.9	20.6	27.3	20.8	22.7	22.3	28.8	23.4		

说明：(1) 产业分类编号同表 2—1。(2) 产业平均增长率计算公式和度量单位同表 5—9。(3) 计算制造业实际总产值算法同表 5—9。(4) 由于 1992 年后统计口径部分变化，通用设备、专用设备制造、食品加工、食品制造 4 产业 1991、1992 年数据缺乏，研究在处理这一情况时根据经验采用时间趋势预测数据。(5) T_1 表示全国前期平均增长率，T_2 表示全国后期平均增长率；C_1 表示长三角前期平均增长率，C_2 表示长三角后期平均增长率。

资料来源：《中国统计年鉴》(1992～2006)，1992～2005 年《江苏统计年鉴》、《浙江统计年鉴》、《上海统计年鉴》、《中国工业统计年鉴》。

长三角产业集聚中的主导或支柱产业的同构，对长三角区域经济发展的带动作用明显，区域内除饮料制造业外，各工业制成品 1991 年以来连年高达 10%以上的年平均增长率，充分说明了其在海内外的输出优势一直以来得以逐步加深，并未因为区域主导或支柱产业的同构而受到负面的波及。中国大陆有 31 个省市自治区，如果粗略地认为，长三角区域产值占全国 15%以上就可以认为区域产品在全国具有输出优势；从长三角1991～2005 年的数据来看，其 28 个加工制造业处于 15%以下的在 1991 年只有石油加工产业，在 2005 年只有食品加工产业。而如果把长三角产业占全国产业的份额提高为产业输出优势标准的一倍，认为长三角占全国产出 30%以上的产业具有强输出优势，图 5—7 表明，2005 年长三角在全国具有强输出优势的产业具有 15 个。显然，长三角各相关产业在中国制造业中占有的大比例份额离不开基于比较优势基础上产业集聚的自我循环和竞争带来的竞争优势的支撑。

不过，长三角经过多年的高速发展，其区域各制造业部门大多已属于成熟部门。这表明，长三角区域的一部分制造业可能受到国内外其他集聚经济圈产业的竞争，其发展受到抑制；另一部分制造业由于该区域工业化进程的加深，产业集聚引起区域用电、用水、用地等非贸易性资源供给条件变化，存在产出和产能向其他区域进行转移和调整的压力和要求。但这种产业转移的压力和要求，反映的只是地区工业化进程对产业自身升级的要求，与产业同构对经济发展绩效的影响无关。

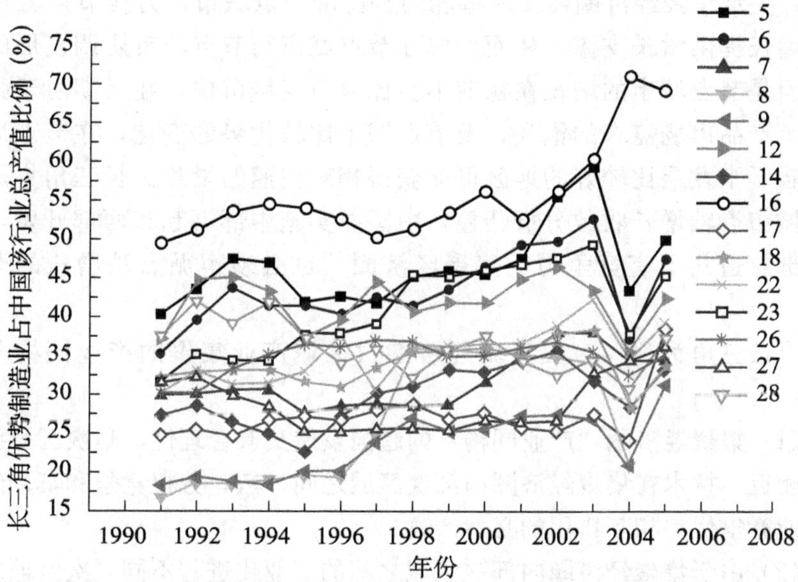

图 5—7　2005 年长三角优势制造业占中国行业产出之比

说明：产业分类编号（图例序号）如表 2—1。

资料来源：1992～2005 年《江苏统计年鉴》，《浙江统计年鉴》，《上海统计年鉴》、《中国统计年鉴》。

5.8　总结性评论

本章通过理论分析，构建了分析集聚经济圈产业集聚点轴增长与产业趋同空间特征的有关“要素—分工—政府”的多维分析框架，以长三角为例，解构了集聚经济圈产业集聚点轴增长的内在机理和收敛特征，研究了集聚经济圈产业集聚点轴增长过程对经济圈城市之间收入差距的影响，以及集聚经济圈次区域产业集聚趋同发展的内在机理及其发展绩效。

研究增长收敛的关键在于分析研究样本增长收敛的内在机制，明确增长收敛的内在机理。以长三角为例的增长收敛分析表明，集聚经济圈的产业集聚是一种非均衡的高速协调发展过程，这既是集聚经济圈产业集聚点轴增长的需要，也是集聚经济圈基于区域内部比较优势分工发展的必然产物，经济发展过程中地区差距的存在有其合理性。

长三角城市点轴增长收敛的研究还表明，集聚经济圈内部城市的增长收敛与各城市的比较优势和工业化进程紧密相关，任何城市增长收敛的研究都与研究样本选择，以及研究时期产业所体现出来的竞争力有关，不存在经济增长绝对的绝对收敛与条件收敛。集聚经济圈产业集聚点轴增长的特征，决定集聚经济圈需要一些相对外围的节点城市，为强节点城市的高速增长提供增长支撑，从而构成强节点城市与节点城市协调发展的态势；但是节点城市的增长在初期不会比强节点城市快，在后期由于强节点城市产品市场需求的饱和，及节点城市比较优势的变化，在节点城市内部若干个发展比较好的地区可能获得相对快速的增长。长三角集聚经济圈城市点轴增长收敛分析凸显，中国要实施中部崛起和西部开发，在中西部打造几个有竞争力的集聚经济圈，也必须遵循点轴增长的开发途径。

以长三角为例，有关集聚经济圈次区域产业集聚的产业同构分析表明：

（1）集聚经济圈“产业同构”的趋同发展具有合理性，是次区域要素禀赋相近、技术在集聚经济圈内部次区域之间扩散，分权竞争和集聚经济圈产业竞争优势相互作用的必然产物。

（2）由于集聚经济圈内部次区域之间的工业化进程不同，次区域之间的“产业同构”是以次区域差异为条件的产业同构。江浙沪三地工业化进程和区域开发腹地的大小不同，表明江浙两地劳动力密集型产业仍然存有较大的发展空间。

（3）基于集聚经济圈在世界上以比较分工优势为主的产业同构，其次区域主导和支柱产业的同构，对区域经济发展并不构成重复建设和恶性竞争，它对区域经济发展具有正的波及效应。基于分工优势的以长三角“产业同构”为集聚内容的产业集聚提供的规模经济，通过市场放大效应，价格指数效应和外部性增强了区域产品在海内外市场的竞争力，成为长三角产业同构不沦陷为重复建设和恶性竞争的支撑因素，表现为长三角海内外市场的扩张和工业制成品的大量输出。

（4）在遵循市场机制和发挥区域要素优势的前提下，集聚经济圈次区域之间根据各自工业化进程的产业趋同发展，并不会影响集聚经济圈产业的发展绩效，相反还可以通过次区域之间的产业竞争促进集聚经济圈整体产业竞争力的提高，没有必要追求所谓的“错位发展”。

第 6 章　集群产业的扩散与转型

6.1　引言

现有研究对于产业集群的衰退和转型，从全球化竞争与集群产业内部自我锁定的视角进行了富有意义的研究，但是毋庸讳言，现有研究还缺乏中心—外围意义上集聚经济圈与集聚经济圈多元化集群产业内生增长的研究视角。本章基于全球化竞争与集聚经济圈多元化集群产业内生增长视角，研究集聚区域产业集群的扩散转型问题。研究解构了集聚经济圈的集群产业的形成因素和结构、转型动力和结构、转型条件和路径等，认为全球化竞争背景下集群产业生命周期和转型的动力由集聚经济圈产业结构升级和多元化产业集群的竞争产生。

本章框架安排如下：第 2 节是集聚经济圈集群产业的形成因素与结构分析，从集聚经济圈和大类产业视角分析集聚经济圈多元化或者多个集群产业存在的原因和事实，同时强调从集聚经济圈与大类产业视角研究集群产业的必要性；第 3 节是集群产业扩散与集群产业结构转型的动力分析，研究基于产业间竞争和产业内竞争从集聚经济圈产业结构演化、跨国公司投资和企业价值链的视角结合全球化理论，研究集群产业的扩散与集群产业结构转型的动力和结构；第 4 节是集聚经济圈集群产业扩散与转型条件的分析；第 5 节是集聚经济圈集群产业扩散与转型的路径和种群竞争模型的数理分析，进一步研究集群产业成功转型的基本条件和路径；最后，是本章的总结性评论。

6.2　集聚经济圈集群产业形成因素与结构分析

虽然，波特（1990）的研究表明，取得经济成功的国家一般都有多个成功产业集群，但他并没有明确指出，集群国家竞争力的源泉来源于其内部多个富有竞争力的集群产业的支撑。波特着眼于产业维度研究国家竞争优势，然而还没有一个国家——当然要排除某些非常小的国家——仅依靠某个产业就能支撑国家竞争优势。波特（1998a，1998b，2000）强调集群的地理范围可以从一个城市或一个州延伸到一个国家甚至几个相邻国家，从而在产业集群范畴的地理特征上对国家竞争优势理论有所偏离，其对集群产业研究的地理边界显得含混不清。

本书认为，一个国家尤其是大国，其参与国际经济竞争的载体是其国内富有活力的中心—外围意义上的集聚经济圈或者城市群——准确地讲，是集聚经济圈或者城市群内部多元化的富有活力的产业集群，这里将多个产业集群称之为多元化产业集群以区别于单个产业集群。在集聚经济圈内部多元化集群产业由于市场和技术联系，相互作用、相互影响形成区域经济活力来源，促进区域经济的发展变化。因此，仅从单个集群产业本身去考察集群产业的衰退和转型得出的结论其说服力就显得不足，必须从集聚经济圈内部多元化集群产业的相互作用与相互影响的角度去考察集群产业的形成、衰退和转型，这样才能基于集群产业发展变化的历史逻辑，深刻把握集群产业形成与演变的规律，为国家产业发展规划和理论决策提供参考。

从构成国家竞争优势载体的集聚经济圈的视角，研究产业集群和集聚现象，可以发现：发展集群产业的生产要素存在于集聚经济圈内部相邻的地理空间。在经济圈内部不少以区域内部支配产业命名的产业区，在区域相近要素禀赋的支撑下发展集群产业链环节各自相关或者相近的部分，构成集聚经济圈由产业链相关部分组成的产业集群。如果综合波特（1990）关联产业构成产业集群与帕克和马库森（1995）专业化构成产业区的定义，以中国长三角纺织服装产业为例，多个生产纺织服装产业的产业链相关部分的区域构成长三角的纺织服装产业集群。这些区域地理空间相邻，要素禀赋相近，生产使用的原材料和生产的工艺、工序类似。这些产业区包括江苏常熟服装产业区、江阴毛纺产业区、吴江丝绸产业区、张家港毛纺毛衫产业区、海门家纺产业区、常州武进织造产业区，以及浙江嘉兴秀洲化纤织物产业区、绍兴轻纺产业区、诸暨大唐袜业产业区、嵊州领带产业区和宁波服装产业区等。

长三角纺织服装产业在全国的要素优势，有其历史传承。江苏历史上在纺织服装行业的优势非常明显，作为清代专门制造御用和官用缎匹的官办织局江宁织造府就位于江苏南京，存在了 262 年。浙江嘉兴秀洲古有“日出万匹，衣被天下”之誉①，绍兴也有“日出华舍万丈绸”之说，宁

① “日出万匹，衣被天下”也常被用来称赞江苏吴江、盛泽的丝绸产业区。江苏吴江和浙江嘉兴比邻，因而“日出万匹，衣被天下”常被用来泛指这一地区。“日出万匹”，一说为“日出万稠”。

波历史上的“红帮裁缝”在国内非常有名。要素优势是长三角纺织服装产业发展的一个重要原因，而集群区域经济的高速增长为区域经济发展提供的市场机遇和发展条件，则成为区域经济发展的另一个重要影响因素。改革开放后，浙江传统产业集群基于比较优势的发展给区域其他产业的发展带来了市场机遇和发展条件。浙江人多地少，资源贫瘠。然而，在浙江嘉善和余姚这样缺乏相应资源的地方，改革开放以来却发展起了中国著名的木业产业区和塑料产业区，这应该是长三角和浙江区域经济高速增长促使区域内部市场机遇和发展条件改善的产物。

在发挥集聚经济圈比较优势的基础上，从集聚经济圈或城市群的视角来考察产业集群生成的原因，产业集群的发展不仅表象上是钻石体系相互促进的结果，而且实质上是产业间以增长产生的市场需求机制为媒介的三次产业协调发展的结果。从集聚经济圈集群产业的构成内容来考察，它以多元化产业集群为内容。因为集聚经济圈作为国家参与国际竞争的载体，单个的集群产业不足以完成经济圈参与国际竞争的任务，集聚经济圈参与国际竞争任务的实现离不开经济圈内部富有活力的多元化产业集群的支撑。

波特（1990）对产业集群界定时提出了两个原则：第一，必须是这个国家在国际竞争中能表现优势的产业；第二，产业的定义尽量从严按照统计分类的事业项目（如农业牵引机），而非广义的产业部门（如农业机械类）。“第三意大利”是意大利在国际上富有国际竞争力的集聚经济圈，其内部存在多个富有活力的多元化产业集群。表6—1报告的意大利14个产业集群（Porter，1990），就集中在“第三意大利”区域16个相邻的城市内部，构成区域多元化的集群产业。通过表6—1，可以发现波特（1990）在这里主要是从城市和更加细分的产业维度去划分产业集群，这样当然有利于统计数据收集和发现优势产业，然而这种划分方法也存在三方面局限。

首先，波特以城市为单位划分产业集群，可能将一些在具体城市相对不是很突出，但在整个集聚经济圈很显著的集群产业排除在外。波特（2000）就以马萨诸塞州（Massachusetts）提供39 000多个高薪职位的超过400家以某种方式和医疗设备相关的企业为例，认为集群产业往往归属于不同的传统产业或者传统服务业类别，所以可能会变得难以识别；而这类集群产业如果以单个城市为单位去考察将更难发现，因为它们很容易被城市内部规模更大又与其部分重叠的工业类别所遮掩。

其次，从波特国家竞争优势理论的本源来理解，很难想象单个城市某一具体产品生产的数量可以承担国家参与国际竞争的任务要求，而当今国家参与国际竞争的载体主要由国家内部发达或高速增长的集聚经济圈承担。从集聚经济圈的视角去测度产业集群，不仅可以将一些在经济圈内部部分城市生产数量显著而在其他城市则被其他更加显著集群产业隐匿（或者在经济圈内部所有城市都被其他更加显著集群产业隐匿），但从整个经济圈来测度生产数量十分可观的集群产业测度出来，而且由于集聚经济圈的竞争载体地位，以集聚经济圈为地理边界测度产业集群更能代表产业的国家竞争优势。所以，集群产业的地理边界的确定一般应以国家内部富有产业竞争力的集聚经济圈的地理边界为依据。

表 6—1　　"第三意大利"产业集群结构

产业集群类型	集聚城市
针织品	Carpi，Modena
毛织品	Biella，Prato
食品产业体系	Parma
瓷砖	Sassuolo
石材和石制品	Carrara
食品加工机械	Bologna
木工机械	Carpi
包装机械	Bologna
工业自动化设备	Turin，Piacenza
照明灯具	Castel Goffredo
家具	Brianza area
滑雪靴	Montebellun
宝石	Arezzo，Valenza Po
铜	Brescia

资料来源：根据波特（1990）《国家竞争优势》一书整理。

再次，从过于细分的产业分类去考察产业集群，可能有违波特钻石理论体系集群产业由于产业关联而集聚的初衷，波特有关集群的范畴是既相互竞争又相互合作的关联企业、专业化供应商、相关产业的企业和有联系的机构的地理集中，而这种国家竞争优势含义基础上的集群恰恰只有在集聚经济圈和大类产业的基础上才能存在。所以，从集聚经济圈和大类产业的视角去研究和测度产业集群，更具理论与实践意义。①

从表 6—1"第三意大利"针织品、毛织品和工业自动化设备和宝石

① 当然，这里无意完全否认波特（1990）关于细分的产业分类划分产业集群观点的理论价值，在坚持集聚经济圈和大类产业划分集群视角的基础上，可以再通过测度细类产业的产值占大类产业产值的比重，了解整个大类产业中什么细类产业产量最为突出。

产品来看，就出现在两个城市显著集聚的现象。因此，仅从集聚经济圈单一城市考察产业集群现象，还不足以反映经济圈地理空间相邻和要素禀赋相近对集群产业发展的影响。在中国国内，部分地方政府发展产业集群决策时经常强调“一镇一品”，“一地一品”，不同省区也强调发展产业集群时要避免“产业同构”。这些观点显然是发展集群产业的认识误区，产品在市场只要有竞争力，就不用害怕“多镇一品”，“多地一品”或者“产业同构”。从集聚经济圈集群产业形成过程中自我增强的逻辑来看，产业集群一旦形成就会由于产业关联在相邻空间自我集中，这也是意大利产业集群为什么主要集中在意大利北部和中部“第三意大利”地区的原因。

表 6—1 还体现了集聚经济圈集群产业的产业内关联与产业间关联的这种联系，产业内关联如针织品与毛制品，瓷砖和石材、石制品，食品加工机械、木工机械、包装机械；产业间关联如食品生产体系与食品加工机械，家具与木工机械。从集聚经济圈和波特集群产业由于产业关联集中的视角来看，通过一个更为大类的产业，比如说二位数产业来测度产业集群显然是可取的方法，比如毛织品和针织品，瓷砖和石材、石制品，食品加工机械、木工机械、包装机械就可以分别归入纺织业、非金属矿物制品、专用设备制造行业，只要统计口径一致，集群测度的结果就是可比的。这些产业或者共用区域内近乎同质的劳动力资源，比如针织品与毛制品生产的劳动力资源就基本同质，或者构成上下游产业集群关系，比如食品产业体系与食品加工机械、家具与木工机械。

根据从集聚经济圈和大类产业划分集群产业的原则，这里对长三角集聚经济圈两省一市的 28 个加工制造业的产业集群情况进行测度，研究发现长三角的产业集聚同样是以多元化产业集群的形成为支撑。中国有 31 个省市自治区（不包括港澳台地区），而长三角 1998 年区域常住人口数据不到中国大陆人口总数的 10.4%，保守算法长三角两省一市二位数产业总产值只要占中国该产业总产值的 15%，就可以认为长三角该产业在中国具有较大输出优势，而占到 25%左右基本可以认为该产业在长三角区域已经形成了一定规模的产业集群。① 根据长三角二位数产业在中国产业

① 这里将判断长三角产业集群的产值占中国总产值的比例提高到人口占中国总人口比例的 25%，当然也可以将判断长三角产业集群形成的门槛提高到 30%；但考虑到中国经济的世界输出大国特征，判断长三角产业集群形成的比例为 25%应该比较合理。必须补充说明的是，使用集聚经济圈产业产出占国内总产出百分比判断国家集聚经济圈的产业集群时必须注意一个隐含假定是，国家必须告别了所需产品的短缺问题。中国 1998 年的货物服务净出口贡献已占全国 GDP 的 3.86%，已经全面步入了生产相对过剩状态，2006 年其货物和服务的净出口更是占全国 GDP 的 7.53%。

产值中的百分比，表 6—2 报告了 1998 年中国长三角经济圈集群产业的类型。① 从表 6—2 长三角地区 1998 年的数据来看，长三角地区除去农副食品加工业，食品制造业，饮料制造业，烟草制品业，造纸及纸制品业，石油加工、炼焦及核燃料加工业，非金属矿物制品业，黑色金属冶炼及压延加工业，有色金属冶炼及压延加工业外，其他 19 个产业均构成具有一定竞争力的产业集群。

表 6—2　1998 年中国长三角区域产业集聚的集群结构

产业类型	百分比（%）	产业类型	百分比（%）
农副食品加工业	16.6	医药制造业	25.1
食品制造业	21.2	化学纤维制造业	51.1
饮料制造业	19.7	橡胶制品业	28.6
烟草制品业	10.8	塑料制品业	35.3
纺织业	45.0	非金属矿物制品业	19.8
纺织服装、鞋、帽制造业	41.2	黑色金属冶炼及压延加工业	23.3
皮革、毛皮、羽毛（绒）及其制品业	28.4	有色金属冶炼及压延加工业	21.1
木材加工及木、竹、藤、棕、草制品业	35.9	金属制品业	36.8
家具制造业	26.8	通用设备制造业	45.3
造纸及纸制品业	22.8	专用设备制造业	30.3
印刷业和记录媒介的复制	25.8	交通运输设备制造业	30.2
文教体育用品制造业	40.7	电气机械及器材制造业	36.7
石油加工、炼焦及核燃料加工业	16.7	通信设备、计算机及其他电子设备制造业	25.7
化学原料及化学制品制造业	31.0	仪器仪表及文化、办公用机械制造业	32.0

资料来源：根据 1999 年《江苏统计年鉴》、《浙江统计年鉴》、《上海统计年鉴》、《中国统计年鉴》提供的数据整理。

6.3　集群产业扩散与转型的动力和结构分析

波特（1990，1998）看到了全球化竞争对一个国家产业集群的影响，

① 之所以选择 1998 年作为集群产业判断年份的基准点，是因为一般集群产业的形成、发展和繁荣会经历数十年的时间。中国改革开放自从 1978 年开始，1992 年以后长三角经济进入了中国增量改革后的市场化改革的整体推进和上海浦东开发阶段，1978 到 1998 改革开放的二十年和市场化改革纵深推进给长三角经济带来的快速发展，使得测度长三角集群产业的形成具备了现实的基础。1998 年只是粗略判断产业集群存在的选择基准，由于集群产业形成和发展的长期性，研究者也可以选择其他年份。

但波特除了强调与新产业区理论“制度锁定和路径依赖”（Grabher，1993；Pounder & St. John，1996；Westlund，2003）等类似的体制和机制僵化观点之外，没有从区域经济的工业化进程去考察集群产业的发展与转型问题。朱科拉（2006）“多重嵌入性”观点的提出，类似于阿敏和思里夫特（1992）提出的产业区马歇尔节点理论，他的理论局限在于：第一，研究缺乏集聚经济圈整体的视角，只是讨论了产业区单一集群产业的发展，产业区作为集聚经济圈的构成部分，其产业结构必然会随着经济圈集群产业结构的升级发生变化；第二，他虽然看到了全球化竞争对于产业区产业的竞争作用，但并没有看到产业区转型的动力主要来自集聚经济圈内部工业化进程和集群产业结构升级的需要。

在中国国内，陈涌军和徐强（2003）、隋广军和申明浩（2004）看到了资源稀缺对单一产业集群发展的制约作用。与陈涌军和徐强（2003）有关产业集群最终会在资源稀缺性约束下解体观点不同的是，隋广军和申明浩（2004）认为在技术进步、制度创新和政府帮助的情况下，单一产业集群可能更新。

如果承认产业集群存在生命周期，那么制度创新与政府帮助只能延缓产业集群的衰退，而不能改变这一趋势。技术进步可能通过生产方式的改变和产品的差异化更新产业集群，促进集群产业的升级。但技术进步有它的周期性与规律性，在适宜技术进步与技术创新的条件成熟之前不可能存在技术进步。所以，发展传统产业集群依靠技术进步促进集群升级与更新，受生产力客观发展规律限制。

集聚区域产业转型的动力，主要由集聚经济圈多集群产业的集群竞争引起。世界上不太可能见到发达或高速增长的集聚经济圈，全力发展单一具体产业集群的先例，这既是因为集群产业的市场容量受到差异化市场需求的限制，也是因为区域经济发展进程中地区存在经济发展的多样性需求。集聚经济圈内多元化产业集群的存在必然导致集群产业产生对区域用来发展经济的资源进行争夺的现象，在这一竞争过程中会导致区域商务成本和生产收益的变化。集聚经济圈集聚经济发展到一定阶段，产业内的竞争必将导致区域产品价格下降；而产业内和产业间对区域非贸易性资源的竞争会导致要素成本上升，进而导致商务成本上升。由于不同产业有不同的成本收益边界，不同产业对集聚区域商务成本上升的承受程度也就各不一样。对于集聚经济圈传统劳动密集型产业而言，由于产业进入壁垒低、产业内竞争激烈、产品在市场定价的主动权不高，因此对集聚区域商务成本的反应要远较那些产业进入壁垒高、产业内竞争相对和缓、产品市场定价权相对较高的非劳动密集型产业敏感。在集聚经济圈商务成本上升到一定阶段，传统劳动密集型产业势必首先感到集聚不经济的压力，因而有向外进行产业转移的动力与要求。所以，陈涌军和徐强（2003）、隋广军和申明浩（2004）仅仅将产业集聚不经济产生的原因归之为同一集群产业对区域内稀缺性资源的集聚竞争引起，难以反映集聚区域集群产业集聚不经济和衰退的全貌。

与将产业集群的演化看成由同一集群产业竞争引起生命周期的结果不同，阿敏和思里夫特（1992）和哈里森（1994a，1994b）从国际劳动分工和全球化竞争的视角，研究了集群产业转型的内在机理。阿敏和思里夫特（1992）通过对意大利托斯卡纳区圣十字和英国伦敦两个产业区历史的回顾，认为在劳动分工国际化和全球一体化日益加深的情况下，新产业区可能演变成全球网络中具有中心支配能力的马歇尔节点。哈里森（1994a，1994b）在对艾米利亚食品包装机械等产业区演化研究的基础上，认为在全球资本主义的逻辑下，产业区在长期将由于跨国公司接管成功中小企业，或者最具活力的中小企业主导区域企业等级，或者由于以往成功的因素而陷入衰退，而使得产业区发生不同以往的变化。

现有对集群产业转型的研究还缺乏集聚经济圈整体的视角，要解释产业集群的转型必须在全球化背景下，联系相对发达或高速增长经济圈的工业化进程和产业结构演变进程，在这一过程中，集聚经济圈工业化进程和产业结构演变过程的内在矛盾是主要原因，全球化竞争过程中的外在矛盾则是诱因。

从集聚经济圈三次产业结构演变的工业化进程来看，其必然经由第一产业比重减少，第二、第三产业比重逐渐增加的配第、克拉克（Clark，1940；Petty，1690）过程；而从制造业演变结构来看，必然存在生产从非耐用消费品向耐用消费品，从以消费资料生产为主转向以生产资料生产为主，从低加工化向深加工化转变这样一个过程（Kuznets，1971；Chenery，Robinson & Syrquin，1986）。对于产业集聚区域而言，产业结构演变离不开政府产业政策和贸易政策，但更重要的是集聚区域自身的区域要素优势引起集群产业的高速成长与产业集聚产生的经济增长，改变了区域经济的收入结构、需求结构，从而引起区域资源禀赋和产业结构的变化。

集聚经济圈产业结构的变化以产业集群的结构变化为内容，其通过产业集聚不断发展的过程，既是经济圈多元化产业集群成长过程，也是区域内产业集群结构变化的过程。引起区域资源禀赋和产业结构变化的动力除了收入结构和需求结构外，集聚经济圈内部多元化产业集群对区域稀缺性资源竞争引起的商务成本上升，是区域产业结构变化的重要原因。集聚经济圈贸易型资源可以通过与其他区域进行交易获取，而劳动力、用地、用电、用水等非贸易型资源的数量对于集聚区域高速增长的多元化集群而言迟早会产生稀缺，从而引起价格上涨，区域商务成本上升。

从集聚经济圈产业结构演化的过程来看，必然由劳动密集型产业起步，经由资本密集、技术密集的产业演化过程，最后进入代表发达经济体的现代化社会。集聚经济圈作为国家参与国际竞争的载体，肩负着率先实现产业结构转型和现代化的任务，这一过程必然伴随着区域内多元化产业集群中低层次产业向外扩散现象。如果发达或者高速增长的经济圈低层次的产业没有顺利从区域内部转移出去，高层次产业继续集群化发展空间缺乏，而高层次产业对于低层次产业发展所需稀缺性资源的争夺引起的区域商务成本上升，将使得低层次集群产业进一步发展缺乏可能。对于不能实现集群产业顺利转型的集聚经济圈，在外有其他欠发达区域相同产业产品低成本优势的竞争，内有商务成本上升引起的不利竞争优势情况下，当这些不利影响抵消了集聚经济的正面影响时，区域经济必然出现不同程度的衰退，这是迫使集聚区域政府推动区域低层次产业向外转移的市场力量。集聚经济圈低层次产业低附加值环节向经济圈外转移内生于经济圈的增长过程，这不同于藤田昌久、克鲁格曼和维纳布斯（1999）强调外生增长引起区域间工资差距促使产业扩散的观点。

可以从不同制造业产业集群企业的成本—收益、跨国投资与企业价值链的维度来分析这一问题。以技术密集、资本密集、劳动密集三类产业为例，不同产业由于所使用的生产要素不同，所获得的收益也就不同。资金密集型、技术密集型产业由于使用具有较高素质的劳动力或者具有较大规模资金要求的资本设备，因而具有较高的进入壁垒，其产品在市场上面临的竞争程度相对较轻，能够获取较劳动密集型产业更多的收益，同时也就能够承受集聚经济圈更大的商务成本的变化。所以，如果集聚经济圈出现资源稀缺性对产业集群发展的成本约束，必然首先引起劳动力密集型产业或者相对更低层次产业出现向外转移的压力；而欠发达区域为了引进资本、技术和先进管理经验，吸引外资的同时也加强了区域的基础设施等软硬件环境建设和政策优惠条件，为集聚区域的产业转移创造了条件。

麦克杜格尔（Macdougall，1960）的对外投资理论强调投资国由于资本丰裕存在边际报酬递减，所以存在向外投资的必要。钱纳里和布鲁诺（Chenery & Bruno，1962）则从发展中国家经济发展的视角提出了解决发展中国家资本稀缺的“双缺口模型”，认为发展中国家要摆脱投资水平受制于国内较低的储蓄水平的被动局面，就要采取积极的引进外资的政策，开放经济的调整方法是一种积极利用外资的调整方法。传统的对外投资理论解决了资本丰裕国家或者地区对外投资和投资东道国或地区接受投资的必要性问题，但是对于什么产业对外投资以及企业对外投资的微观动力机制方面的研究，还存在不足，经济学家对此进行了进一步研究。

产业对外投资进一步的理论研究主要集中在跨国公司由于产业的生命周期、产业边际扩张的转移（Vernon，1966；Kojima，1973，1978），和为了发挥跨国公司垄断优势、克服知识交易的不确定性与赢得成本优势方面（Hymer，1960；Kindlberger，1969；Knickerbocker，1973；Dunning，1980，1981，1988）。技术交易的不确定性不能保证技术上具有垄断优势的跨国公司能够在技术交易中得到合理的报酬，而母国工资成本的上升又给原有产业发展带来竞争劣势，当跨国公司的所有权特定优势、内部化优势和东道国的区位特定优势相结合时，企业的跨国投资就成为必然。跨国公司理论不仅仅适用于企业的跨国投资行为，而且对于解释企业在母国的跨区域发展同样有效。

从全球价值链的视角观察，企业对外投资行为仅仅是企业根据比较优势，跨地域进行生产分工的结果。企业是否会将整个产业完全转移到投资国或者投资区域，还是仅仅转移部分产业，必须从企业价值链的视角来分析这个问题。波特（1985，1990）分析了企业创造价值的基础建设、人力资源管理、技术发展、采购支持性活动与内部后勤补给、制造、外部后勤补给、营销运输、售后服务等基本活动，认为企业是这些活动的集合体；企业要考察自身的竞争优势必须在产业的价值体系的背景下从获取成本优势的角度去考察企业价值链的构成。根据“微笑曲线”理论，在产业价值链中，高附加值部分主要体现在“微笑曲线”两端，处于价值链中间环节的制造环节附加值最低。

对于集聚经济圈单个企业而言，随着区域内多元化产业集群和产业结构的发展变化，劳动密集型或者低层次产业企业价值链低端的制造环节，必将首先感受到多元化产业集群竞争带来的生产成本上升的压力，使得企业可能产生向外投资、进行产业转移的动力。对于集聚经济圈的劳动密集型或者相对低层次集群产业的内源型企业，经过长达数十年的产业竞争，一些发展绩效较好的企业由于多年发展的财富积累和竞争，既积累了向区域外投资的资金实力，也具备向区域外投资的技术实力。对于集群的外源型企业，由于其对外投资的动力就在于利用集聚区域相对低廉的劳动力价格，在集聚区域由于多元化产业集群竞争引起区域商务成本上升之后，必然再次在全球化的浪潮中选择适合企业投资的区位。

阿敏和思里夫特（1992）用马歇尔节点来描述集群产业解体后给集聚区域留下的中枢或者“大脑”的产业职能，认为集聚区域可能成为全球产业生产体系的代表，是信息收集、联盟维持、契约监管和发展、检验、跟踪创新的“中心”。发展中国家的集聚经济圈集群产业基于区域动态比较优势的马歇尔节点的形成过程，类似于卡普林斯基和莫里斯（Kaplinsky & Morris，2001）研究的东亚地区企业，如何通过接单产品组装 OEA、接单加工生产 OEM、设计生产加工 ODM、自主品牌生产加工 OBM 这样一些手段，实现产业价值链由过程升级、产品升级再到功能升级、链的升级，这样一个基于企业动态比较优势的价值链升级过程。集聚经济圈向外转移的集群产业能够留下从事设计、品牌、市场等具有高附加值的价值链环节，成为全球该类型集群产业马歇尔节点，是因为集聚经济圈集群产业的多年竞争为区域带来了一批从事设计、品牌、营销的高级生产要素，这些要素的地方嵌入性特征与区域高速增长环境提供的市场支持，使得集聚经济圈成为新马歇尔节点变为可能。①

6.4　集群产业扩散与转型的条件分析

集聚经济圈内的产业集群转型由区域内相对低层次产业的制造业环节开始，成功转型对于区域经济的发展而言至关重要。但是集聚经济圈集群产业的成功转型，离不开政府为其发展转型提供的合理规划和发展环境的支撑。

第一，政府必须根据集聚经济圈区域经济的发展阶段，合理规划区域经济产业结构的发展重点与发展方向，使区域集群产业和经济发展转型的规划，符合区域工业化进程和产业结构演变的规律。从要素禀赋的相近性、产业联系和地理空间的相邻性视角考察，集聚经济圈当然构成经济学意义上的完整区域；但从行政区划视角考察，集聚经济圈由若干次区域构成。中国长三角集聚经济圈从大的方面包括两省一市，从小的方面则包括

① 藤田昌久和蒂斯（Fujita & Thisse，2006）试图通过地区间的工资差距来说明跨国公司总部与加工工厂分工的必然性，此研究的局限至少有两点：（1）藤田昌久和蒂斯的模型中工资差距产生具有外生性，而本研究则认为工资差距是区域经济发展的内生结果。（2）产业差异的匀质性。藤田昌久和蒂斯的模型虽然存在不同产业（产品）的假定，但其建模思想沿用了 D-S 模型的张伯伦传统，将不同产业看成同一产业的不同产品，不同产品基本使用同样的要素结构进行生产，价格相同，利润相同，产业之间的差异用替代弹性表示；但事实上产业之间的差异不仅是替代弹性方面的，不同产业存在不同的投入—产出或者成本—收益结构，利润不同。如第 4 章分析，张伯伦传统就是解释同一产业之间的竞争也存在局限，用来解释现实中不同产业的竞争就更显不足。

更多的地级市或者更小的行政县。这些行政单位在集聚经济圈内部集群产业形成的过程中，由于各自的工业化进程不同，会存在不同的分工关系。集聚经济圈传统集群产业在区域发展的过程中，可能伴随着集群产业在区域内部扩散与转型的过程，但随着集聚经济圈工业化进程的深化，其终将出现传统集群产业向集聚经济圈外扩散，以及集群产业结构转型升级的要求。这要求次区域政府在处理集聚经济圈集群产业的扩散与转型时，要加强对区域经济产业结构发展与转型的规划工作，尊重集聚经济圈经济整体的工业化进程，根据各自的区域要素优势发展经济。

第二，次区域政府要为区域高层次的产业发展提供有利的软硬件发展环境，比如产业政策环境、基础设施建设、金融支持，以及人才培养及相关支持环境等。

第三，政府必须在区域内建立良好的市场竞争环境，通过采取合适的政策手段，鼓励企业之间的合理竞争、兼并，规范破产，形成一批具有跨区域对外投资能力的规模企业。

集聚经济圈集群产业的转型问题实质上是区域经济的持续增长问题。林毅夫和孙希芳（2003）认为，按照比较优势发展经济时，政府必须在产业政策和干预经济方面发挥积极作用。随着经济发展带来的要素禀赋的变化，比较优势会发生动态变化。从林毅夫和孙希芳的论述中可以得出的推论是，政府在集聚经济圈的要素禀赋结构发生变化时，须顺应区域经济的这种变化，通过产业政策与经济干预推动区域集群产业结构的转型升级。以上三点，第一点强调的是集聚经济圈次区域政府根据集聚经济圈整体的工业化进程、次区域比较优势和集群产业转型的客观要求，制定产业发展战略的过程；第二点强调的是服务集聚经济圈集群产业发展战略的需要，政府在既定发展战略下，对次区域产业政策等产业发展的软硬件环境的建设过程；第三点是政府对于市场制度和市场体系的建设过程。第三点是以市场机制作为资源配置机制的国家，其集聚经济圈集群产业能否顺利转型的关键。

王珺（2004）在考察社会资本水平与生产分工的逻辑时，认为产业集群存在由社会资本相对有限的柔性生产，向社会资本相对有限的纵向一体化和分包网络生产方式转变的可能，而这一转变的核心逻辑就是厂商生产技术水平的提高和福特制大批量生产方式的出现，这意味着厂商规模的扩大。① 王珺

① 王珺（2004）强调在一些不宜标准化和规模化的行业，企业的经营主要以中小企业为主，比如服务型行业和手工制品、装饰工艺品等。必须承认这一观点在较大程度上和范围内的正确性，但也必须看到随着现代柔性生产和经营方式的出现，即便在服务行业也出现了大规模企业，比如国内的世纪联华、煌上煌、全聚德，国外的沃尔玛、好又多、肯德基、麦当劳等。

(2004) 主要从技术进步的角度考察了企业规模的演化，而就市场竞争的内在逻辑而言，机制灵活、能够实现技术进步、适应市场竞争环境的企业规模的壮大是市场竞争的必然结果。这一结果可能通过两种方式出现，一是本土企业通过竞争、破产兼并，顺利实现企业规模的扩大；另一种可能是本土集群企业被跨国公司一体化收购，哈里森（1994a）对艾米利亚食品包装机械产业区被外部金融实力入侵的案例研究为此提供了支撑性证据。

边际产业向外转移的压力和动力，主要来源于区域工业化进程引起的商务成本的上升和经营收益的减少。根据小岛清（Kojima，1973，1978）等的理论，集聚经济圈向外转移的产业，当然是集聚经济圈的“边际产业”。但是集聚经济圈向外转移的“边际产业”，不等同于集聚经济圈内部经营效益不好的“边际企业”，多数情况下，它是边际产业中的规模企业。

产业集聚在一起的动因之一是可以享受集聚带来的好处，如果集聚经济圈的“边际企业”在集聚经济圈不存在竞争力，其转移到其他地区多数情况下也不会具备竞争力。所以，政府采取政策措施，鼓励集聚经济圈集群产业内部企业之间的竞争与兼并，规范破产，形成有对外投资能力的规模企业尤为重要。胡佛（1975）在阐述企业的区位决策时，从两个层面阐述小企业比大企业在区位变化上有更强的“惰性”：第一，因为小企业与大企业相比，在新区位的选择上缺乏相应的资金和科研力量，不能对新区位进行合理的评价；第二，因为小企业决策者更可能承担区位变迁带来的与个人利益相关的不便，而大企业决策者本人可能不必住在新选区位，从而不必承担这种不便。

综合相关论述，可知集聚经济圈“边际产业”中的大企业，更有可能比小企业开展对外产业转移并具备成功的可能。然而，判断某一企业是否属于规模企业，不同类型的产业由于企业技术进入壁垒的不同，对于规模企业的规模判断标准，可能会有不同的要求。不能简单地把对劳动密集型产业规模企业的要求与对资金、技术密集型产业规模企业的要求等同起来。陈建军（2002a，2002b）以浙江 105 家规模以上企业为例，对产业转移进行了调查分析，在调查中接受调查的企业固定资产与对外投资规模的样本数据见表 6—3。根据表 6—3 可以看出，105 家接受调查的企业固定资产 500 万元以下的企业有 9 家，500 万～1 000万元的企业 18 家，而事实上发生产业转移的企业只有 70 家，有 30 家企业没有发生对外投资，因而一般可以认为绝大多数出现对外投资情况的企业，其企业规模都在固定资产1 000万元以上；这对于浙江省 2002 年前的劳动密集型产业而言，已经算是规模较大的企业了。① 陈建军的上述分析，从另外一个层面佐证了本研究有关集聚经济圈发生产业转移的企业，多数是些边际产业中具有规模优势的企业的判断。②

表 6—3　　接受调查企业固定资产与对外投资规模分布

固定资产（元）	企业数（家）	企业占比（%）	对外投资（元）	企业数（家）	企业占比（%）
500 万以下	9	8.57	30 万～50 万	5	7.14
500 万～1 000 万	18	17.14	51 万～100 万	6	8.57
1 001 万～1 999 万	19	18.10	101 万～500 万	26	37.14
2 000 万～4 999 万	22	20.95	501 万～1 000 万	14	20
5 000 万～9 999 万	7	6.67	1 001 万～5 000 万	17	24.29
1 亿～10 亿	26	24.76	5 001 万～1 亿	1	1.43
10 亿以上	4	3.81	1 亿～5 亿元	1	1.43
合计	105	100	合计	70	100

说明：接受调查企业数不等于对外投资规模企业数，是因为有不少企业没有出现以对外投资为内容的产业转移。

资料来源：根据陈建军（2002a，2002b）相关论文和著作整理。

如果集聚经济圈出现了对外投资的规模企业，经济圈内为规模企业提供其他工序服务的相关企业，就可能在规模企业的带动下，在规模企业新投资区域的邻近进行投资，形成基于社会资本网络的新型集聚关系。③ 集聚经济圈传统产业集群会发生“以规模企业为核心，相关企业为配套”的产业制造环节的转移，但不会将产业价值链的所有环节转移出去，可能还

---

① 这一结论直观的依据是如果企业规模太小，如何在外地投资转移生产能力呢？30—50万元人民币资金在外地可能可以办小型的营销点，但要想转移生产能力非得大规模企业才会有这个资金实力。

② 陈建军（2002a，2002b）强调认为浙江省发生产业转移的企业主要是中小企业，其理论判断的基础可能是把劳动密集型产业的规模与资金、技术密集型产业相比，从这一层面分析，其结论当然正确。

③ 当然如果投资方与投资地存在文化、血缘等各种社会资本联系，也可能存在规模企业直接嵌入当地企业网络的可能，但是一般跨区域对外投资的规模企业，常伴随着配套企业进入投资区域。另外，还必须强调两点。第一，必须将迫于产业集聚引起成本上升促成的规模企业的被动产业转移，与跨国公司为了实现企业规模经济绕开国际贸易的市场壁垒或节省运输成本而进行的主动国际直接投资区分开来；前者是集聚引起区域经济发展成本上升的产物，而后者是为了寻求企业整体的规模优势或节省运输成本进行主动跨国直接投资。第二，在集聚经济圈的高速增长时期，还可能出现产业在经济圈内部跨区域转移的现象，但随着区域经济工业化进程的加深，这一现象终将让位于集聚经济圈企业以规模企业为主体向集聚经济圈外地区进行跨区域投资的行为。

会保留企业的品牌、设计和研发等环节。①

如果集聚经济圈不能实现规模企业技术进步和企业在竞争中的规模扩大，在经济圈内更高层次产业发展引起经济圈商务成本增加的情况下，边际产业中的"相关企业"对外投资既缺乏资金实力和规模成本优势，以及在此基础上的竞争优势，又缺乏为其他区域提供产业配套所需的良好社会资本联系，使得合作很难进行。这样，经济圈内难以转移的集群产业的衰退就不可避免。集群产业竞争力的衰退，影响集聚经济圈的收入结构与需求结构，反过来也影响了区域更高层次产业的集群成长和区域集群产业的结构转型。因而，政府需要一方面根据集聚经济圈区域要素禀赋比较优势的变化，进行合理政策干预，促进区域更高层次集群产业的成长；另一方面需要积极采取相应的政策措施，鼓励集聚经济圈集群产业内部企业之间的竞争与兼并，规范破产，形成有对外投资能力的规模企业，推动区域传统集群产业中的边际产业向区域外转移，只有这样，才能保障集聚经济圈区域经济的持续发展。

6.5 集群产业扩散与转型的路径分析

可以将集聚经济圈的集群产业抽象为两类，传统产业集群与新兴产业集群。集聚经济圈区域 GDP 增长和集群产业转型升级路径主要有两种可能。一是经济圈内传统产业集群产业价值链低附加值制造业环节的产业转移没有出现，更高层次产业集群发展的空间受到传统产业对区域内稀缺性资源争夺的影响，发展空间受阻。由于新兴集群产业与传统集群产业集聚竞争产生的集聚不经济，集聚经济圈经济出现衰退。这样集聚经济圈集群产业转型升级的演化和区域 GDP 增长路径如图 6—1 曲线 S_1 所示，区域在经历快速的集群成长后出现收敛于虚线 L_1 的缓慢增长。二是集聚经济圈内传统产业集群价值链低附加值制造业环节，t_1 时刻在规模企业带动下被转移到集聚经济圈外部，缓解了高层次集群产业发展对区域带来的资源需求压力，为区域内更高层次的集群产业发展腾出了发展空间，区域经济

① 对于由边际产业引起的产业转移，存在部分跨国公司转包加贴牌的生产方式。但从企业在全球的价值链构成分析，除了一般世界知名品牌，很少会有企业将这一方式，作为企业经营的主营业务。一方面企业的品牌影响力不足，另一方面企业的资金实力还不足以脱离制造环节而仅仅依靠全球性的营销和设计网络维持公司的运营。即使根据"微笑曲线"理论，企业产业价值链的低端环节也只是针对经济相对发达区域而言，对于转移到相对欠发达地区的制造环节依然可以根据地区的低生产成本，获取相对丰厚的利润；所以边际产业的转移基本以对外直接投资为主体，企业不会轻易放弃制造环节。

在政府集群产业转型政策的支持和高层次产业集群的顺利发展推动下，表现出良好的增长势头，这一路径在图中用曲线 S_2 表示。另外，曲线 S_2 还表示，如果集聚经济圈经济的增长没有后续的新的更高层次产业集群的成长和更新，区域 GDP 将收敛于虚线 L_2。

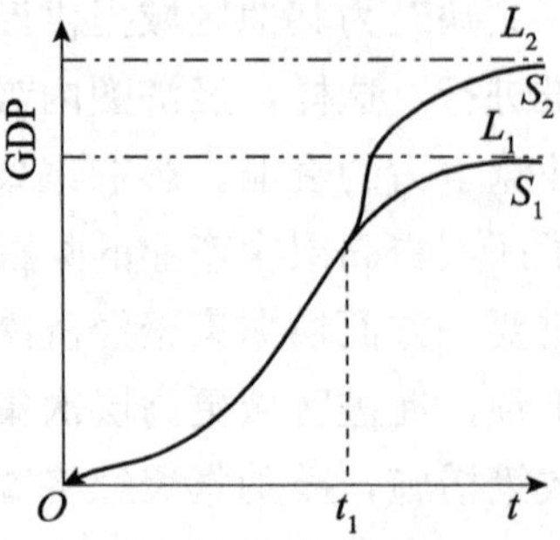

图 6—1　集聚经济圈的经济增长

可以用 Lotka-Volterra 种群竞争模型来刻画集聚经济圈集群产业的转型和增长过程。现有研究根据产业类型来划分 Lotka-Volterra 种群竞争模型的产业种群（陈平，2002；金祥荣，朱希伟，2002），没有区分产业的价值链及其成本收益结构。根据产业价值链分析，不仅不同产业价值链的相同环节可以承受的成本和获取收益存在差异，而且就是同一产业价值链的不同环节也具有不同的成本和收益空间。所以，要研究集群产业的扩散与转型，必须结合成本—收益的分析视角。为分析简洁，这里假定集聚经济圈除农业之外，只存在两种非农产业集群，传统产业集群和新兴产业集群。

集聚经济圈在其要素优势的促动下形成传统产业集群，根据“微笑曲线”理论，传统产业制造环节是低附加值的环节，因此可以将传统集群产业低附加值制造业环节作为种群 1；种群 1 由于处于传统集群产业价值链低端环节，所以其能够获取的收益和承受的商务成本较低。传统集群产业“微笑曲线”两端的研发、设计和品牌、营销等价值链高端环节部分，和新兴集群产业作为种群 2，种群 2 由于处于产业结构和价值链的相对高端环节，所以其能够获取的收益和承受的商务成本较高。可以用图 6—2 来刻画集聚经济圈两种群集群产业的扩散与转型过程，t 表示时间，Q 表示种群规模，p_1 表示种群 1，p_2 表示种群 2。在 t_1 时刻以前由于区域资源比较充裕，传统产业和新兴产业存在较大的协调发展空间，集聚经济起主要作用，两种产业可以共存，互为支撑协调发展。但随着集聚经济圈集群规模的扩大，t_1 时刻以后，区域资源的有限性使得区域集群产业的发展空

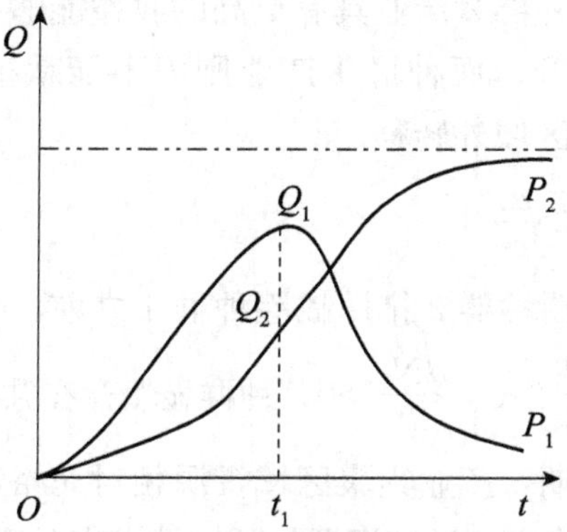

图 6—2　种群竞争状态

间受到制约，经济圈传统产业集群价值链低附加值制造业部分在区域经济发展带来的商务成本上升压力下，开始出现发展困境。集聚经济圈经济要顺利发展，就需将种群 1 产业转移到经济圈之外的其他地区，以便为种群 2 的发展提供资源要素禀赋的空间。这样，集聚经济圈将变成新兴产业集群和传统产业集群马歇尔节点式的集群产业集聚的区域。

以上种群构成转变的条件可以根据种群竞争模型进行论述。种群竞争模型如（1）式、（2）式所示，其中 $N_1 \geqslant 0$，$N_2 \geqslant 0$，分别表示种群 1 和种群 2 的企业数目，种群内企业具有相同的成本和收益结构；a_1 表示种群 1 在不受资源稀缺限制下的增长率，b_1 表示种群 1 由于资源限制自身数量增长带来对自身增长的抑制作用，c_1 表示种群 2 与种群 1 的交互作用带来的对种群 1 的抑制作用。a_2，b_2，c_2 的经济学含义与 a_1，b_1，c_1 类同，不赘述。

$$\frac{dN_1}{dt}=a_1N_1-b_1N_1^2-c_1N_1N_2, \qquad a_1,\ b_1,\ c_1>0 \tag{1}$$

$$\frac{dN_2}{dt}=a_2N_2-b_2N_2^2-c_2N_1N_2, \qquad a_2,\ b_2,\ c_2>0 \tag{2}$$

当（1）式、（2）式的系数满足条件（3）时，集群经济圈种群 p_2 绝对排斥战胜种群 p_1，与图 6—2t_1 以后的时间段相对应①，表示随着集群产业在集聚经济圈的成长和产业规模的扩大，经济圈资源出现相对稀缺，集聚不经济的作用显现，集群产业间出现竞争排斥作用。条件（3）表示种群 1 增长带来对种群 2 的抑制作用不如对自身的抑制作用大，种群 2 增长带来的对自身的抑制作用不如对种群 1 的抑制作用大。之所以会出现种

① 提请注意，条件（3）只有在种群竞争开始出现时，构成种群排斥战胜的充分条件，在此之前存在种群协调发展的空间。

群排斥现象是因为，种群 2 产业具有更高的收益能够补偿区域产业集聚深化带来的商务成本上升；而种群 1 产业则因不能承担区域商务成本的上升，不可避免地要向区域外转移。

$$\frac{a_2}{c_2}>\frac{a_1}{b_1},\ \frac{a_2}{b_2}>\frac{a_1}{c_1} \tag{3}$$

但是在集聚经济圈种群 2 排斥战胜种群 1 之前，会存在一段两种群共存的期间，当种群$\frac{dN_1}{dt}>0$、$\frac{dN_2}{dt}>0$，种群显然存在共存空间，其实质含义表示集群产业成长初期，产业集聚区域资源相对充裕，产业间协调集聚产生的集聚经济起主要作用，区域资源的稀缺性没有对区域经济产生影响。

但当种群$\frac{dN_1}{dt}$、$\frac{dN_2}{dt}$不同时大于零，且至少有一个大于零，(1) 式、(2) 式的系数满足条件 (4) 时，集聚区域种群处于失衡共存状态，可用图 6—3 表示两种群失衡发展的数理关系。这一情况或者表示种群 2 增长带来的对种群 1 的抑制作用不如对自身的抑制作用大，或者表示种群 1 增长带来对种群 2 的抑制作用不如对自身的抑制作用大。这一状态只有在种群 1 与种群 2 的发展脱离区域经济要素禀赋的比较优势，区域产业结构失衡时才会出现。这时市场机制发挥自我调整作用，种群 1 或种群 2 的数量开始相对减少，朝着种群协调发展的路径演化。条件 (4) 表明区域的不同种群在这一期间具有纠偏能力。然而，条件 (4) 这一情况只有在区域更高层次的种群产业的发展没有受到制约时才成立。区域种群产业发展到最后，数学上的均衡点最终将让位于更高层次集群产业发展的需要，这时区域种群的协调发展在均衡点开始发生突变，开始出现种群产业间的相互排斥。种群均衡发展的突变点对应于图 6—3 和后文论述图 6—4 的 B 点。

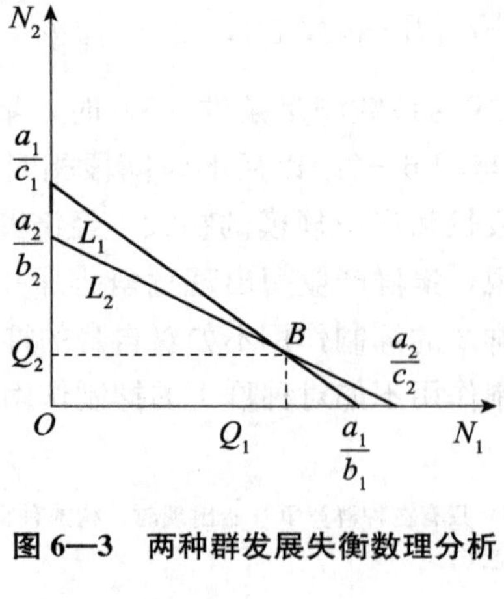

图 6—3　两种群发展失衡数理分析

$$\frac{a_1}{c_1}>\frac{a_2}{b_2},\ \frac{a_1}{b_1}<\frac{a_2}{c_2} \tag{4}$$

与图 6—2 原点到 t_1 点的时间段相对应，可以通过图 6—4 来分析种群 2 和种群 1 由共存、协调发展到竞争排斥的转变关系。根据（1）式和（2）式，有（5）式和（6）式，在假定 N_1 和 N_2 均不为零的情况下可以根据图 6—4 所示曲线 L_1：$a_1-b_1N_1-c_1N_2=0$，L_2：$a_2-b_2N_2-c_2N_1=0$ 来研究种群竞争模型的突变点。直线 L_1 下面的区间构成资源充裕的两种群协调发展的空间，$\frac{dN_1}{dt}>0$、$\frac{dN_2}{dt}>0$。但是，对于集聚经济圈而言，此时种群 2 的发展基本由基于比较优势的低端产业种群 1 的率先发展所决定，种群 1 的发展为种群 2 的发展提供市场需求和要素条件。在种群 1 没有得到充分发展之前，种群 2 不可能脱离种群 1 去发展。

$$\frac{dN_1}{dt}=N_1\ (a_1-b_1N_1-c_1N_2) \qquad a_1,\ b_1,\ c_1>0 \tag{5}$$

$$\frac{dN_2}{dt}=N_2\ (a_2-b_2N_2-c_2N_1) \qquad a_2,\ b_2,\ c_2>0 \tag{6}$$

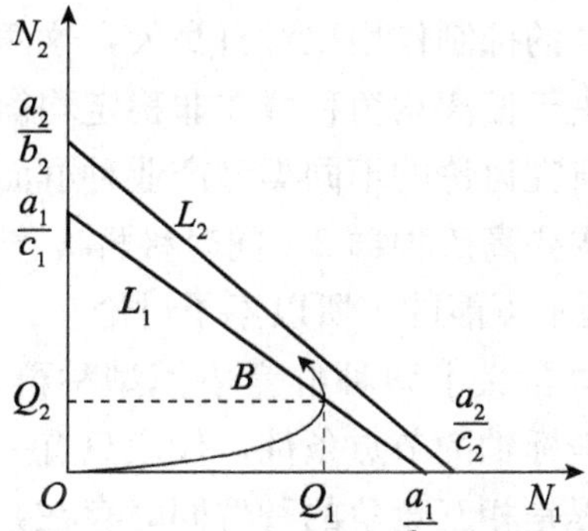

图 6—4　种群竞争的数理分析

集聚经济圈种群 1 和种群 2 由协调到相互排斥发展的路径，可以在图 6—4 用曲线 OB 表示。当种群 1 与种群 2 协调发展的数量分别达到图 6—2 所示 t 时刻的 Q_1 和 Q_2 所示数量时，种群 1 在集聚经济圈的发展空间到达极限。集聚经济圈在区域政府集群产业转型政策支持下，出现种群 2 集群产业发展的自增强过程，种群 2 的发展开始对种群 1 起抑制作用。这在图 6—4 对应于种群 1 和种群 2 数量 Q_1 和 Q_2 的交点 B，所以 B 点可以看做集聚经济圈两种群由共存到排斥的突变点和分隔点，在到达这点之前和到达这点之后，它对应不同的函数形式。在直线 L_1 和 L_2 之间的区间，有

$\frac{dN_1}{dt}<0$、$\frac{dN_2}{dt}>0$ 这意味着种群 2 的数量逐渐增加，种群 1 的数量逐渐减少，最终种群 2 在集聚经济圈完全淘汰种群 1。

然而，正如集群产业的形成与繁荣过程要经历数十年的时间一样，集聚经济圈种群 1 这一传统集群产业价值链低附加值制造业环节向外扩散与种群 2 集群产业的转型也不是一蹴而就的过程，可能需要有十年或者数十年的比较漫长过程。种群 1 向外扩散的动力与过程，取决于种群 2 在国内外产业升级中自身优势的创造，如果种群 2 不能在政府的帮助下在国内外竞争中通过技术进步与创新，创造产业竞争力，赢得自增强发展的空间，就不会给种群 1 的产业发展造成成本不断上升的压力。种群就不会按照图 6—4 种群竞争模型曲线 OB 所描绘的 B 点以后 $\frac{dN_1}{dt}<0$、$\frac{dN_2}{dt}>0$ 的路径产生对种群 1 的排斥作用，这样区域经济的发展就可能出现停滞的状态。

根据种群竞争模型，模型还有一个非稳定均衡点，对这一均衡点的偏离能够产生种群 2 绝对排斥战胜种群 1 和种群 1 绝对排斥战胜种群 2 两类均衡①，其存在的前提条件是——种群 2 对种群 1 的抑制作用比对自身大，和种群 1 对种群 2 的抑制作用比对自身大，这两种情况同时存在，哪一种群最后幸存就取决于偏离均衡种群在非稳定均衡点附近各自的数量规模。这一情况对应于研究讨论的不同类型产业种群而言，其经济学含义是种群 1 产业价值链层次要高于种群 2，同时种群 2 产业价值链层次要高于种群 1，这在现实中是不可能的，所以不予讨论。

以上讨论了经济学含义上两种群竞争模型种群共存或排斥的所有条件。在数学上还存在坐标轴的节点条件，代表只有一个种群的情况；但种群竞争的一个基本前提是相互竞争的种群同时存在，只有一个种群存在的坐标轴节点，经济学意义上种群竞争的讨论没有必要。

必须补充说明的是，对于种群 1 和种群 2 的划分仅是抽象层面，在实际生产中，不同产品即使同属于传统劳动密集型产业，它们各自也会有不同的成本和收益边界，因而在面对产业集聚引起的集聚经济圈商务成本上升带来的压力时，不同产品会有不同的承受能力和产业转移的意愿。种群 2 的抽象也只是针对传统集群产业种群 1 而言，随着更为高层次的集群产业的出现，种群 2 价值链相对低附加值环节也可能进入种群 1 的行列。因

① 有关种群竞争模型的类似解法可以参见王喜平：《两个生物种群竞争的模型分析》，载《农业与技术》，2006（6）。疑为作者疏失，该文在图 3 和图 4 的直线标注 L_1 和 L_2 标反，L_1 应标注为 L_2，L_2 应标注为 L_1。

而，种群 1 只是一个相对的概念。集聚经济圈也可能通过对产业价值链低附加值制造环节的技术创新与品牌战略提升种群 1 部分制造业产品的价值空间，从而变部分种群 1 产品为种群 2 产品，使得经济圈的种群结构具有不同以往的内容。

此外，集聚经济圈相对劳动密集型集群产业的价值链低附加值制造业环节向经济圈外转移的过程，必须先经由集群产业在经济圈内部次区域之间的集聚竞争与扩散、转移过程之后才会出现向经济圈外的转移。

6.6　总结性评论

产业集群是国家参与国际经济竞争的一种重要区域组织形式，发展地方化产业集群是国家参与国际经济竞争的一种有力手段。因而，集聚区域集群产业的衰退是容易引起研究者关注的问题，亟待理论界与决策部门解决。

与现有从资源稀缺、制度锁定、路径依赖等生命周期的视角对某一城市、州或者国家单一产业集群衰退的考察不同，本研究从集聚经济圈多集群或者多元化集群产业的视角考察了集聚经济圈集群产业形成的因素与结构，研究认为集聚经济圈传统集群产业的衰退具有必然性，集聚经济圈区域工业化和产业结构演化进程是影响区域集群产业扩散与转型的内在因素，而全球化分工的外在竞争则构成集聚区域集群产业扩散与转型的外在诱因。研究发现：集聚经济圈多元化产业集群对区域资源竞争产生的稀缺性压力是迫使区域低层次产业价值链的低端环节向区域外转移的内在动力，同时也成为推动政府对经济圈集群产业转型与向外转移进行干预的市场力量。

研究进一步探讨了集聚经济圈集群产业成功转型的条件与可能路径，并从成本—收益层面对产业种群进行了全新区分，运用 Lotka-Volterra 种群竞争模型对区域集群产业转型的内在机理进行了分析。

研究表明，集聚经济圈集群产业的成功转型，离不开其内部次区域政府为集群产业的顺利转型提供的产业发展战略的规划和发展环境的条件性支撑，以及政府对市场制度和市场体系的建设。其中政府能否建立完整的市场体系和健全的市场制度，通过政策措施，发挥市场机制对于资源配置的主导作用，鼓励区域内部企业合理竞争、兼并，规范破产，形成一批具有跨区域投资能力的规模企业又尤为重要。这些企业存在与否关系到区域集群产业转型的成败。

有关种群竞争模型的分析则进一步揭示了集聚经济圈多元化集群产业

转型的内在动力在于多元化集群产业对稀缺资源竞争带来的商务成本上升。

总结本章相关分析可以发现：由于技术进步和创新受生产力发展客观规律的限制，集聚经济圈集群产业的扩散和转型其实是区域工业化进程和产业结构演化的必然产物。政府只有顺应全球化背景下区域工业化进程和产业结构演化的必然趋势，通过产业政策，主动推进集聚经济圈集群产业的扩散和转型，促进产业升级和竞争力增强，才能确保集聚经济圈经济的健康发展。

第7章 产业集聚次区域空间的产业演化

7.1 引言

发展中国家的集聚经济圈要实现与发达国家集聚经济圈经济发展水平、发展阶段的收敛，必须实现与发达国家集聚经济圈在产业结构与技术结构方面的收敛。制造业升级过程构成产业结构高级化的重要内容，是集聚经济圈产业竞争力提升的重要过程。本章主要以长三角制造业主导产业的演化和空间调整为例，对集聚经济圈次区域空间的产业集聚演化进行分析，提出并论述集聚经济圈次区域主导产业倒U形演进假说。

本章框架安排如下，第2节是长三角集聚经济圈次区域制造业基本发展状况的回顾；第3节是次区域制造业主导产业和支柱产业的确定，以长三角为例，在修正区位商指数的基础上，研究主导产业对集聚经济圈产业集聚和高速增长的影响；第4节是集聚经济圈次区域主导产业演进理论与集聚经济圈竞争力提升路径分析；最后是本章的总结性评论。

7.2 集聚经济圈制造业基本发展状况的回顾

7.2.1 经济发展的基本概况

长三角集聚经济圈，改革开放以来，发挥了经济圈要素禀赋的比较优势，实现了经济的高速增长。在中国经济的高速增长过程中，上海维持了其在中国省区经济中的龙头地位，江苏、浙江则在省区经济中异军突起，经济成长迅速。浙江和江苏人均GDP已分别由1978年的688.9元、900.1元人民币，占中国排名第19位和第8位，经历1993年3 980.4元、3 953.6元人民币，占中国排名第6位和第7位，成长为2007年的37 411元、33 928元人民币，中国排名第4和第5位，位居上海、北京、天津之后。

上海历经多年经济发展，较早进入了工业化后期的发展阶段，正朝着发展现代服务业和先进制造业的方向发展。江苏和浙江经济经过多年发展，现在仍处于第二产业比重大于第三产业的工业化中后期发展阶段。长三角的劳动密集型产业、资金密集型、技术密集型产业，在次区域经济发展中分别处于什么地位？改革开放近30年来，各次区域制造业的发展经历了一条什么样的路径，各次区域制造业要实施怎样的产业结构调整和升级，坚持怎样的发展重点与发展思路，才能保证区域经济的持续发展，促进集聚经济圈产业竞争力提升？本研究采用产业演进趋势和区域比较相结合的研究方法，主要根据长三角两省一市和中国1991～2004年统计数据，并结合长三角2010年相关数据与国际比较，来研究集聚经济圈次区域空间产业集聚演化规律。

长三角两省一市中，上海在改革开放以前就是中国最大的工商城市，其工业在1978年占中国工业生产总值的12.91%，而江苏、浙江各自仅占7.29%和2.92%。因而，改革开放前，上海是长三角集聚经济圈乃至中国的工业中心。改革开放以后，随着上海工业化进程和中国市场化进程展开，以及上海工业技术向江浙两地的扩散，上海与江浙两地在中国的分工格局已经发生了显著变化。2007年上海、江苏、浙江在全国的工业生产总值份额已分别变为4.66%、11.86%、8.22%，上海正在成为中国高新技术与现代服务业的集聚基地，而江苏、浙江则成为了中国的工业大省和强省。

长三角地区多为泥沙淤积平原地区，矿产资源贫瘠。改革开放以来，其在中国的工业优势主要集中在制造业方面。此处，根据1992～2005年《上海统计年鉴》、《江苏统计年鉴》、《浙江统计年鉴》、《中国工业经济统计年鉴》、《中国统计年鉴》相关年份制造业的数据，测算1991～2004年以来长三角次区域全部28个加工制造业优势在全国比较中的变化情况。长三角次区域由于各自国土面积和人口数量不同，各次区域某制造业如果要在全国具有竞争输出优势，其制造产业所需占中国该产业比例的最小份额也就不同。中国大陆有31个省市自治区，根据长三角次区域各自具体情况，如果把上海、江苏、浙江各省（市）具体制造业产值占中国的该制造业产值比例的最小份额分别设为4.5%、6%和5%，那么在此之上，就可以认为该省（市）的某制造业在全国具有竞争输出优势。

据上述方法测算①，1991年上海在全国具有输出优势的产业有23个，2004年上海除了农副食品加工业，饮料制造业，纺织业、皮革、毛皮、

① 上海、江苏、浙江各省市1991、2004年常住人口占全国人口之比，各自低于2%、6%、4%，这里按常住人口占全国人口之比区分长三角次区域的产业竞争优势。如果把江苏的优势产业区分的占比标准提高到7%，1991、2004年江苏优势产业分别有约20个。

羽毛（绒）及其制品业，木材加工及木、竹、藤、棕、草制品业，造纸及纸制品业，化学纤维制造业，非金属矿物制品业，有色金属冶炼及压延加工业外，在其余 20 个制造业仍然具有输出优势；1991 年江苏制造业在全国具有输出优势的产业有 24 个，2004 年江苏除了在食品制造业、家具制造业、印刷业和记录媒介的复制、石油加工、炼焦及核燃料加工业没有输出优势外，在其余 24 个制造业仍具有输出优势；浙江自 1991 年以来其输出优势在不断加深，在 1991 年其优势产业只有 20 个，至 2004 年其在全国的优势产业除了农副食品加工业、食品制造业、黑色金属冶炼及压延加工业、通信设备、计算机及其他电子设备制造业外，已达 24 个。

如果把衡量上海、江苏、浙江产业各自在全国份额输出优势占比份额提高到判断其输出优势标准的一倍，分别为 9%、12%、10%，此标准之上的产业作为各自在全国的强优势产业，那么可以有图 7—1、图 7—2 和图 7—3。三图表明，2004 年，江浙沪各次区域在全国的强优势产业，上海有 5 个，江苏和浙江各自有 11 个。上海的强优势产业集中在文教体育用品和资金、技术密集型产业，而江苏和浙江则既有劳动密集型产业，又有资金密集型、技术密集型产业，这可能和各自的工业化进程有关。

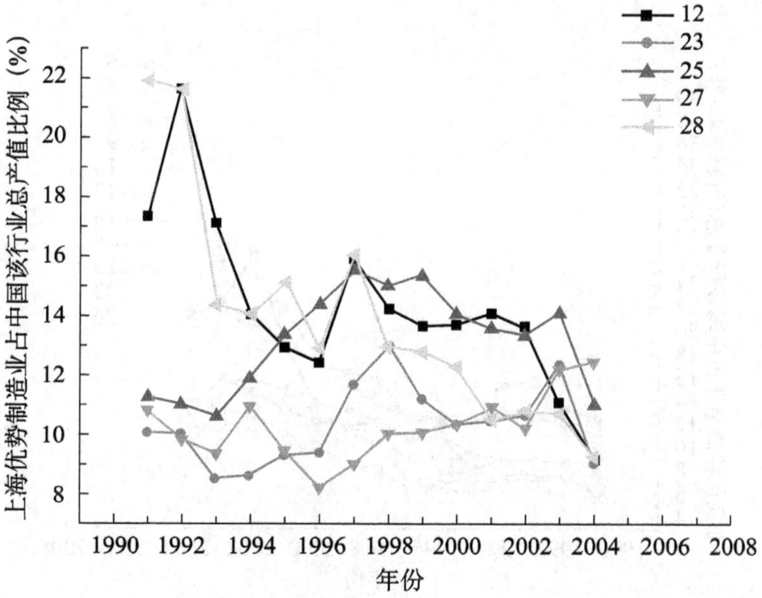

图 7—1　2004 年上海优势制造业产值占中国行业产值之比

说明：产业分类编号同表 2—1。

资料来源：1992～2005 年《中国统计年鉴》、《上海统计年鉴》、《中国工业统计年鉴》相关年份年鉴。

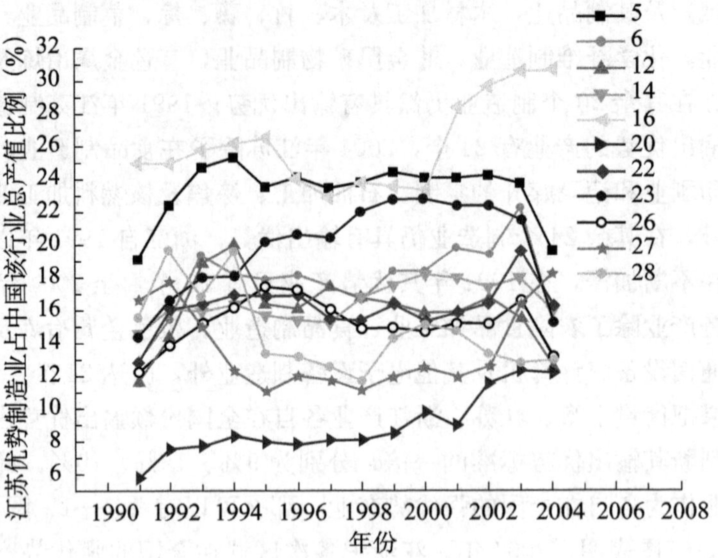

图 7—2　2004 年江苏优势制造业产值占中国行业产值之比

说明：产业分类编号如表 2—1。

资料来源：1992～2005 年《中国统计年鉴》、《江苏统计年鉴》、《中国工业统计年鉴》相关年份年鉴。

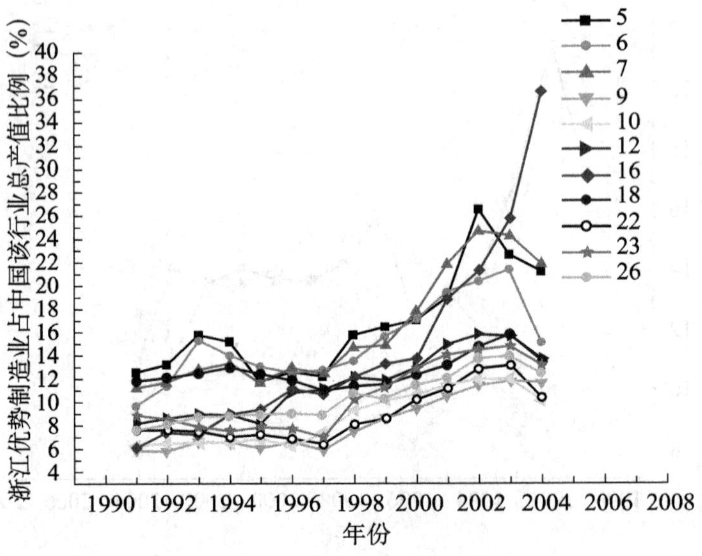

图 7—3　2004 年浙江优势制造业产值占中国行业产值之比

说明：产业分类编号如表 2—1。

资料来源：1992～2005 年《中国统计年鉴》、《浙江统计年鉴》、《中国工业统计年鉴》相关年份年鉴。

7.2.2　次区域各制造业发展的基本阶段分析

虽然上述时期长三角各次区域制造产业基本上都处于输出优势，但具体到次区域各个产业部门，它们处于产业发展的什么阶段，是处于快速上升阶段，增长速度快于全国，还是增长速度放缓，增速慢于全国，需要进一步进行实证研究。为了解长三角集聚经济圈次区域各制造产业发展趋势，这里以 1992～2005 年《上海统计年鉴》、《江苏统计年鉴》、《浙江统计年鉴》、《中国统计年鉴》的相关产业数据，运用第 5 章图 5—6 产业部门增长率方法来确定 1991～2004 年各制造业所属部门，判断各产业是属于发达部门、发展部门，还是成熟部门或者衰退部门。1998 年各制造业统计主体有一定变化，在 1998 年之前按独立核算工业企业统计各产业工业总产值，之后按全部国有及规模以上企业统计各产业工业总产值。为保证统计数据口径一致性，这里选择 1998 年作为分界线，前期以1991～1997 年计算平均增长率，后期以 1998～2004 年计算平均增长率。

长三角次区域各制造业所属部门测算具体结果如表 7—1、表 7—2 所示。其中，上海属于发展部门的产业有 3 个，属于成熟部门的产业有 14 个，属于衰退部门的产业有 11 个；江苏省属于发达部门的产业有 5 个，属于发展部门的产业有 3 个，属于成熟部门的产业有 17 个，属于衰退部门的产业有 3 个；浙江省属于发达部门的产业有 15 个，属于发展部门的产业有 6 个，属于成熟部门的产业有 3 个，属于衰退部门的产业 4 个。通过表 7—1、表 7—2 可知，上海的大部分制造业已经处于成熟或衰退阶段，江苏多数制造业也处于成熟或衰退阶段，浙江则由于工业化进程落后于上海和江苏，其多数制造业还处在属于上升阶段的发达和发展部门。①

表 7—1　长三角次区域与全国制造业产业部门增长率的比较（%）

产业分类	1	2	3	4	5	6	7	8	9	10
S1	15.0	42.3	26.8	15.8	6.2	25.9	25.9	63.7	49.1	21.3
J1	19.5	13.1	30.2	20.6	17.3	33.4	33.6	49.4	27.5	25.8
Z1	20.0	14.8	20.3	4.1	13.4	32.9	36.3	27.0	25.8	25.6
T1	29.2	24.4	24.4	16.7	12.6	25.8	33.0	33.1	26.0	22.3
S2	4.0	9.9	4.9	17.4	1.5	6.1	11.2	－1.3	16.1	6.8
J2	10.5	10.6	7.0	25.9	12.2	13.6	17.3	15.5	15.3	22.1
Z2	14.4	12.8	6.1	25.8	23.7	17.0	25.6	32.8	41.2	21.7
T2	18.6	17.0	8.3	9.9	16.5	14.8	17.5	27.3	32.3	20.7

① 产业部门增长率在确定产业所属部门时也有局限，比如说由于区域工业化进程的原因，电子通讯产业在浙江尚属有待发展的产业，运用产业部门增长率方法却被归入有待淘汰的成熟产业。

续前表

产业分类	11	12	13	14	15	16	17	18	19	20
S1	24.3	27.8	26.4	20.3	21.7	20.3	20.2	33.2	26.2	20.9
J1	26.1	39.5	28.2	22.3	18.5	22.3	18.4	23.8	25.0	30.8
Z1	19.9	36.4	33.9	23.1	21.5	23.1	24.9	22.4	23.7	27.9
T1	19.5	28.5	26.6	21.3	19.7	21.1	18.2	23.5	27.3	21.9
S2	11.3	9.3	36.9	10.6	7.0	1.7	3.8	12.1	14.1	10.0
J2	9.0	12.2	17.2	16.5	18.1	19.2	15.9	12.0	14.1	33.7
Z2	27.6	19.9	25.0	21.9	18.7	38.7	21.0	24.9	21.3	33.3
T2	22.4	16.0	22.9	18.0	14.7	14.9	17.0	22.5	23.6	25.0
产业分类	21	22	23	24	25	26	27	28	29	30
S1	13.9	27.1	20.1	10.7	35.7	29.6	31.7	31.2		
J1	33.3	29.5	24.1	10.2	39.0	31.9	25.4	30.4		
Z1	27.7	20.9	12.4	13.4	35.4	29.3	35.5	39.8		
T1	22.8	24.5	17.1	9.7	29.3	25.5	33.3	31.8		
S2	13.6	9.4	19.6	12.0	17.1	12.7	34.2	16.5		
J2	18.0	21.1	18.2	13.7	16.7	19.5	41.0	25.3		
Z2	30.5	24.6	31.5	23.9	30.0	25.1	28.3	28.7		
T2	23.9	20.6	27.3	20.8	22.7	22.3	28.8	23.4		

说明：(1) 产业分类编号同表2—1；(2) 产业平均增长率计算公式与实际总产值的算法同表5—9；(3) 其中1991、1992年后通用设备制造、专用设备制造、食品加工、食品制造产业统计口径变化，数据缺乏，研究在处理时根据经验采用时间趋势预测数据；(3) 1998年各产业统计主体有一定变化，所以研究选择1998年作为分界线，前期以1991～1997年计算平均增长率，后期以1998～2004年计算平均增长率；(4) S1、J1、Z1表示上海、江苏、浙江前期平均增长率，S2、J2、Z2表示上海、江苏、浙江后期平均增长率；T1表示全国前期平均增长率，T2表示全国后期平均增长率。

资料来源：相关年份《上海统计年鉴》、《江苏统计年鉴》、《浙江统计年鉴》、《中国统计年鉴》。

表7—2　　　　长三角次区域各制造业部门分类

分类	发达部门产业	发展部门产业	成熟部门产业	衰退部门产业
上海		烟草制品业，石油加工、炼焦及核燃料加工业，通信设备、计算机及其他电子设备制造业	食品制造业，饮料制造业，纺织服装、鞋、帽制造业，木材加工及木、竹、藤、棕、草制品业，家具制造业，印刷业和记录媒介的复制，医药制造业，橡胶制品业，塑料制品业，金属制品业，通用设备制造业，专用设备制造业，交通运输设备制造业，电气机械及器材制造业	农副食品加工业，纺织业，皮革、毛皮、羽毛（绒）及其制品业，造纸及纸制品业，文教体育用品制造业，化学原料及化学制品制造业，化学纤维制造业，非金属矿物制品业，黑色金属冶炼及压延加工业，有色金属冶炼及压延加工业，仪器仪表及文化、办公用机械制造业

续前表

分类	发达部门产业	发展部门产业	成熟部门产业	衰退部门产业
江苏	烟草制品业，造纸及纸制品业，化学纤维制造业，黑色金属冶炼及压延加工业，金属制品业	医药制造业，通信设备、计算机及其他电子设备制造业，仪器仪表及文化、办公用机械制造业	饮料制造业，纺织业，纺织服装、鞋、帽制造业，皮革、毛皮、羽毛（绒）及其制品业，木材加工及木、竹、藤、棕、草制品业，家具制造业，印刷业和记录媒介的复制，文教体育用品制造业，石油加工、炼焦及核燃料加工业，化学原料及化学制品制造业，橡胶制品业，塑料制品业，有色金属冶炼及压延加工业，通用设备制造业，专用设备制造业，交通运输设备制造业，电气机械及器材制造业	农副食品加工业，食品制造业，非金属矿物制品业
浙江	纺织业，纺织服装、鞋、帽制造业，皮革、毛皮、羽毛（绒）及其制品业，印刷业和记录媒介的复制，文教体育用品制造业，石油加工、炼焦及核燃料加工业，化学原料及化学制品制造业，医药制造业，化学纤维制造业，橡胶制品业，黑色金属冶炼及压延加工业，有色金属冶炼及压延加工业，交通运输设备制造业，电气机械及器材制造业，仪器仪表及文化、办公用机械制造业	烟草制品业，木材加工及木、竹、藤、棕、草制品业，家具制造业，塑料制品业，金属制品业，通用设备制造业	造纸及纸制品业，专用设备制造业，通信设备、计算机及其他电子设备制造业	农副食品加工业，食品制造业，饮料制造业，非金属矿物制品业

7.3 主导产业的确定与主导产业对产业集聚的影响

7.3.1 主导产业确定指数区位商的修正

1991～2004年，长三角各次区域的制造业有的处于加速增长的阶段，有的则处于减速发展或者衰退的阶段，什么是各次区域这一时期发展的主导产业，其主导产业存在什么演变规律，令人关注。长三角作为中国的增长极，其次区域主导产业的快速发展为集聚经济圈内部其他次区域相关产业的进一步集聚和快速发展，提供了市场条件和发展环境，对区域经济的发展起着带动作用。可以认为，没有长三角各次区域地区产业的合理分工与主导产业的发展，就没有长三角集聚经济圈经济的繁荣。王辑慈（2001）批评计划经济刚性思维下区域经济支柱产业发展的思路时，强调应该发展产业集群，创造竞争优势；而林毅夫和李永军（2003）认为，比较优势是竞争优势的基础与必要性条件。所以，区域经济跳出计划经济刚性思维，根据自身经济发展条件所决定的比较优势，选择适合自身发展战略的主导产业和支柱产业，不失为一种科学合理的选择。

在确定区域制造业的主导产业方面，没有一个统一方法。一个基本思路是定性与定量分析相结合，即一看地区该产业在全国的专业化程度和成长速度，二看该产业在地区经济中的比重。主导产业识别的难点是难以对其动态变化进行分析（陈秀山，张可云，2005），常见的主导产业选择基准理论有赫希曼基准、罗斯托基准和筱原三代平基准等（江世银，2004），但这些方法在研究中难以操作。本研究在修正区位商的基础上，提出了以“区位商—产业部门增长率”衡量主导产业动态变化的方法。按照这一方法，研究和确定长三角各次区域主导产业的发展变化，具有明显的可行性和合理性。

在衡量地区产业在全国专业化程度方面，一个普遍采用的传统方法是区位商指数，这一指数的计算方法如（1）式：

$$\text{区位商}（LQ）=\frac{\text{区域内某}\,i\,\text{产业产值}}{\text{区域工业总产值}}\div\frac{\text{全国某}\,i\,\text{产业产值}}{\text{全国工业总产值}} \quad (1)$$

一般来说，$LQ>1$ 时，表示制造业 i 产业在该地区的专业化优势超过全国，属于具有输出优势的专业化部门，LQ 越大，输出优势则越大；$LQ<1$ 时，表示 i 产业在该地区的专业化优势低于全国，从外地输入相关产品。$LQ=1$，表示该地区产业在全国没有专业化优势。

这一指数的缺陷是没有考虑工业产品内部的地区结构和三次产业之间

的总量结构，因而不能有效地测度某地区产业在全国的分工优势和输出优势。① 某地区如果属于不发达地区，其工业总体不发达，所有工业品都接受全国其他地区的输入，但其工业产品内部某代表性 i 产业区位商仍可能高于全国。例如，某地区工业落后，只生产少量种类工业产品，而且其工业产品皆由区外输入，但由于其工业总量小，其某产业区位商仍可能高于发达的该产业的工业输出地区。此外，由于要素禀赋的原因，有的地区主要发展以生产加工为主的制造业，有的地区则主要发展以采掘为主的原料重工业，有的地区则主要发展农业，有的地区则主要发展虚拟经济和服务业；但是不论发展什么产业，任何产业都离不开对工业品的需求，因而在考虑区位商时如果主要以某产业产值对区域或全国的 GDP 贡献为考量，应该更为合理。GDP 通过加总区域和全国的各产业产值，对区域某产业在全国的分工优势，进行了产业内部的地区结构和三次产业之间的总量结构平滑，可以消除 LQ 测算中的某些扭曲因素。事实上，地方政府关心的也恰恰是区域产业对当地 GDP 的贡献。基于上述分析，本章对区位商指数进行修正，新的修正后的区位商（LQ）测算方法如（2）式②：

$$\text{区位商}\ (LQ) = \frac{\text{区域某}\ i\ \text{产业产值}}{\text{区域 GDP 总值}} \div \frac{\text{全国某}\ i\ \text{产业产值}}{\text{全国 GDP 总值}} \qquad (2)$$

下面设定一个两部门、两地区的单一国家模型，对（2）式提出的理论进行检验。假定存有一个只包含工业和农业两大部门、发达和不发达两个地区的国家，其发达地区所有工业产业在全国处于输出优势，不发达地区则接受产品输入，其工农产业和工业部门代表性 i 产业产值如下表 7—3 所示。

---

① 还有一种方法是用某产业产值除该产业就业人数来计算区位商，这一方法的局限如后文所述，同样没有考虑对区域经济结构和总量产值进行平滑。

② 修正的区位商还可以用另一式子 $LQ=LIQ/LGQ$ 表示，其中 $LIQ=$区域某 i 产业产值/全国某 i 产业产值，$LGQ=$区域 GDP/全国 GDP，LIQ、LGQ 两者均是无量纲的量，两者之商表示区域 i 产业对区域 GDP 的贡献度。一种可能的疑问是是否将（2）式中的 i 产业产值用 i 产业增加值代替更为合理，本研究认为使用工业总产值计算区位商比增加值至少有以下方面的优越性：（1）工业增加值属于 GDP 核算的生产法，它不反映生产产品与外部世界的产业关联，而采用工业总产值计算区位商可以更好地反映区域优势产业的产业关联。（2）工业总产值包含了中间产品部分，它可以通过产业关联从收入和支出两个方面影响 GDP 的增长，甚至可以从生产方面影响其他产业生产的效率，这样通过三次产业的产业关联对作为区位商分母的 GDP 产生更多贡献，因而采用工业总产值计算区位商可以很好地把其对区域 GDP 的影响考虑在内。一般而言，区域产业具有较强的竞争力，通过产业关联对区域 GDP 的贡献程度就会较大，但从全国而言，产业全国平均的竞争力和产业关联要小于具有产业竞争优势的区域，进而产业对全国 GDP 的影响就相对偏小。

表 7—3 单一国家模型设定数据 （单位：亿美元）

产业产值	发达地区	不发达地区
工业产值	11 500	500
农业产值	8 000	9 000
i 产业产值	500	50
区域 GDP	13 500	6 000

工业总产值区位商算法：

发达地区区位商 $LQ_i=0.95$，不发达地区区位商 $LQ_i=2.18$；

GDP 区位商算法：

发达地区区位商 $LQ_i=1.31$，不发达地区区位商 $LQ_i=0.30$。

显然，第二种 GDP 区位商算法反映了发达地区 i 产业工业品在全国的输出优势，所以这里用第二种算法来测算区域产业的区位商。$LQ>1$ 时，表示制造业 i 产业在该地区的专业化优势超过全国，属于具有输出优势的专业化部门，LQ 越大，输出优势则越大；$LQ<1$，表示 i 产业在该地区的专业化优势低于全国，从外地输入相关产品。$LQ=1$，表示该地区 i 产业在全国没有专业化优势。

7.3.2 长三角次区域主导产业和支柱产业的分类

在定量分析方面，假定产业产值占长三角次区域 GDP 的 5%为长三角次区域的主导或支柱产业，根据相关统计年鉴 1993、2003 年的数据，有表 5—7 报告的长三角次区域主导或支柱产业。出于比较长三角次区域改革开放以来至 2003 年期间次区域主导和支柱产业的变化，以及下文主导产业演进理论分析的必要，研究在表 7—4 报告了 1983 年长三角次区域主导或支柱产业的划分情况。

在对主导或支柱产业进行初步定量划分后，在定性分析方面，本研究采用区位商和产业增长率中的平均增长率，并结合表 5—7、表 7—4 所列的产业，来确定长三角集聚经济圈内部次区域的主导产业和支柱产业。平均增长率主要用来衡量主导产业对区域经济的增长带动作用，增长速度越快，带动作用越强。采用平均增长率可以消除个别年份因市场需求变化和产业产能等方面原因引起的对区域相关产业带动能力的误判。

根据区位商和产业增长率中的平均增长率，这里按表 7—5 所示，把区位商大于等于 2，考察期内平均增长率大于等于 20%的产业作为一级主导产业。把区位商大于等于 1.5 但小于 2，且增长率大于等于 20%；或者区位商大于等于 2，但年均增长率低于 20%的产业作为二级主导产业。而把区位商大于等于 1.5 小于 2，年均产值增速大于 15%小于 20%；或者区位商小于 1.5，但产业产值占区域 GDP5%以上的产业确定为支柱产业。

表 7—4　长三角次区域主导或支柱产业（1983）

分类	上海	江苏	浙江
1983	食品制造业，纺织业，石油加工、炼焦及核燃料加工业，化学原料及化学制品制造业，黑色金属冶炼及压延加工业，通用设备制造业，专用设备制造业	食品制造业，纺织业，化学原料及化学制品制造业，非金属矿物制品业，通用设备制造业，专用设备制造业	纺织业，化学原料及化学制品制造业，非金属矿制品业，通用设备制造业

说明：上海和江苏的食品加工与食品制造在 1983 年统称为食品制造业。

资料来源：相关年份《中国统计年鉴》、《上海统计年鉴》、《江苏统计年鉴》、《浙江统计年鉴》。

根据上述方法，考虑到区域商业周期的变化，在实际计算区位商的过程中，研究分别以 1991～1993 年，2001～2003 年各区间的平均区位商代替 1993、2003 年主导或支柱产业的区位商。之所以以 1993 和 2003 年为基点前推两年，是因为研究考察的时间段为 1991～2004 年，1993、2003 两个年份分别处于考察区间的两端附近，前推有利于保持考察区间区位商变化时，有足够的考察时间长度。①

根据本研究提出的"区位商—产业部门增长率"的主导产业确定方法，有表 7—6、表 7—7。出于研究参考对照需要，表 7—6、表 7—7 还报告了长三角次区域主导或支柱产业 1983 年的区位商。1983 年区位商只以 1983 年数据计算，因为这一年仅作为区位商变化分析的参照系，其时间跨度长，又不涉及主导产业判断问题，其可能的商业周期波动导致的区位商变化对主导产业的判断没有影响。

必须补充说明的是，本研究一级主导产业、二级主导产业的划分主要是依据其区位商和平均增长率的大小，并未考虑该产业对区域国民经济增长的带动作用。可能有的二级主导产业由于其属于资金密集或技术密集型产业，产品价值高，其对国民经济的带动作用，要比作为一级主导产业部门的劳动密集型产业还要强。所谓一级、二级是相对区域对全国同一产业的分工优势而言，具体到不同产业对区域经济的带动作用，要做另外的实

① 理论上看，这里计算的区位商似乎可以看成 1992、2002 年的区位商的计算。事实上，长三角次区域 1992、2002 年的主导和支柱产业和 1993、2003 年相比除个别外基本一致。选择 1993 年和 2003 年作为考察区域主导或支柱产业的时间样本，是因为 1993 年和 2003 年位于考察区间 1991—2004 时间的边缘，而选择考察区间边缘有助于发现新的主导产业。

证研究。

表 7—5 主导产业与支柱产业划分标准

一级主导产业	LQ≥2，且 G≥20%
二级主导产业	1.5≤LQ<2，且 G≥20%
	LQ≥2，且增速<20%
支柱产业	1.5≤LQ<2，且 15%<G<20%
	总产值占区域 GDP5%以上

说明：G 表示增长率。

表 7—6 江苏支柱和主导产业分类

产业分类		区位商（1983）	区位商（1993）	平均增长率（1991～1997，%）	区位商（2003）	平均增长率（1998～2004，%）
二级主导产业	纺织业	2.222	2.735	17.3	2.360	12.2
	纺织服装、鞋、帽制造业	1.305	2.011	33.4	2.013	13.6
	金属制品业	—	1.873	29.5	1.697	21.1
	通用设备制造业	1.229	1.761	24.1	2.175	18.2
支柱产业	农副食品加工业	—	1.079	19.5	0.900	10.5
	化学原料及化学制品制造业	1.399	1.943	22.3	1.814	16.5
	非金属矿物制品业	1.819	1.391	25.0	1.021	14.1
	黑色金属冶炼及压延加工业	0.524	0.871	30.8	1.074	33.7
	专用设备制造业	1.426	1.975	10.2	1.556	13.7
	交通运输设备制造业	0.837	1.048	39.0	0.846	16.7
	电气机械及器材制造业	—	1.712	31.9	1.535	19.5
	通信设备、计算机及其他电子设备制造业	2.180	2.062	25.4	1.335	41.0

说明：(1)"—"表示缺少相关资料；(2) 产业平均增长率计算公式与增长率使用的实际总产值算法同表 5—9；(3) 其中 1993 年主导产业用 1991～1997 年平均增长率表示该产业对地区经济的带动作用，2003 年主导产业则用 1998～2004 年平均增长率表示该产业对地区经济的带动作用。

资料来源：1984 年、1992～2005 年《中国统计年鉴》、《江苏统计年鉴》。

上海作为中国最大和现代化程度最高的工商城市之一，改革开放以来，其产业结构已经发生了巨大变化，研究将在后文对其主导产业结构演化规律进行分析。这里表 7—6 和表 7—7 部分，只报告 1991～2004 年间江苏和浙江两省主导产业的动态变化。

表 7—7　浙江支柱和主导产业分类

产业分类		区位商(1983)	区位商(1993)	平均增长率(1991～1997,%)	区位商(2003)	平均增长率(1998～2004,%)
一级主导产业	纺织业	1.39	2.644	13.4	3.054	23.8
	皮革、毛皮、羽毛(绒)及其制品业	1.36	2.296	36.3	3.179	25.6
	化学纤维制造业	—	1.341	33.7	2.946	38.7
二级主导产业	纺织服装、鞋、帽制造业	0.93	2.303	32.9	2.747	17.0
	塑料制品业	—	2.327	22.4	1.955	24.0
	通用设备制造业	1.61	1.753	12.4	1.945	31.5
	电气机械及器材制造业	0.59	1.550	29.3	1.773	25.1
	金属制品业	0.62	1.458	20.9	1.659	24.6
支柱产业	通信设备、计算机及其他电子设备制造业	0.97	0.928	35.4	0.523	28.3
	交通运输设备制造业	—	0.632	35.4	0.845	30.0
	化学原料及化学制品制造业	1.06	0.957	23.1	0.979	21.9
	专用设备制造业	0.35	1.285	13.4	1.368	23.9
	非金属矿物制品业	1.47	1.151	23.7	0.858	21.3

说明：(1)"—"表示缺少相关资料，浙江化学纤维工业2003年不到浙江GDP的5%，但其产值增长迅速，2004年已达浙江GDP的6.5%；(2)产业平均增长率计算公式与增长率使用的实际总产值算法同表5—9；(3)其中1993年主导产业用1991～1997年平均增长率表示该产业对地区经济的带动作用，2003年主导产业则用1998～2004年平均增长率表示该产业对地区经济的带动作用。

资料来源：1984年、1992～2005年《中国统计年鉴》、《浙江统计年鉴》。

从表7—6和表7—7报告的相关数据可以看出：改革开放后一段时期，江浙两省得益于中国体制改革的优势和地区区域要素优势，其主导产业在全国具有明显的竞争优势，保持了多年高速增长，但是随着区域经济的工业化进程给次区域带来的产业结构演变，次区域主导产业的地位也发生了不同以往的变化。

2003年，江苏省二级主导产业有纺织业，纺织服装、鞋、帽制造业，金属制品业，通用设备制造业；其中纺织服装、鞋、帽制造业由1993年的一级主导产业演化而来，纺织业，金属制品业和通用设备制造业则维持了1993年的二级主导产业格局；在江苏省2003年的支柱产业中，化学原料及化学制品制造业，电气机械及器材制造业，通信设备、计算机及其他电子设备制造业由1993年的二级主导产业、一级主导产业转化而来，而农副食品加工业、专用设备制造业则在2003年退出了支柱产业的行列。

2003年浙江省的一级主导产业为纺织业，皮革、毛皮、羽毛（绒）及其制品业，化学纤维制造业，其中纺织业、化学纤维制造业由1993年的二级主导产业或非支柱产业转化而来，皮革、毛皮、羽毛（绒）及其制品业则维持并强化了其1993年一级主导产业的地位；二级主导产业中通用设备制造业，金属制品业由1993年支柱产业转变而来，而二级主导产业中的纺织服装、鞋、帽制造业，塑料制品业由1993年的一级主导产业转化而来，电气机械及器材制造维持了原有的二级主导产业的地位，专用设备制造业则在2003年退出了支柱产业的行列。

江苏、浙江次区域一级主导产业与二级主导产业、二级主导产业与支柱产业、支柱产业与非支柱产业的相互转化表明，随着区域工业化进程的深化和产业结构的高度化，集聚经济圈内部次区域劳动密集型的产业对次区域经济的影响力正在减弱，相对资金密集型产业的影响力正在增强。江苏在资金密集型产业发展方面，相对全国其他高速增长的区域不够突出，虽然其在通用设备制造业、电气机械及器材制造业、金属制品业方面保持了连年高速增长，但在全国的竞争优势并没有增强；浙江则在资金密集型产业方面区位商不断增大，通用设备制造业，电器机械及器材产业，金属制品业，这些资金密集型产业由支柱产业变为二级主导产业或强化了其二级主导产业的地位。

此外，在2003年支柱产业中，江苏的黑色金属冶炼及压延加工业，交通运输设备制造业，电气机械及器材制造业和通信设备、计算机及其他电子设备制造业，浙江的化学原料及化学制品，交通运输设备制造业，计算机及其他电子设备制造业虽然区位商不高，但是由于相关产业均为相对资金或技术密集型产业，产品附加值高因而成为各自支柱产业。根据江浙两省各自的工业化进程，资金或技术密集型产业将是两省之后经济发展的重点与方向。江苏2003年支柱产业电器机械与器材制造业，通信设备、计算机及其他电子设备制造业与1993年相比在全国分工优势的降低，应该和产业发展重点还没有转到这些方面有关。

7.3.3 主导产业对产业集聚的影响

改革开放以来，长三角次区域主导产业的高速增长对长三角集聚经济圈的经济增长发挥了重要作用。没有长三角次区域主导产业的高速增长以及由此带来的产业集聚，就没有长三角集聚经济圈的产业集聚。

罗斯托较早对主导产业功能进行了分析，他研究发现区域经济增长阶段的演进与经济部门重要性的依次变化存在对应关系（陈秀山，张可云，2005）：在众多的产业部门中，每一阶段都有与之相对应的起主导作用的主导产业；起主导作用的产业由于采用了先进技术，降低了成本，扩大了市场，增加了利润和积累，扩大了对其他部门一系列产品的需求，从而带动了区域经济的发展。

集聚经济圈内部次区域主导产业对集聚经济圈高速增长和产业集聚的带动作用通过前瞻影响、回顾影响与旁侧影响来实现。前瞻影响指主导产业对以其产出为投入产业的影响，比如木材加工业对家具制造业的影响；回顾影响指主导产业对为其提供投入产业的影响，比如汽车工业发展对橡胶和钢铁工业的影响；旁侧影响指主导产业对于区域的间接影响，比如主导产业的发展对于改善居民生活水平的影响，对于区域经济发展发展软环境的影响，等等。

从江苏和浙江两省主导产业经济发展的实践来看，其纺织业，纺织服装、鞋、帽制造业等主导产业的发展，通过产业关联带动了金属制品业、通用设备制造业等主导产业的发展；金属制品业、通用设备制造业作为主导产业的发展，继而又通过产业关联带动了黑色金属冶炼及压延加工及通信设备、计算机及其他电子设备支柱产业以及其他产业的发展，等等。江苏和浙江两省主导产业的高速增长不仅通过产业关联带动了区域内其他制造业的发展，而且通过制造业的发展增加了区域的就业，促进了劳动力在区域的集中，因而带动了区域对生活性和生产性服务业的发展需求，促进了区域服务业的发展。而且，集聚经济圈内部次区域主导产业发展的影响不会局限于次区域内部，还会发生在次区域之间，导致地理空间相邻次区域之间的要素流动。

表 7—8 通过 1993 年、2003 年相关数据来分析 1993～2003 年间，长三角次区域主导产业高速增长，对集聚经济圈常住人口、就业人数与第二产业、第三产业 GDP 变化产生的前瞻影响、回顾影响和旁侧影响。表 7—8 表明，由于主导产业带来的高速增长效应，长三角次区域 2003 年的常住人口、就业人数与第二产业、第三产业 GDP 与 1993 年相比都发生了一定比例的增加，其中以第二产业、第三产业 GDP 增加的幅度最大，这是产业间协调发展的结果。

表 7—8　长三角次区域主导产业的产业关联影响

分类		1993 年	2003 年	增长率 R（%）
上海	常住人口	1 400	1 713	22.4
	就业人数	756.35	813.05	7.5
	第二产业 GDP	902.38	2 743.74	204.1
	第三产业 GDP	579.03	2 081.33	259.5

续前表

分类		1993 年	2003 年	增长率 R（%）
江苏	常住人口	6 967.27	7 405.82	6.3
	就业人数	4 339.81	4 468.67	3.0
	第二产业 GDP	1 598.05	5 934.96	271.4
	第三产业 GDP	909.52	3 403.11	274.2
浙江	常住人口	4 256	4 679.55	10.0
	就业人数	2 615.89	2 918.74	11.6
	第二产业 GDP	983.96	3 919.93	298.4
	第三产业 GDP	625.98	2 099.46	235.4

说明：(1) 常住人口与就业人数的度量单位为：万人，第二产业、第三产业 GDP 为实际 GDP，以 1993 年为基期，度量单位为亿元；(2) R 表示常住人口、就业人数与第二产业、第三产业实际 GDP 的增长率，设定测算变量为 x，则 $R=（x_{2003}-x_{1993}）/x_{1993}$。

资料来源：江苏常住人口数据来自《江苏统计年鉴 2005》，上海和浙江常住人口数据根据百度网络搜索权威部门发布的数据整理。

显然，长三角集聚经济圈如果离开了次区域主导产业高速增长产生的以产业关联和市场关联为核心的产业发展的金钱外部性，集聚经济圈相对于其他区域的高速增长和产业集聚就不可能发生。集聚经济圈的高速增长与产业集聚，实质就是其次区域主导产业的高速增长和集聚。集聚经济圈正是通过其内部次区域主导产业的高速增长产生的产业关联和市场关联，带动了区域相关产业的发展和集聚。

7.4 主导产业演进的理论与集聚经济圈竞争力提升的路径

7.4.1 主导产业的演进：理论和实证

为揭示集聚经济圈次区域主导产业的演进过程和特征，解构集聚经济圈产业空间演化的重点与方向，本研究提出次区域主导产业倒 U 形演进假说，如图 7—4 所示。经验表明，集聚经济圈次区域的产业集聚和高速增长过程中，次区域主导产业的演进先从区域朝阳产业开始，其以较高的增长率在区域 GDP 的比重日趋增加，成为次区域的支柱产业，但在全国的专业化优势并不明显。随着该产业的进一步快速成长和政府的培育支持，该产业在全国分工优势得以加强，从而先后成为次区域的二级、一级主导产业；但随着次区域经济进一步发展和次区域产业的升级、传统产业技术的扩散，以及次区域经济发展商务成本的升高，其一级主导产业就会逐渐向二级主导产业、支柱产业转化，最后成为夕阳产业被区域淘汰。

在确定集聚经济圈次区域主导产业由上升阶段向下滑阶段过渡的

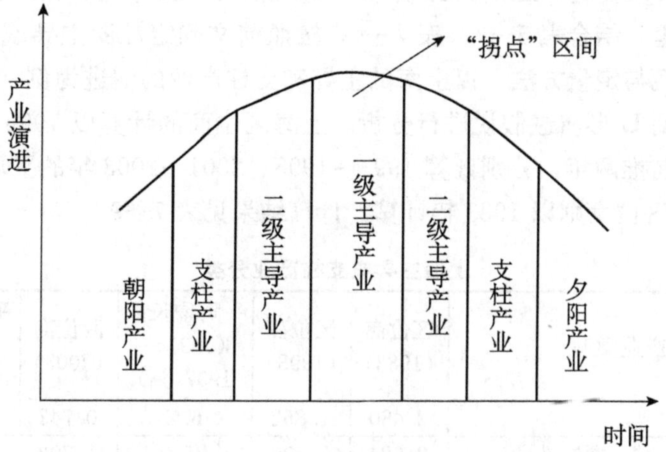

图 7—4　区域主导产业倒 U 形演进图

"拐点"方面，可以根据"区位商—区间产业平均增长率"的方法来确定。本研究提出的"区位商—区间产业平均增长率"判断主导产业出现下滑趋势的方法，只是一种粗略的判断方法。该方法是首先选择该主导产业快速增长的基点年份和判断区域产业可能进入一级主导产业的区位商临界值①；其次，以主导产业快速增长年份为基点在一个较长的时期，每大约六七年划分成一个区间，计算区间的平均增长率；再次，如果在两个连续的区间区位商变化由高于临界值变化到低于临界值，或者区位商虽然大于临界值但平均增长率下降到某个临界值以下，基本就可以判断该区域的这一主导产业对区域的带动作用已开始出现减弱的迹象。② 次区域前一阶段是否当成一级主导产业向二级主导产业转化的"拐点"，还是采用积极的产业政策延缓这一过程，这需要区域政府结合地区经济的发展实际进行合理的判断。集聚经济圈次区域的主导产业在经过一级和二级主导产业期间较为快速的发展后，就会进入发展较为缓慢的支柱产业期间，逐渐向夕阳产业转变，这时区域政府必须根据自身工业化进程，适时采取合理的产业结构优化政策，积极调整区域产业结构。

集聚经济圈次区域主导产业向夕阳产业转化的过程，是次区域由于经

① 前文将集聚经济圈次区域一级主导产业向二级主导产业转换的区位商临界值设为 2，这是一种粗略的做法。根据不同集聚经济圈次区域和产业各自的不同情况，也许有不同的临界值。

② 本章在一级主导产业向二级主导产业转换方面，产业平均增长率设定的临界值是 20%，也只是一种比较粗略的估计，不同区域可能有不同标准。

济发展条件的变化，逐渐向区域外转移产业，产出、产能向区域外扩散的过程。这里，结合表5—7、表7—4，按照前文确定江浙主导或支柱产业类似的定性与定量方法，以上海的主导和支柱产业的演进为例，对次区域主导产业倒U形演进假说进行分析。上海区位商的计算以1993年、2003年为基期前推两年，分别计算1991～1993、2001～2003年的平均区位商，1983年的区位商则以1983年计算，计算结果见表7—9。

表7—9　上海主导或支柱产业分类

产业类型	区位商（1983）	区位商（1993）	平均增长率（1991～1997，%）	区位商（2003）	平均增长率（1998～2004，%）
纺织业	2.480	1.862	6.2	0.742	1.5
纺织服装、鞋、帽制造业	2.084	2.139	25.9	1.793	6.1
皮革、毛皮、羽毛（绒）及其制品业	1.645	1.633	25.9	0.733	11.2
石油加工、炼焦及核燃料加工业	0.624	1.159	26.4	1.550	36.9
化学原料及化学制品制造业	2.037	1.757	20.3	1.319	10.6
化学纤维制造业	5.128	4.534	19.1	0.910	1.7
黑色金属冶炼及压延加工业	2.661	3.355	20.9	1.860	10.0
有色金属冶炼及压延加工业	2.297	1.931	13.9	0.755	13.5
金属制品业	3.197	2.080	27.1	1.834	9.4
通用设备制造业	2.363	2.595	24.4	2.148	19.6
专用设备制造业	2.595	1.893	10.7	1.369	12.0
交通运输设备制造业	1.87	2.598	35.7	2.642	17.1
电气机械及器材制造业	—	2.207	29.6	1.553	12.7
通信设备、计算机及其他电子设备制造业	3.511	2.373	31.7	2.143	34.2

说明：(1)"—"表示缺少相关资料；(2)产业平均增长率计算公式与增长率使用实际总产值算法同表5—9；(3)其中1993年主导产业用1991～1997年平均增长率表示该产业对地区经济的带动作用，2003年主导产业则用1998～2004年平均增长率表示该产业对地区经济的带动作用。

资料来源：1984年、1992～2005年《中国统计年鉴》、《上海统计年鉴》。

根据表7—9，从1983年数据来看，除了由于计划经济布局没有加以扶持的石油加工、炼焦及核燃料加工业外，上海作为我国的经济中心，其主导或支柱产业在我国的专业分工度指数，优势非常明显。但随着改革开放政策的实施、市场化进程的加快和江浙等沿海地区在中国体制外增量改革中的崛起，从1993年、2003年的数据看，上海主导或支柱产业中传统劳动密集型和资金密集型的产业，在全国的分工优势明显减弱，如纺织业，纺织服装、鞋、帽制造业，皮革、毛皮、羽毛（绒）及其制品业，化学原料及化学制品制造业，化学纤维制造业，黑色金属冶炼及压延加工业，有色金属冶炼及压延加工业，金属制品业，通用设备制造业，专用设备制造业，电气机械及器材制造业等；而技术密集产业或与技术密集产业密切相关的资金密集型产业在全国的分工优势却得以加强，或者得以维持，如石油加工、炼焦及核燃料加工业，交通运输设备制造业，通信设备、计算机及其他电子设备制造业等。造成这一现象的原因有以下几方面：

一是改革开放以后，上海由于国有经济的比重高而在增量改革方面落后于沿海其他地区，同时所有权方面的弱势和世界产业转移大背景条件下产生的技术向中国沿海其他省份的外溢，使上海传统劳动和资金密集型的产业分工优势，被相对削弱。当然在体制转型之初，上海也会出现由于享有中国产业发展战略转型给其轻工产品提供的市场机遇，从而获得轻工产品方面的快速增长。二是随着改革开放步伐加快，上海经济一方面面临自身经济发展带来产业升级要求，另一方面海内外产业向上海的集聚也引起该地区商务成本上升，从而产生了向区域外和江浙两省转移部分传统劳动和资金密集产业的要求和现实。三是由于传统产业技术的扩散，江浙或其他地区对传统产业的核心技术的掌握和相对劳动力成本较低等比较优势，分散了上海某些产业在该领域优势或者直接导致上海这些产业生产的萎缩，从而不得不针对相关产业进行相应的结构调整。

按照前文选择主导产业和支柱产业的标准，可以发现上海市 1993 年的一级主导产业经过 10 年的发展至 2003 年，其纺织服装、鞋、帽制造业，黑色金属冶炼及压延加工业，电气机械及器材制造业均向支柱或非支柱产业进行了转化；通用设备制造业，交通运输设备制造业，通信设备、计算机及其他电子设备制造业还保持原有的一级主导产业的地位，或者开始向二级主导产业转化。二级主导产业化学原料及化学制品制造业，化学纤维制造业，以及一级主导产业金属制品业均向支柱或非支柱产业进行了转化。其支柱产业纺织业，专用设备制造业向非支柱产业进行了转化，而非支柱产业石油加工向二级主导产业进行转化。

综观上海区域主导产业 1983 年以来产业发展、成长、成熟再到衰退阶段，其区域区位商的变化，可以看出集聚经济圈次区域主导产业演进过程符合集聚经济圈次区域主导产业倒 U 形演进图假说所描述的演进特征。1993 年上海一级主导产业纺织服装、鞋、帽制造业，黑色金属冶炼及压延加工业，金属制品业，通用设备制造业，电气机械及器材制造业在1983年到1993年期间由倒U形图左端向顶端攀升的趋势非常明显，在1993年之后由倒U形图的顶端向右下端下滑的趋势非常明显；但是，相对资金密集型的产业，下滑趋势相对较慢。此外，上海石油加工、炼焦及核燃料加工业，交通运输设备制造业1983年以来由倒U形图左端向上攀升的趋势非常明显；但是，其一级主导产业交通运输制造业在1993年之后，增长也明显放缓，出现向倒U形图右端下滑的趋势。上海制造业主导产业演进的历史表明，发达区域和集聚经济圈次区域经济发展必然要经由工业化不断升级的过程，由传统轻工业、低加工度重工业社会向高加工度重工业社会转变。

需要强调的是，集聚经济圈次区域主导产业的生命周期和其上升阶段时期的长短，取决于次区域该产业相对其他区域同产业的竞争优势和产业政策等方面的影响因素，不能一概而论。对于集聚经济圈次区域处于上升阶段的某主导产业，如果次区域工业化进程较慢，虽然该产业已经受到其他区域产业强有力的竞争，但由于该产业受到次区域政府资金、科技、政策优惠等方面产业政策的支持，其处于上升阶段的时期可能会比较长。相反，如果集聚经济圈次区域工业化进程较快，该主导产业在次区域发展的商务成本大幅上升且缺乏相应政策支持，其在区域发展的利润空间和竞争优势就会受到压缩，将较快导致该产业产出和产能向其他区域转移。

7.4.2　集聚经济圈竞争力提升的路径分析

1. 竞争力提升路径的理论分析

集聚经济圈次区域主导产业倒U形演进，意味着其存在生命周期。次区域主导产业倒U形演进过程，并不意味着集聚经济圈的高速增长和次区域经济竞争力的结束。只要能顺应集聚经济圈次区域经济发展的工业化进程，顺利推动次区域主导产业的更新换代与扩散转型，反而意味着次区域竞争力新的开始。

在区域经济发展的工业化进程中每一阶段都有与之相对应的主导产业，罗斯托把经济增长分为六个阶段，除去传统社会阶段，剩下五个阶段如表7—10所示对应着相应的主导产业（江世银，2004）。从产业结构演化理论来看，这意味着经济体增长的主导产业由劳动密集型产业起步，依次经过资金密集型、技术密集型产业，最后进入由现代服务业为主导的现代化社会。

表 7—10　罗斯托的经济成长阶段主导产业更替表

经济发展阶段	主导产业
起飞准备阶段	食品业、饮料业、砖瓦业等
起飞阶段	纺织业
走向成熟阶段	钢铁业、煤炭业、电力业、化工业等
高额群众消费阶段	汽车业
追求生活质量阶段	服务业、城市和城郊建筑业

资料来源：《区域产业结构调整与主导产业选择研究》（江世银，2004）。

但主导产业如果在集聚经济圈内部未经充分发展，就不会向集聚经济圈外转移；它必然要首先经历主导产业在次区域之间的转移，之后才会出现主导产业向集聚经济圈外部转移。主导产业之所以会经历在集聚经济圈内部次区域之间的转移，这是由于集聚经济圈内部次区域之间的工业化进程存在差异。集聚经济圈内部虽然由于要素禀赋和经济发展阶段相近，次区域之间经济发展水平差距不会太大。但是任何集聚经济圈的次区域之间都存在工业化进程的差异，这既是集聚经济圈内部相对核心增长区域经济发展需要周边地区为其提供增长支持的需要，也是空间经济发展非均衡增长的必然。

在世界著名的纽约都市圈、东京都市圈、伦敦都市圈，每一个都市圈都少不了一个起核心作用的核心城市或世界城市。因而，集聚经济圈内部次区域城市可以分为两类，一类是工业化进程和现代化程度最高的核心区域，另一类是工业化进程和现代化程度相对落后的次核心区域。① 集聚经济圈要向集聚经济圈外扩散的主导产业必须按照主导产业倒 U 形演进过程，先后经历在核心区域和次核心区域的发展，最后才会向集聚经济圈外转移。

集聚经济圈的核心区域是经济圈内部发展条件最为优越、技术水平相对最高的区域，发展相对高层次主导产业的相对领先技术水平只有核心区域具备；因而，相对高层次主导产业在核心区域率先发展是必然的。但随着核心区域工业化进程的演进和产业结构的升级，新主导产业的产生和技术扩散；原有主导产业技术在核心区域相对过时，就会向集聚经济圈内部

① 这种对于集聚经济圈次区域分类方法是一种二分法，意味着除去集聚经济圈对外围地区影响最大和现代化程度最高的核心区域，集聚经济圈剩余对外围地区发挥影响的次区域构成集聚经济圈的次核心区域。比如长三角集聚经济圈，上海可以作为核心区域，而江浙两省各自可以作为次核心区域。

次核心区域转移，逐渐成为次核心区域的主导产业。

次区域之间工业化进程的差异决定了其主导产业演进方面的梯度差异，从而也决定了集聚经济圈内部次区域之间产业升级与转移方面的梯度差异，成功推动集聚经济圈内部次区域集聚产业，按照主导产业倒U形演进规律发展，是提升集聚经济圈竞争力，追赶其他更为发达集聚经济圈的关键。可以用图7—5集聚经济圈主导产业倒U形演进的“雁行状态”来阐述这一观点。

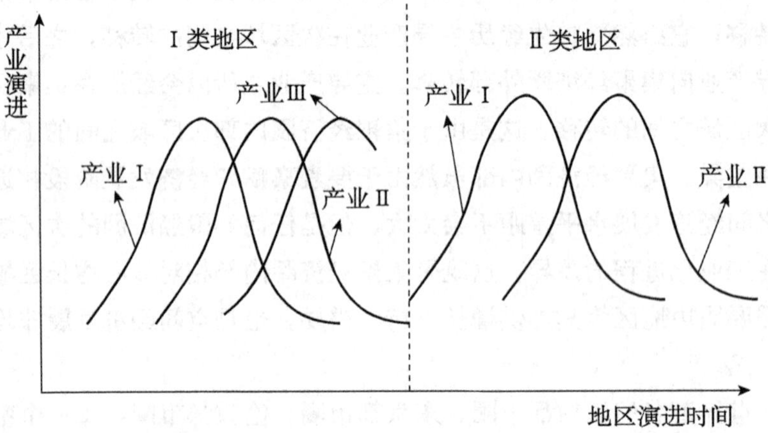

图7—5　集聚经济圈主导产业倒U形演进雁型状态图

向集聚经济圈外部转移的主导产业Ⅰ首先在集聚经济圈的核心区域Ⅰ类地区生成，之后由于其本身对区域经济的带动作用，促进了核心区域经济的高速增长和产业集聚。然而，随着核心区域工业化进程的加深，主导产业在核心区域的发展和技术向周边区域的扩散，一方面，核心区域新的主导产业Ⅱ开始逐渐形成，开始对核心区域主导产业Ⅰ发展所需的要素资源进行争夺，引起了主导产业Ⅰ在核心区域发展的商务成本上升；另一方面，集聚经济圈接受核心区域主导产业Ⅰ技术扩散的作为次核心区域的Ⅱ类地区与核心区域相比具有相对较低的商务成本，主导产业Ⅰ开始在次核心区域大力发展并对核心区域主导产业Ⅰ形成竞争态势，促使其产能向次核心区域转移，最终构成次核心区域的主导产业。这样集聚经济圈次区域之间产业根据次区域工业化进程的集聚竞争，以及地理空间的相邻性和要素禀赋相近性，促使主导产业Ⅰ按倒U形演化路径在核心区域逐渐衰退，并转移到集聚经济圈的Ⅱ类地区，构成该地区的主导产业。之后核心区域主导产业Ⅱ，随着该区域工业化进程的继续深化和主导产业Ⅲ的继起，主导产业Ⅱ又开始转移到集聚经济圈的Ⅱ类区域形成新的主导产业，而主导产业Ⅰ在Ⅱ类地区由于受到主导产业Ⅱ的集聚竞争，开始按倒 U 形演化路径逐渐衰退，并向区域外转移。如此循环往复，集聚经济圈次区域之间的主导产业转移，就像一只只起飞的大雁一样，形成“雁行状态”①。

集聚经济圈主导产业在发挥比较优势的基础上，在核心区域与次核心区域由劳动密集型产业向资金密集型产业、再到技术密集型产业发展，最后进入现代服务业阶段，其产业不断升级和不断继起的高速增长状态，构成了集聚经济圈区域产业不断集聚和经济不断高速增长的源泉。发展中国家的集聚经济圈，要实现与发达国家集聚经济圈经济发展水平和发展阶段的收敛，就要根据经济圈次区域之间的工业化进程及其发展梯度的差异，不断推进次区域产业结构的升级和产业在次区域之间的转移，这是实现追赶的关键。在集聚经济圈内部，接受工业化进程更高的区域产业转移与扩散的区域，最终也将由于区域工业化进程的原因，以及集聚经济圈内部产业对于稀缺性资源的竞争，导致曾经作为该区域主导产业的边际产业价值链低附加值环节向外扩散与转移。

集聚经济圈内部次区域之间主导产业按“雁行状态”不断空间并存、时间继起的结果，终将促使这些主导产业从集聚经济圈整体来看，其价值链低端产业的低附加值的环节出现向经济圈外的扩散与转移，以及集聚经济圈内部整体的产业结构升级现象。② 集聚经济圈内部次区域之间主导产业的倒 U 形演进和按“雁行状态”在次区域之间的转移过程，实质是集聚经济圈内部迅速的工业化、现代化和高速增长过程。如果没有集聚经济圈内部次区域主导产业的空间并存、时间继起“雁行状态”的产业转移和主导产业的高速增长，给集聚经济圈经济高速增长产生的带动作用，集聚经济圈的经济增长就将出现增长缓慢、产业集聚停滞，甚至衰退。因而，促进集聚经济圈次区域主导产业高速增长，并按次区域工业化进程差异，推动产业在次区域之间的“雁行转移”，对于集聚经济圈

---

① 陈建军（2007）在研究长三角地区产业结构与空间结构的演变时，通过“核心—边缘”圈层结构进行过单一产业在区域间“雁行转移”的分析。与其研究相比，本研究深入分析了集聚经济圈次区域之间产业集聚与扩散的内在机理和要求，认为随着集聚经济圈次区域产业集聚引起的工业化进程加深和次区域之间多产业发展的集聚竞争，次区域产业的发展路径将按主导产业倒 U 形规律演进，并按次区域之间工业化进程的梯度差异，进行“雁行状态”的产业转移。

② 根据第 6 章表 6—2 长三角集聚经济圈集群产业的划分标准，其 1998 年存在 19 个集群产业。如果按本章主导产业的划分标准，长三角 19 个集群产业中，又有 13 个构成经济圈次区域 1991～2004 年间的主导产业。因而，集聚经济圈主导产业的倒 U 形演进向经济圈外的扩散过程，常常也构成其集群产业的扩散转型过程。

集群产业的扩散与转型、竞争力的提升，以及产业的继续集聚具有积极意义。

2. 长三角经济圈竞争力提升的路径

长三角集聚经济圈数十年的高速增长，得益于次区域经济的发展遵循了集聚经济圈内部次区域产业升级和产业转移的“雁行规律”，下面根据次区域主导产业倒U形演进的“雁行规律”，对长三角经济竞争力提升路径进行分析。

1991～2004年间上海向外转移的主导产业成为江苏和浙江两省的主导产业，上海正按照工业化进程向新阶段演进。① 根据次区域倒U形主导产业演进的“雁行状态”图，上海传统产业整体上已经进入成熟和衰退阶段，其制造业发展的重点已转向具有深加工、高附加值特征的资金、技术密集型高新技术产业和重化工行业。上海在当前和今后的重要任务之一是加强区域内先进制造业的建设，通过先进制造业的建设，带动上海作为国际金融、经济、贸易和航运中心的建设，把上海建设成为长三角集聚经济圈具有全球影响和控制力的世界城市。

江苏和浙江则应该根据各自的具体情况，稳健发展纺织业，纺织服装、鞋、帽制造业，皮革、毛皮、羽毛（绒）及其制品业，化学原料及化学制品制造业，塑料制品业，通用设备制造业，金属制品业，通信设备、计算机及其他电子设备制造业，电气机械及器材制造业等劳动密集型和资金密集型主导产业，这些产业在全国的分工优势明显，增长速度快，对区域产业的带动作用强。但是，从区域经济发展的较长时期来看，随着江苏和浙江区域经济的发展，其内部商务成本的升高和产业的升级，必然要求区域向外转移劳动密集型制造业，发展资金密集、技术密集型产业。

表7—11报告了2010年江浙沪两省一市的主导或支柱产业。与表5—7相比，江浙沪各地主导产业或支柱产业的构成没有明显变化。上海由于其处于后工业化社会阶段，其服务业相对发达，主导或支柱产业的重

① 集聚经济圈内部次区域主导产业集聚发展与转移的“雁行状态”具有理论一般性，不仅在长三角集聚经济圈是这样，在中国的华南集聚经济圈也是这样。王光振、张炳申和赵瑞彰（1993）在研究华南经济圈核心城市与周边城市的产业同构竞争问题时明确提出，面对周边城市的竞争，广州必须实现产业结构的转型。如果把港澳台地区纳入到华南经济圈，从更大的视野来考察华南集聚经济圈产业的集聚竞争与转移现象，港澳台向华南的广东、福建转移了大部分的加工制造业。雷强和林志锴（2003）研究认为，1979年到1996年香港的加工制造业大约80%以上转到了广东。

工业化倾向明显。江苏和浙江两省由于国土面积较上海市辽阔，开发空间较大，其劳动密集型制造业还有一定时期的发展空间。

表 7—11　江浙沪主导或支柱产业（2010）

时间	上海	江苏	浙江
主导或支柱产业	石油加工、炼焦及核燃料加工业，化学原料及化学制品制造业，黑色金属冶炼及压延加工业，金属制品业，通用设备制造业，专用设备制造业，交通运输设备制造业，电气机械及器材制造业，通信设备、计算机及其他电子设备制造业	农副食品加工业，纺织业，纺织服装、鞋、帽制造业，化学原料及化学制品制造业，非金属矿物制品业，黑色金属冶炼及压延加工业，有色金属冶炼及压延加工业，金属制品业，通用设备制造业，专用设备制造业，交通运输设备制造业，电气机械及器材制造业，通信设备、计算机及其他电子设备制造业	纺织业，纺织服装、鞋、帽制造业，化学原料及化学制品制造业，化学纤维制造业，塑料制品业，非金属矿物制品业，黑色金属冶炼及压延加工业，有色金属冶炼及压延加工业，金属制品业，通用设备制造业，交通运输设备制造业，电气机械及器材制造业，通信设备、计算机及其他电子设备制造业

说明：主导或支柱产业的计算方法同表 5—7。
资料来源；《江苏统计年鉴 2011》、《浙江统计年鉴 2011》、《上海统计年鉴 2011》。

随着长三角集聚经济圈工业化进程的加深，长三角终将步入后工业化的发达阶段，其各城市制造业最后在产业结构中的比重都将会占比越来越低。图 7—6 报告了日本东京区、阪神区、名古屋区三大城市群各地区的产业结构①，表明日本各地区第三产业结构多数已经达到占 GDP 比重的 60%以上。而图 7—7 报告的长三角，2010 年尚无一个地级市第三产业结构占区域 GDP 比重，能达到 60%以上。显然，长三角集聚经济圈由工业化阶段进入后工业化发达阶段，其工业化进程和产业结构的调整还需要较长的时间。通过发达服务业促进制造业发展，通过先进制造业促进服务业的发展，积极发展第三产业和现代服务业，逐渐进入服务业为主导的后工业化和现代化的发达阶段，将是长三角各城市未来发展的方向。

7.5　总结性评论

本章以长三角集聚经济圈的高速增长与产业集聚为例，基于集聚经济

① 日本地理空间相邻的三大城市群，既可以看成日本的三大集聚经济圈；也可以按戈特曼（1976）大都市带的观点，看成日本的一个集聚经济圈。

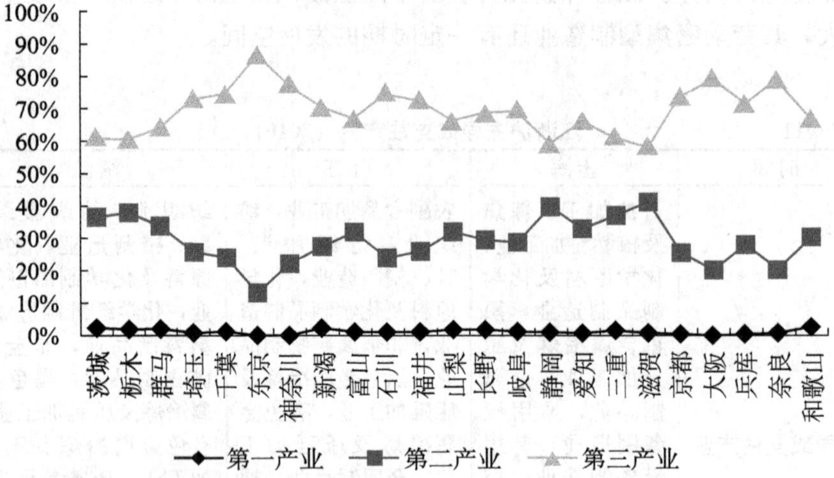

图 7—6 日本城市群各地区三次产业结构（2008）

资料来源：根据《日本统计年鉴 2012》数据整理。

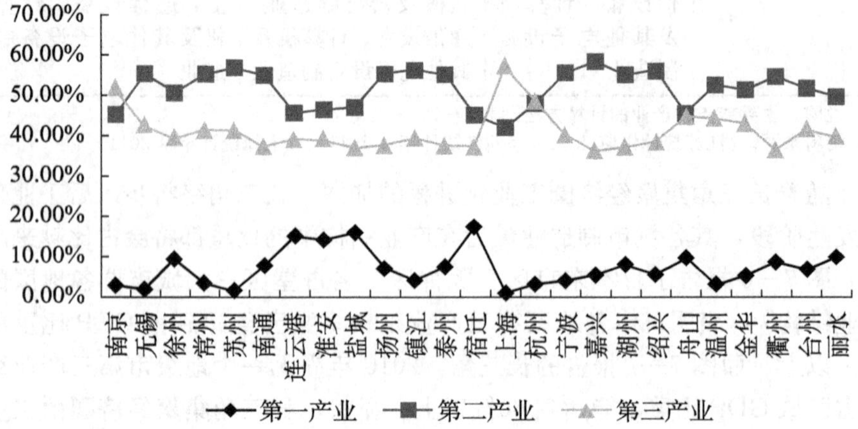

图 7—7 长三角各城市三次产业结构（2010）

资料来源：根据《上海统计年鉴 2011》、《江苏统计年鉴 2011》、《浙江统计年鉴 2011》数据整理。

圈次区域主导产业演化的分析视角，分析了集聚经济圈次区域产业发展的演化逻辑。集聚经济圈的高速增长和产业集聚过程，实质是集聚经济圈内部次区域主导产业的高速增长和集聚过程，次区域之间工业化进程的差异决定了其主导产业演进方面的梯度差异，从而也决定了集聚经济圈内部次区域之间产业升级与转移方面的梯度差异和“雁行状态”。遵循集聚经济圈在国内外分工中的比较优势及其次区域各自的工业化进程，成功推动集聚经济圈内部次区域集聚产业按照主导产业倒 U 形演进规律顺利发展和在次区域之间按“雁行状态”顺利转移，是提升集聚经济圈经济竞争力，实现集聚经济圈内部高速增长和次区域产业发展合理定位，以及追赶其他更为发达集聚经济圈的关键。

然而，如果集聚经济圈次区域不能实现主导产业按倒 U 形状态演进的高速增长，不能顺利实现主导产业在次区域之间按工业化进程的“雁行状态”转移，集聚经济圈整体必然难以出现经济的高速增长，其产业的持续集聚将陷于停滞，甚至衰退。

第 8 章　结束语

产业集聚是当代世界经济发展的一种重要特征，它自马歇尔时代起就吸引了国内外研究者的广泛注意。随着生产力水平的发展变化，对于产业集聚内容与形式的关注一定程度上在不断发生改变：研究者先后研究了产业区、产业地方化的产业集聚，城市多样化的产业集聚以及中心与外围意义上的产业集聚，研究的内容从外部性、多样性等集聚机制的研究转到了弹性专精、网络性等生产方式的研究。

诚然，现有的研究围绕金钱外部性、技术外部性、规模经济、范围经济等集聚机制和集聚特征等因素对产业集聚的影响进行了富有意义的系列理论探索，对于全球化进程中发达国家与发展中国家、发达地区与欠发达地区中心与外围经济结构的形成原因做了精彩分析。但毋庸讳言，现有理论对于集聚经济圈产业集聚现象的研究还存在一些空白和局限，有待发展。

首先是在集聚经济圈产业集聚的动力方面。城市、集群产业和产业区构成集聚经济圈的重要组成部分，虽然原有的研究在产业集聚机制方面做了富有意义的理论探索，但是对集聚经济圈产业集聚源动力和外部动力的研究，不够系统和深入，缺乏全球化背景下集聚经济圈区域要素优势和政府对经济发展进行积极干预的视角。

其次是在集聚经济圈产业集聚的效应方面。现有研究主要集中在运用截面数据研究产业地方化、多样化以及规模报酬递增等因素对产业发展绩效的影响，缺乏对集聚经济圈视角下集聚区域产业集聚效应时间序列，以及对集聚区域空间特征、城市收入差距以及次区域产业趋同等研究的关注。

再次是在集聚经济圈产业集聚的产业演化与次区域空间演化方面。现有研究看到了产业地方化和产业集聚经济体陷入增长停滞和衰退的现实，并从产业的生命周期和“制度锁定”、“路径依赖”、“多重嵌入性”的视角做了较有意义的理论探索。然而，现有研究没有分析经济全球化背景下，传统集群产业在集聚经济圈工业化和多元化集群产业竞争进程中，向经济圈外扩散与转型的内在必然性、转型路径、转型条件等，没有分析次区域主导产业倒 U 形演进的演进规律和特征。

鉴于现有研究的局限，本研究对集聚经济圈产业集聚过程中产业集聚的集聚动力、集聚效应与集聚演化规律，进行了多方位、深层次的理论和实证分析，研究结论主要有以下几点：

第一，在集聚经济圈产业集聚的源动力方面，本研究认为集聚经济圈产业集聚的源动力在于集聚区域的区域要素优势，这种区域要素优势以集聚区域在国际国内双重开放与双重分工背景下，要素禀赋“异质性”的比较优势为内容。

第二，在集聚经济圈产业集聚外部动力方面，研究发现：集聚经济圈产业集聚的外部动力在于政府正确政策的推动。政府政策包括发展战略、产业与贸易政策、市场制度建设、公共建设投资等，其改变了集聚经济圈产业发展的外在环境，从而改变了集聚经济圈要素禀赋的使用与发展方向，发挥了区域要素禀赋的比较优势，从而促使了集聚经济圈产业的高速增长和产业集聚。

第三，在集聚经济圈产业集聚的地区发展效应方面，研究认为集聚带来经济发展、技术进步和市场竞争三类集聚效应。与新经济地理学有关产业集聚效率源于规模报酬递增观点不同，本研究提出和论证了产业集聚地区索洛剩余是市场竞争程度函数的假说，认为产业集聚过程未必存在规模报酬递增，长三角次区域产业集聚的效率根源于产业集聚竞争导致的区域技术进步。研究表明，集聚经济圈产业集聚竞争所引起的技术进步和产业升级构成集聚经济圈传统产业扩散与转型的动力源泉，国家在遵循比较优势的基础上发展集聚经济圈并不必然导致相对欠发达区域经济发展条件的绝对恶化。

第四，在集聚经济圈产业集聚的点轴增长和产业趋同方面，研究表明集聚经济圈的产业集聚点轴增长是发挥区域异质性要素禀赋比较优势，遵循区域经济不平衡发展战略的结果。遵循市场机制与集聚经济圈比较优势和次区域工业化进程的产业趋同或产业同构无害，发展集聚经济圈没有必要追求所谓的“错位发展”。

第五，在集聚经济圈产业集聚的扩散与转型方面，研究揭示了集聚经济圈区域工业化和产业结构演化进程是影响区域集群产业扩散与转型的内在因素，而全球化分工的外在竞争则构成集聚区域集群产业扩散与转型的外在诱因。集聚经济圈传统产业集群产业价值链低附加值的制造业环节，在经历与新兴产业集群共存、协调发展的环节后，最终存在向经济圈外扩散的压力和要求。正确的政府政策和合理的经济干预，适度的企业规模是集聚经济圈集群产业扩散与转型的重要条件。

第六，在集聚经济圈产业集聚的次区域演化方面，研究揭示了集聚经济圈次区域主导产业的集聚与演化过程。研究表明，集聚经济圈的产业集聚过程实质上是其内部次区域主导产业高速增长和集聚的过程，次区域之间工业化进程差异决定了其主导产业演进方面的梯度差异，从而也决定了集聚经济圈内部次区域之间产业升级与转移方面的梯度差异和“雁行状态”。研究认为，遵循集聚经济圈在国内外分工中比较优势及次区域各自的工业化进程，成功推动集聚经济圈内部次区域集聚产业按照主导产业倒U形演进规律顺利发展和在次区域之间按“雁行状态”顺利转移，是提升集聚经济圈经济竞争力的关键。

集聚经济圈是当今世界各国参与国际竞争的主体，其技术与产业结构等要素禀赋的实力，代表着国家在世界经济格局中的技术与产业结构等要素禀赋的实力。发展集聚经济圈，促进集聚经济圈产业竞争力的提升和技术进步，是世界各国提高经济竞争实力、改善民生、促进国内区域经济协调发展的有效手段，也是发展中国家追赶发达国家的有效途径。国家发展集聚经济圈的关键是，要在政府选择科学发展战略、实施正确政策干预的基础上，发挥集聚经济圈在国内外双重开放与双重分工中的区域要素禀赋的动态比较优势。

当前，中国已经进入总设计师邓小平同志提出的“两个大局”发展战略的第二阶段。如何实现中部崛起和西部开发，在中西部发展几个在世界有影响力的集聚经济圈，是实现这一战略的关键。当前中国中西部经济的发展阶段和环境，与昔日的长三角地区相比已经有很大不同，遵循集聚经济圈产业集聚与演进规律，在正确政策干预的基础上，发挥中西部地区相关经济圈在国内外双重开放与双重分工中的区域要素禀赋的动态比较优势，将是实现中西部崛起和发展中西部集聚经济圈的关键。

参考文献

[1] Aghion, P. & Howitt, P. A Model of Growth through Creative Destruction [J] . Econometrica, 1992, 60 (2): 323 - 351

[2] Amin, A. & Thrift, N. Neo-Marshallian nodes in global networks [J] . International Journal of Urban and Regional Research, 1992, 16 (4): 571 - 587

[3] Amiti, M. Specialisation Patterns in Europe. Centre for Economic Performance, Discussion Paper No. 363, London School of Economics, 1997

[4] Amiti, M. & Pissarides, CA. Trade and industrial location with heterogeneous labor [J] . Journal of International Economics, 2005, 67 (2): 392 - 412

[5] Andersson, T. , Hanson, E. W. & Serger, S. S. *etal.* The cluster policies white book [R] . IKED, Stockholm, 2004

[6] Aschauer, D. A. Is Public Expenditure Productive [J] . Journal of Monetary Economics, 1989 a, (23) : 177 - 200

[7] Aschauer, D. A. Public Investment and Productivity Growth in the Group of Seven [J] . Economic Perspectives, Federal Reserve Bank of Chicago, 1989b, 13 (5): 17—25

[8] Baldwin, R. E. & Okubo, T. Heterogeneous Firms, Agglomeration and Economic Geography: Spatial Selection and Sorting [J] . Journal of Economic Geography, 2006, (6) .

[9] Baldwin, R. E. & Venables, A. J. Regional economic integration, in G. Grossman and K. Rogoff, eds. , Handbook of International Economics, Amsterdam: North Holland Press, 1995, 3: 635 - 659

[10] Baldwin, R. E. Agglomeration and endogenous capital, European Economic Review, 1999, 43 (2): 253 - 280

[11] Baldwin, R. E., Forslid, R., & Martin, P. *etal.* Economic Geography and Public Policy, Princeton University Press, Princeton, New Jersey, 2003

[12] Baldwin, R., Martin, P. & Ottaviano, G. Global Income Divergence, Trade and Industrialization: The Geography of Growth Take-off, Journal of Economic Growth [J], 2001, 6 (1), 5-37

[13] Becattini, G. From Marshall's to the Italian "industrial Districts": A Brief Critical Reconstruction [A], in Curzio, A. & Fords, M. (Eds.), Complexity and Industrial Clusters: Dynamics and Models in Theory and Practice [R]. New York: Physica-Verlag, 2002: 83-106

[14] Behrens, K. Agglomeration without trade: how non-traded goods shape the space-economy [J]. Journal of Urban Economics, 2004, 55 (1): 68-92

[15] Blaug, M., 1980/1992, The Methodology of Economics: How Economists Explain, 2nd edition [M]. Cambridge: Cambridge University Press, 1992

[16] Bosker M. & Garretsen H. Trade costs in empirical new economic geography [J]. Papers in Regional Science, 2010, 89 (3): 485-511

[17] Bramanti, A. & Maggioni, M. A. The Dynamics of Milieux: The Network Analysis Approach [A], In Remigio R., Alberto B. & Richard. G. (Ed), The Dynamic of innovative Region: the GREMI approarh [R]. Brookfield: Ashgate, 1997

[18] Capello, R. Spatial Transfer of Knowledge in Hi-Tech Milieux: Learning Versus Collective Learning Progresses [J]. Regional Studies, 1999, 33 (4): 352-365

[19] Ciccone, A. & Hall, R. E. Productivity and the Density of Economic Activity, The American Economic Review [J]. 1996, 86 (1): 54-70

[20] Chamberlin, H. B. The theory of Monopolistic Competition, 6th edition, Cambridge Mass, Harvard University Press, 1948

[21] Chen, C. H. Regional Determinants of Foreign Direct Investment in Mainland China [J]. Journal of Economic Studies, 1996, 23 (2): 18-30

［22］ Chenery，H. B.，Bruno，M. Development alternatives in an open economy：the case of Israel，Economic Journal［J］.1962，72 (285)：79－103

［23］ Chenery，H.，Robinson，S. & Syrquin，M. Industrialization and Growth：A Comparative Study［M］.Oxford University Press，1986

［24］ Cheng，L. K. & Kwan，Y. K. What are the determinants of the location of foreign direct investment? The Chinese experience［J］. Journal of International Economics，2000，51 (2)：379－400

［25］ Clark，C. G. The Conditions of Economic Progress［M］. Dritte Auflage. London：Mac-. Millan，1940

［26］ Cody，J.，Hughs，H. Policies for Industrial Progress in Developing Countries［M］.Oxford，Oxford Univ. Press，1980

［27］ Démurger，S. Infrastructure Development and Economic Growth：An Explanation for Regional Disparities in China?［J］. Journal of Comparative Economics，2001，29 (1)：95－117

［28］ Dunning，J. H. Toward an Eclectic Theory of International Production：Some Empirical Tests［J］.Journal of International Business Studies，1980，11 (1)：9－31.

［29］ Dunning，J. H. International Production and the Multinational Enterprise［M］.London：George & Unwin，1981

［30］ Dunning，J. H. The Eclectic Paradigm of International Production：A Restatement and Some Possible Extensions［J］.Journal of International Business Studies，1988，19 (1)：1－31

［31］ Ellison，G. & Glaeser，E. L. The geographic concentration of industry：Does natural advantage explain agglomeration?［J］. American Economic Review，1999，89 (2)：311－316

［32］ Fan，C. and Scott，A. Industry Agglomeration and Development：A Survey of Spatial Economic Issues In East Asia and a Statistical Analysis of Chinese Region［J］.Economic Geography，2003，79 (3)，295－319

［33］ Feldman，M. P. & Audretsch，D. B. Innovation in cities：Science-based diversity，specialization and localized competition［J］. European Economic Review，1999，43 (2)：409－429

[34] Friedmann, J. Regional Development Policy: A Case Study of Venezuela [M]. MIT Press, Cambridge, Massachusetts, 1966

[35] Friedmann, A. General Theory of Polarized Development [M]. New York: The Free Press, 1972

[36] Fujita, M. Towards the new economic geography in the brain power society [J]. Regional Science and Urban Economics, 2007, 37 (4): 482-490

[37] Fujita, M. & Mori, T. The role of ports in the making of major cities: self-agglomeration and hub-effect [J]. Journal of Development Economics, 1996, 49 (1): 93-120

[38] Fujita, M. & Mori, T. Structural stability and evolution of urban systems, Regional Science and Urban Economics, 1997, 27 (4-5): 399-442

[39] Fujita, M. & Mori, T. Frontiers of the New Economic Geography [J]. Papers in Regional Science, 2005, 84 (3): 377-405

[40] Fujita, M. & Krugman, P. When is the economy monocentric?: von Thünen and Chamberlin unified, Regional Science and Urban Economics, 1995, 25 (4): 505-528

[41] Fujita, M., Krugman, P. & Venables, A. J. The Spatial Economy: Cites, Regions, and International Trade [M]. MIT Press, Cambridge MA, 1999

[42] Fujita, M. & Thisse, J-F. Economics of Agglomeration: Cities, Industrial Location and Regional Growth [M]. Cambridge University Press, 2002

[43] Fujita, M. & Thisse, J-F. Globalization and the Evolution of the Supply Chain, Who Gains and Who Loses? [J]. International Economic Review, 2006, 47 (3): 811-836

[44] Forslid, R., Haaland, J. I. & Knarvik, K. H. M. A U-shaped Europe? A simulation study of industrial location [J]. Jorunal of International Economics, 2002, 57 (2): 273-297

[45] Forslid, R. & Wooton, I. Comparative Advantage and the Location of Production [J]. Review of International Economics, 2003, 11 (4): 588-603

[46] Glaeser, E. L, Kallal, H. D. & Scheinkman, J. A.

etal. Growth in cities [J] . Journal of Political Economy, 1992, 100 (6): 1126-1152

[47] Glaeser, E. L. & Kohlhase, J. E. Cities, Regions and the Decline of Transport Costs [J] . Parer in Regional Science, 2004, 83 (1): 197-228

[48] Gottmann, J. Megalopolitan systems around the world, Ekistics, 1976, 243: 109-113

[49] Grabher, G. The Embedded Firms: On the social-economics of industrial networks [M] . Route: London, 1993

[50] Granovetter, M. Economic action and social structure: The problem of embeddedness [J] . American Journal of Sociology, 1985, 91 (3): 481-510

[51] Greene, W. H. Econometric analysis, 4th, Prentice-Hall, Inc. New Jersey, 2000

[52] Golley, J. Regional Patterns of Industrial Development during China's Economic Transition [J] . Economics Transition, 2002, 10 (3): 761-801

[53] Hanson, G. Regional Adjustment to Trade Liberalization [J]. Regional science and urban Economics, 1998, 28 (4): 419-444

[54] Haaland, J. I. , Kind, H. J. & Knarvik, K. H. *etal.* What determines the economic geography of Europe, CEPR Discussion Paper, no2072, 1999

[55] Harrison, B. Industrial Districts: Old Wine in New Bottles? [J] . Regional Studies, 1992, 26 (5): 469-483

[56] Harrison, B. The Italian Industrial Districts and the Crisis of the Cooperative Form [J] . European Planning Studies 1994a, 2 (1): 3-22

[57] Harrison, B. The Italian Industrial Districts and the Crisis of the Cooperative Form [J] . European Planning Studies 1994b, 2 (2): 3-22

[58] Heckscher, E. F. The Effect of Foreign Trade on the Distribution of Income [M] . The MIT Press, Cambridge, MA, 1919

[59] Henderson, J. V. Efficiency of Resource Usage and City Size [J] Journal of urban economics, 1986, 19 (1): 47-70

[60] Henderson, V. , Kuncoro, A. & Turner, M. Industrial Development in Cities [J] . Journal of Political Economy, 1995, 103 (5):

1067－1090

［61］ Henderson，V. Externalities and Industrial Development ［J］. Journal of urban economics，1997，42 (3)：449－470

［62］ Hirschman，A. O. The Strategy of Economic Development ［M］. New Haven，Connecticut：Yale University Press，1958

［63］ Hoover，E. M. The Measurement of Industrial Localization ［J］. Review of Economics and Statistics，1936，18 (4)：162－171

［64］ Hoover，E. M. An Introduction to Regional Economics ［M］. New York：Alfred A. Knopf Inc.，1975

［65］ Hu，D. Trade，Rural-Urban Migration，and Regional Income Disparity in Developing Countries：A Spatial General Equilibrium Model Inspired by the case of China ［J］. Regional science and urban Economics，2002，32 (3)：311－338

［66］ Hymer，S. International Operations of national Firms：A study of direct Foreign Investment ［D］. MIT Press，Cambridge，MA，1960

［67］ Islam，N.，1995，"Growth Empirics：A Panel Data Approach"，Quarterly Journal of Economics，Vol. 110 (4)，pp. 11127—1170

［68］ Jacobs，J. The Death and Life of Great American Cities ［M］. Random House，New York，1961

［69］ Jacobs，J. The Economy of Cities ［M］. Random House，New York，1969

［70］ Johnston，J. & DiNardo，J. Econometric Methods ［M］. 4th Edition，McGraw Hill，1997

［71］ Kaldor，N. Capital Accumulation and Economic Growth，In F. A. Lutz and D. C. Hague，eds.，The Theory of Capital ［M］. London：Macmillan，1961

［72］ Kaplinsky，R. & Morris，M. A Handbook for Value Chain Research. Prepared for the IDRC ［R］. 2001

［73］ Kim，s. Expansion of Markets and the Geographic Distribution of Economic Activities：The Trends in U. S. Regional Manufacturing Structure，1860—1987 ［J］. The Quarterly Journal of Economics，November，1995，110 (4)：881－908

［74］ Kim，s. Regions，resources，and economic geography：Sources of U. S. regional comparative advantage, 1880—1987 [J] . Regional Science and Urban Economics, 1999, 29 (1): 1 - 32

[75] Knickerbocker, F. T. Oligopolistic Reaction and Multinational Enterprise [M] . Cambridge, MA: Harvard University Press, 1973

[76] Krugman, P. Increasing returns and Economic Geography [J]. Journal of Political Economy, 1991a, 99 (3): 483 - 499

[77] Krugman, P. Geography and Trade [M] . MIT Press, Cambridge MA, 1991b

[78] Krugman, P. First nature, second nature, and metropolitan location [J] . Journal of Regional Science, 1993, 33 (2): 129 - 144

[79] Kojima, K. A Macroeconomic Approach to Foreign Direct Investment [J] . Hitotsubashi Journal of Economics, 1973, 14 (1): 1 - 21

[80] Kojima, K. Direct Foreign Investment: A Japanese Model of Multinational Business Operations [M] . London Croom Helm, 1978

[81] Kuznets, S. Economics Growth of Nations [M] . Harvard university press, 1971

[82] Linder, S. B. An Essay on Trade and Transformation [M]. New York: John Wiley and Sons, 1961

[83] Losch, A. The Economics of Location (1940) [M] . Jena: Fischer. English Translation, New Haven, Conn: Yale University Press, 1954

[84] Macdougall, G. D. A. The Benefits and Costs of Private Investment from Abroad: A Theoretical Approach [J] . Economic Record, 1960, 36 (73): 13 - 35

[85] Martin, P. & Ottaviano, G. I. P. Growth Location: Industry in a Model of Endogenous Growth [J] . European Economic Review, 1999, 43 (2): 281 - 302

[86] Marshall, A. Principles of Economics [M] . London : Macmillan, 1890

[87] Matsuyama, K. & Takahashi, T. Self-defeating regional concentration [J] . Review of Economic Studies, 1998, 65 (2): 211 - 234

[88] Miller, S. & Upadhyay, M. Total Factor Productivity and the Convergence Hypothesis [J] . Journal of Macroeconomics, 2002, 24 (4): 267 - 286

[89] Mori, T. A modeling of megalopolis formation: the maturing of city systems [J] . Journal of Urban Economics, 1997, 42 (1), 133-157

[90] Mori, T. & Turrini, A. Skills, agglomeration and segmentation [J] . European Economic Review, 2005, 49 (1): 201-225

[91] Myrdal, G. Economic Theory and Under-developed Regions [M] . London: Duckworth, 1957

[92] Nakamura, R. Agglomeration Economies in Urban Manufacturing Industries: A Case of Japanese Cities [J] . Journal of Urban Economics, 1985, 17 (1): 108-124

[93] Ohlin, B. Interregional and International Trade [M]. Cambridge, MA: Harvard University Press, 1933

[94] Okubo, T. , Picard, P. M. & Thisse, J-F. The Spatial Selection of Heterogeneous Firms [J] . Journal of International Economics, 2010, (82): 230-237

[95] Ottaviano, G. I. P. Monopolistic competition, trade and endogenous spatial fluctuations [J] . Regional Science & Urban Economics, 2001, 31 (1): 51-77

[96] Ottaviano, G. , Tabuchi, T. & Thisse, J-F. Agglomeration and trade revisited [J] . International Economic Review 2002, 43 (2): 409-436

[97] O'Sullivan. Urban Economics, 4th Edition [M] . The McGraw-Hill Companies, Inc, 2000

[98] Park, S. O. & Markusen, A. Generalizing new industrial districts: a theoretical agenda and an application from a non-Western economy [J] . Environment and Planning A, 1995, 27 (1): 81-104

[99] Pesaran, M. H. & Shin, Y. Generalized impulse response analysis in linear multivariate models [J] . Economic Letters, 1998, 58 (1): 17-29.

[100] Petty, W. Political Arithmetic [M] . London: Robert Clavel and Hen, 1690

[101] Piore, M. & Sabel, C. The Second Industrial Divide: Possibilities for Properity [M] . New York: Haper & Row, 1984

[102] Porter, M. E. Competitive Advantage [M] . Free Press, New

York，1985

[103] Porter，M. E. The Competitive Advantage of Nations [M]. New York：Macmillan，1990

[104] Porter，M. E. On Competition [M] . Harvard Business School Press，1998a

[105] Porter，M. E. Clusters and the new economics of competition [M] . Harvard Business Review，1998b，November-December

[106] Porter，M. E. Locations，Clusters and Company Strategy [A]. The Ox-ford Handbook of Economic Geography [C] . Oxford University Press，2000

[107] Pouder，R. & St. John，C. H. Hot Spots and Blind Spots-Geographical Clusters of Firms and Innovation [J] . The Academy of Management Review，1996，21 (4)：1192 - 1225

[108] Prebisch，R. The Economic Development of Latin America and its Principal Problems [M] . New York：United Nations Economic Commission for Latin America，1950

[109] Prebisch，R. Commercial Policy in the Underdeveloped Countries [J] . American Economic Review，1959，49 (2)：251 - 273

[110] Puga，D. & Venables，A. J. Preferential Trading Arrangements and Industry Location [J] . Journal of International Economics，1997，43 (3 - 4)：347 - 368

[111] Puga，D. & Venables，A. J. Agglomeration and economic development：import substitution versus trade liberalisation [J] . Economic Journal，1999，109 (455)：292 - 311

[112] Pyke，F. & Sengenberger，W. Industrial District and Local Economic Regeneration [C] . Geneva：International Institute For Labor Studies，1992

[113] Remigio，R. Alberto，B. & Richard，G. The Dynamics of Innovative Region：the GREMI approach [M] . Ashgate Publishing Ltd，1997

[114] Rivera，B. & Currais，L. Public Health Capital and Productivity in the Spanish Regions：A Dynamic Panel Data Model [J] . World Development，2004，32 (5)：871—885

[115] Romer，P. Increasing Return and Long-run Growth [J].

Journal of Political Economy, 1986, 94 (5): 1002-1037

[116] Romer, P. Endogenous Technological change [J]. Journal of Political Economy, 1990, 98 (5): 71-102

[117] Rosenthal, S. S. & Strange, W. C. The Determinants of Agglomeration [J]. Journal of Urban Economics, 2001, 50 (2), 191-229

[118] Schwarze, J. How Income Inequality Changed in Germany Following Reunification: An Empirical Analysis Using Decomposable Inequality Measures [J]. Review of Income and Wealth, Series, 1996, 42 (1): 1-11

[119] Scitovsky, T. Two Concept of External Economics [J]. Journal of Political Economy, 1954, 62 (2): 355-379

[120] Scott, A. Technopolis, High-Technology Industry and Regional Development it' South California [M]. Berkeley: UC Press, 1993

[121] Sheshinski, E. Optimal Accumulation with Learning by Doing [A], in Shell, K. ed., Essays on the Theory of Optimal Economic Growth [C]. Cambridge MA, MIT Press, 1967

[122] Shorrocks, R. The Class of Additively Decomposable Inequality Measures [J]. Econometrica, 1980 (48) 3: 613-625

[123] Solow, R. M. A Contribution to the Theory of Economic Growth [J]. Quarterly Journal of Economic, 1956, 70 (1): 65-94

[124] Staber, U. Specialization in a Declining industrial district: The Case of Baden-Württemberg Textiles and Clothing [J]. Growth and Change, 1997a, 28 (4): 475-495

[125] Staber, U. An Ecological Perspective on Entrepreneurship in Industrial Districts [J]. Entrepreneurship and Regional Development, 1997b, 9 (1): 45-64

[126] Staber, U. Inter-firm Co-operation and Competition in Industrial Districts [J]. Organization Studies, 1998, 19 (4): 701-724

[127] Storper, M. The Regional World: Territorial Development in a Global Economy [M]. New York, Guilford Press, 1997

[128] Storper, M. & Walker, R. The capitalist imperative: Territory. Technology and industrial growth [M]. New York: Basil Blackwell, 1989

[129] Swann, G. M. P. , Prevezer, M. & Stout, D. The Dynamics of Industrial Clustering: International Comparisons in Computing and Biotechnology [M] . Oxford University Press, 1998

[130] Tuan, C. & Ng, Linda F. Y. FDI Facilitated by Agglomeration Economies: Evidence from Manufacturing and Services Joint Ventures in China [J] . Journal of Asian Economics, 2003, 13 (6): 749 - 765

[131] Verdoorn, P. J. Fattori che Regolano Lo Sviluppo della Produttivita del Lavoro, L'Industria, 1949, 3 - 11

[132] Verspagen, B. & Schoenmakers, W. The spatial dimension of knowledge spillovers in Europe: Evidence from patenting data [C]. paper presented at the AEA Conference on Intellectual Property ECONOMETRICS, 19 - 20 April, Alicante, Spain, 2000

[133] Vernon, R. International Investment and International Trade in the Product Cycle [J] . Quarterly Journal of Economics 1966, 80 (2), 190 - 207

[134] Weber, A. The theory of The Location of Industries (1909) [M] . The University of Chicago Press, Chicago & London, 1965

[135] Westlund, H. Implications of Social Capital for Business in the Knowledge Economy: Theoretical Considerations, Presented for the International Forum on Economic Implication of Social Capital, 2003

[136] Wooldridge, J. M. Introductory econometrics: a modern approach [M] . Cincinnati, OH : South-Western College, 2000

[137] Yamamoto K. Agglomeration and growth with innovation in the intermediate goods sector [J] . Regional Science and Urban Economics, 2003, 33 (3): 335 - 360

[138] Zeng, D. -Z. New economic geography with heterogeneous preferences: An explanation of segregation [J] . Journal of Urban Economics, 2008, 63 (1): 306 - 324

[139] Zucchella, A. Local cluster dynamics: trajectories of mature industrial districts between decline and multiple embeddedness [J]. Journal of Institutional Economics, 2006, 2 (1): 21 - 44

[140] 安虎森．空间经济学原理 [M]．北京：经济科学出版社，2005.

[141] 保罗·克鲁格曼．发展、地理学与经济理论［M］．北京：北京大学出版社，2002.

[142] 鲍华俊，徐清，王德全．长江三角洲地区制造业同构与经济效益的关系［J］．经济论坛，2004（23）：20－21.

[143] 陈建军．中国现阶段的产业区域转移——结合浙江105家企业调查报告的分析［J］．管理世界，2002a（6）：64－74.

[144] 陈建军．产业区域转移与东扩西进战略——理论和实证分析［M］．中华书局，2002b.

[145] 陈建军．上海建设国际经济中心与长江三角洲地区的产业经济关系研究——以浙沪经济关系为例［J］．管理世界，2003（5）：44－51.

[146] 陈建军．长三角地区的产业同构与产业定位［J］．中国工业经济，2004（2）：19－26.

[147] 陈建军．长江三角洲区域经济一体化的三次浪潮［J］．中国经济史研究，2005（3）：113－122.

[148] 陈建军．长江三角洲地区产业结构与空间结构的演变［J］．浙江大学学报（人文社会科学版），2007（2）：88－98.

[149] 陈平．劳动分工的起源与制约——从斯密困境到广义斯密原理. 经济学季刊［J］．北京：北京大学出版社，2002（2）：227－248.

[150] 陈秀山，张可云．区域经济理论［M］．北京：商务印书馆，2005.

[151] 陈涌军，徐强．产业集聚的稳定性与演变机制研究［J］．东南学术，2003（5）：65－72.

[152] 邓小平．邓小平文选（第三卷）［M］．北京：人民出版社，1993.

[153] 董国辉．经济全球化与中心—外围理论［J］．拉丁美洲研究，2003（2）：50－54.

[154] 范剑勇．长三角一体化、地区专业化与制造业空间转移［J］．管理世界，2004（11）：77－84.

[155] 范剑勇．产业集聚与地区间的劳动生产率［J］．经济研究，2006（11）：72－81.

[156] 范九利，白暴力．基础设施与中国经济增长的地区差异研究［J］．人文地理，2004（2）：35－38.

[157] 洪银兴，刘志彪等．长江三角洲地区发展的模式和机制［M]．北京：清华大学出版社，2003.

[158] 黄玖立，李坤望．对外贸易、地方保护和中国的产业布局．经济学季刊 [J]．北京：北京大学出版社，2006 (3)：733-760.

[159] 黄晓玲．中国对外贸易概论 [M]．北京：对外经济贸易出版社，2003.

[160] 简·雅各布斯．美国大城市的死与生 [M]．南京：译林出版社，2006.

[161] 简·雅各布斯．城市经济 [M]．北京：中信出版社，2007.

[162] 金祥荣，朱希伟．专业化产业区的起源与演化 [J]．经济研究，2002 (8)：74-82.

[163] 金煜，陈钊，陆铭．中国的地区工业集聚：经济地理、新经济地理与经济政策 [J]．经济研究，2006 (4)：79-89.

[164] 江世银．区域产业结构调整与主导产业选择研究 [M]．上海：上海三联书店，上海人民出版社，2004.

[165] 靖学清．长三角地区制造业结构趋同分析 [J]．改革，2004 (2)：48-52.

[166] 靳涛．基础设施投资与吸引外国直接投资关系的实证研究 [J]. 国际贸易问题，2006 (12)：69-72.

[167] 卡尔多．论经济的稳定与成长 [M]．北京：商务印书馆，1966.

[168] 克里斯塔勒．德国南部中心地原理 [M]．北京：商务印书馆，1998.

[169] 雷强，林志锴．大力发展重化工业，从根本上提高大珠江三角洲的国际竞争力 [A]．载陈广汉，周运源，叶嘉安等编．提升大珠江三角洲国际竞争力研究 [M]．广东：中山大学出版社，2003：35-48.

[170] 李小建．经济地理学（第二版）[M]．北京：高等教育出版社，2007.

[171] 李泊溪，刘德顺．中国基础设施水平与经济增长的区域比较分析 [J]．管理世界，1995 (2)：106-111.

[172] 李金滟，宋德勇．专业化、多样化与城市集聚经济 [J]．管理世界，2008 (2)：25-34.

[173] 梁琦．产业集聚论 [M]．北京：商务印书馆，2003.

[174] 林毅夫．要素禀赋、比较优势与经济发展 [J]．中国改革，1999 (8)：14-16.

[175] 林毅夫．后发优势与后发劣势 [A]．经济学季刊 [J]．北

京：北京大学出版社，2003（4）：989－1004.

[176] 林毅夫．发展战略、自生能力和经济收敛［A］．经济学季刊［J］．北京：北京大学出版社，2002（2）：269－300.

[177] 林毅夫．李约瑟之谜、韦伯疑问和中国的奇迹——自宋以来的长期经济发展［J］．北京大学学报（人文社科版），2007（4）：5－22.

[178] 林毅夫，李永军．比较优势、竞争优势与发展中国家的经济发展［J］．管理世界，2003（7）：21－28.

[179] 林毅夫，孙希芳．经济发展的比较优势战略理论——兼评《对中国外贸战略与贸易政策的评论》［J］．国际经济评论，2003（6）：12－18.

[180] 刘志彪．长三角托起的中国制造［M］．北京：中国人民大学出版社，2006.

[181] 陆大道．论区域的最佳结构与最佳发展——提出“点—轴系统”和“T”型结构以来的回顾与再分析［J］．地理学报，2001（2）：127－135.

[182] 陆大道．关于点轴空间结构系统的形成机理分析［J］．地理科学，2002（1）：1－6.

[183] 陆大道等．中国区域发展的理论与实践［M］．北京：科学出版社，2003.

[184] 陆立军，朱海就．长三角“四个中心”和上海大都市圈建设研究［J］．经济地理，2004（6）：753－757.

[185] 陆玉麒．论点—轴系统理论的科学内涵［J］．地理科学，2002（2）：136－143.

[186] 路江涌，陶志刚．中国制造业集聚程度变动趋势实证研究［A］．北京大学中国经济研究中心．经济学季刊［C］．北京：北京大学出版社，2007，6（3）：801－816.

[187] 罗杰·E·巴克豪斯．经济学方法论的新趋势［M］．北京：经济科学出版社，2000.

[188] 马克思．资本论［M］．上海：上海三联书店，2009.

[189] 迈克尔·波特．国家竞争优势［M］．北京：华夏出版社，2002.

[190] 彭国华．中国地区收入差距、全要素生产率及其收敛分析［J］. 经济研究，2005（9）：19－29.

[191] 朴商天．外商对华直接投资地区性差异的决定性因素分析

[J]. 国际贸易问题，2004 (6)：57-60.

[192] 邱风，张国平和郑恒．对长三角产业结构问题的再认识 [J]．中国工业经济，2005 (4)：77-85.

[193] 世界银行．1994 年世界发展报告：为发展提供基础设施 [M]. 北京：中国财政经济出版社，1994.

[194] 隋广军，申明浩．产业集聚生命周期演进的动态分析 [J]．经济学动态，2004 (11)：39-41.

[195] 孙俊．中国 FDI 地点选择的因素分析 [A]．北京大学中国经济研究中心，经济学季刊 [C]．北京：北京大学出版社，2002 (3)：687-698.

[196] 唐立国．长江三角洲地区城市产业结构的比较分析 [J]．上海经济研究，2002 (9)：50-56.

[197] 王光振，张炳申，赵瑞彰．珠江三角洲经济社会文化发展研究 [M]．上海：上海人民出版社，1993.

[198] 王辑慈．创新的空间：企业集群与区域发展 [M]．北京：北京大学出版社，2001.

[199] 王珺．社会资本与生产方式对集群演进的影响 [J]．社会学研究，2004 (5)：37-47.

[200] 王廉．全球城市集团与中国城市国际化 [M]．广东：暨南大学出版社，2008.

[201] 王乃静．国外城市群的发展模式与发展新探 [J]．技术经济与管理研究，2005 (2)：83-84.

[202] 王喜平．两个生物种群竞争的模型分析 [J]．农业与技术，2006 (6)：88-89.

[203] 汪旭晖．外商对华投资的区位变迁及影响因素分析 [J]．国际贸易问题，2006 (4)：95-101.

[204] 王志华，陈圻．长江三角洲地区制造业结构趋同与竞争绩效 [J]．统计研究，2005 (3)：33-36.

[205] 文玫．中国工业在区域上的重新定位和集聚 [J]．经济研究，2004 (2)：84-94.

[206] 冼国明，文东伟．FDI、地区专业化与产业集聚 [J]．管理世界，2006 (12)：18-31.

[207] 徐康宁．产业聚集形成的源泉 [M]．北京：人民出版社，2006.

[208] 徐复，刘文华．中国对外贸易概论 [M]．天津：南开大学出版社，2002.

[209] 许罗丹，谭卫红．外商直接投资集聚效应在我国的实证分析 [J]．管理世界，2003 (7)：38－44.

[210] 严明初．评舒尔茨的经济发展理论 [J]．世界经济文汇，1990 (1)：16－22.

[211] 杨建文．上海经济发展五十年的理论思考 [J]．毛泽东邓小平理论研究，1999 (3)：21－30.

[212] 浙江大学区域与城市发展研究中心．浙江省第一次经济普查项目：浙江在长三角区域经济中的定位与发展研究报告 [R]．2007 年 2 月

[213] 张红伟，陈伟国．FDI 在中国投资的决策因素分析 [J]．四川大学学报（社会科学版），2007 (1)：46－51.

[214] 张小蒂，李晓钟．对我国长三角地区全要素生产率的估算及分析 [J]．管理世界，2005 (11)：59－66.

[215] 张小蒂，王焕祥．国际投资与跨国公司 [M]．杭州：浙江大学出版社，2004.

[216] 张军，施少华．中国经济全要素生产率的变动：1952～1998 [J]．世界经济文汇，2003 (2)：17－24.

[217] 张军，吴桂英，张吉鹏．中国省际物质资本存量估算 [J]．经济研究，2004 (12)：35－44.

[218] 张军，高远，傅勇，张弘．中国为什么拥有了良好的基础设施？[J]．经济研究，2007 (3)：4－19.

[219] 周书莲，魏后凯．21 世纪我国区域经济开发战略 [J]．经济研究参考，2000 (2)：2－9.

[220] 周伟林，严冀等．城市经济学 [M]．上海：复旦大学出版社，2004.

[221] 中国市长协会，《中国城市发展报告》编辑委员会．中国城市发展报告（2002—2003）[M]．北京：商务印书馆，2004.

后 记

本书以我2009年6月在浙江大学完成博士论文为基础，经过重大修改完成。完成本书之际，首先我要感谢我的博士导师陈建军教授。陈建军教授身为我的导师，既在国外留学多年，又有在浙江省社科院工作多年的经历。因而，他的研究既具国际视野，又和实践联系紧密。在我攻读博士期间，陈老师对我学术上的严格要求和悉心指导，让我获益匪浅，在此我要向他表示特别的感谢。

在浙江大学学习期间，浙江大学经济学院的领导史晋川教授、金祥荣教授、金雪军教授、张小蒂教授先后给我们开设了现代经济学的课程，在课堂上既给我们介绍现代经济学的前沿知识，又用浙江大学求是、创新的校训鞭策和鼓励我们。浙江大学经济学院的张旭昆教授、蒋岳祥教授、肖文教授和陈志俊副教授、朱希伟副教授给我们讲授了博士研究生课程。这些老师的课程给我的研究以很好的启迪，在此特别向他们表示感谢。

在我博士论文的开题和预答辩、撰写和修改的相关环节，浙江大学公共管理学院院长姚先国教授，蔡宁教授，郭继强教授，许庆明教授，何文炯教授以及浙江工商大学统计学院院长钱雪亚教授，浙江大学经济学院的顾国达教授、张旭昆教授、蒋岳祥教授、戴志敏教授，浙江大学管理学院的郭斌教授，南开大学经济学院的安虎森教授，中国地质大学经济管理学院的孙理军副教授，美国内布拉斯加州大学的（University of Nebraska at Omaha）Assistant Professor Jinlan Ni 等人给予了我相关指导和帮助，让我非常受益，在此向他们表示我衷心的感谢。

在我博士论文相关研究阶段，我的同学徐云鹏、张昭时、黄志岭、孙泽生、王丹等人给予了我相应的帮助，在此向他们表示感谢。

白云山高，珠江水长。我还要感谢我在中山大学岭南学院攻读硕士研究生时我的硕士导师，原广东外语外贸大学副校长董小麟教授。董老师似慈爱的长者，在攻读硕士期间，他给了我很好的学术指导、宽裕的研究时间和生活上的关心。在浙江大学攻读博士期间，董老师对我在生活上的关心和学术上的指导，也没有间断。董老师的关心、教诲和鼓励，山高水长，将永远伴随我前进。我还要感谢我在攻读硕士研究生时的老师中山大学岭南学院的朱富强副教授，以及学长暨南大学经济学院的彭国华教授、中山大学岭南学院的杨子晖副教授，在博士论文的相关研究阶段，通过与他们的学术交流，我获益良多。

我要感谢在我博士论文调研过程中上海统计局和浙江统计局相关负责同志提供的帮助，尤其要感谢江苏泰州统计局杨德先生在我调研过程中提供的统计数据支持。

在本书的修改过程中，浙江工商大学的张旭昆教授、浙江财经大学的张国平教授、华南师范大学经济与管理学院的殷宁宇博士提供了宝贵修改意见，在此要向他们表示我特别的感谢。

我在浙江工业大学经贸管理学院的领导和同事虞晓芬教授、程惠芳教授、池仁勇教授、徐维祥教授、周根贵教授、施放教授、杜群阳教授、谢洪明教授、谭晶荣教授、章和杰教授、姚利民教授、王谦教授、陈春根教授、陈多长教授、汪贵浦教授、唐根年教授、俞斌副教授、刘道学博士等人，给了我教学、科研等方面的关心与支持，尤其是程惠芳教授、杜群阳教授等领导和同事还与我合作发表了部分论文，我要向他们表示我特别的感谢。

浙江省社会科学院副院长葛立成研究员，广东省社会科学院党组副书记、副院长王珺教授，以及浙江大学公共管理学院的许庆明教授为本书申请国家社科基金后期资助项目做了热情的推荐，谨在此向他们表示我深深的感谢。

本书还得到浙江省哲学社会科学规划重点课题（12JCJJ01Z）立项，这里要特别表示感谢。

本书前期成果在《管理世界》、《经济学家》、《学术月刊》、《统计研究》、《国际贸易问题》等期刊发表论文 10 篇。部分论文在发表过程中，匿名审稿人和相关编辑提供了宝贵的修改意见，在此我要向他们表示特别的感谢。

我要感谢我的家人，感谢我的母亲和弟弟、妹妹，我多年来在外漂泊求学，对家里没有尽到自己应有的责任，他们没有怨言。

哀哀父母，生我劬劳。最后，我要把此书献给我那深爱的逝去了的父亲。父亲一生辛劳，在我在中山大学攻读研究生时突然辞世，没能在他生前尽孝，是我内心永远的痛。想起父亲，我常常半夜眼泪打湿了枕巾，我终于明白古人“子欲养而亲不待”的心情。愿来生再为父子，能报答父亲的养育之恩。

图书在版编目（CIP）数据

产业集聚与集聚经济圈的演进/胡晨光著．—北京：中国人民大学出版社，2014.7
国家社科基金后期资助项目
ISBN 978-7-300-19657-2

Ⅰ.①产… Ⅱ.①胡… Ⅲ.①产业经济学-研究 Ⅳ.①F062.9

中国版本图书馆CIP数据核字（2014）第159699号

国家社科基金后期资助项目
产业集聚与集聚经济圈的演进
胡晨光 著
Chanye Jiju yu Jiju Jingjiquan de Yanjin

出版发行	中国人民大学出版社		
社　　址	北京中关村大街31号	**邮政编码**	100080
电　　话	010－62511242（总编室）		010－62511770（质管部）
	010－82501766（邮购部）		010－62514148（门市部）
	010－62515195（发行公司）		010－62515275（盗版举报）
网　　址	http://www.crup.com.cn		
	http://www.ttrnet.com(人大教研网)		
经　　销	新华书店		
印　　刷	北京虎彩文化传播有限公司		
规　　格	165 mm×238 mm　16开本	**版　　次**	2014年8月第1版
印　　张	13.25 插页2	**印　　次**	2019年2月第4次印刷
字　　数	225 000	**定　　价**	48.00元